9 3/4

LEGO Harry Potter

IDEEN BUCH

TEXT VON HANNAH DOLAN UND
JULIA MARCH

MODELLE VON JESSICA FARRELL,
ALEXANDER BLAIS, ROD GILLIES, BARNEY MAIN,
MARIANN ASANUMA UND NATE DIAS

INHALT

Baue ein Fang-zähniges Frisbee auf Seite 48.

Spiele mit Tatze auf Seite 54.

DINGE FÜR MUGGEL 112

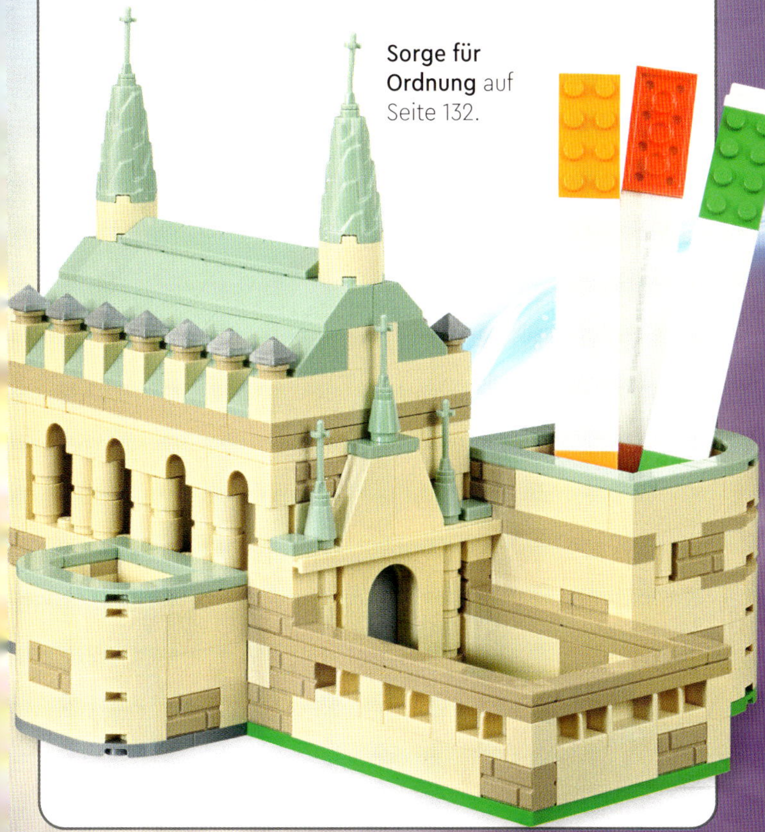

Sorge für Ordnung auf Seite 132.

SPIELE UND RÄTSEL 142

Finde die Kartenpaare auf Seite 184.

EINFÜHRUNG

Die wunderbare Welt von Harry Potter steckt voller erstaunlicher Dinge und Momente. In diesem Buch siehst du, wie man sie erschafft – ganz ohne die Hilfe eines Zauberstabs! Betrachte einfach deine LEGO® Steinesammlung mit viel Fantasie und bereite dich auf ein zauberhaftes Abenteuer vor. Bevor du anfängst, solltest du aber ein wenig planen.

MOMENTE

Denke daran, welche Ereignisse, Duelle oder berührende Augenblicke in den Geschichten um Harry Potter dir am besten gefallen. Lass dich von ihnen zu magischen Modellen inspirieren, egal ob es Gegenstände oder Szenen aus den Filmen, Büchern oder Spielen sind.

LASS DICH VON HARRY POTTER INSPIRIEREN

Tauche in alles ein, was mit Harry Potter zu tun hat. So regst du deine Kreativität an: Schau die Filme, lies die Bücher und sieh dir die LEGO Sets an. Was an Harry Potter magst du am liebsten?

CHARAKTERE

Lass dich von deiner Lieblingshexe, deinem Lieblingsmuggel oder Lieblingswesen inspirieren und baue sie aus LEGO Elementen nach. Du kannst auch Teile ihrer Ausrüstung, ihre Kleidung oder Dinge, die sie benutzen, bauen.

ORTE

Studiere die Gebäude, Höhlen, Straßen und Wälder in Harry Potters Welt und überlege, wie du sie mit LEGO Elementen nachbauen könntest. Präge dir die Architekturstile, Landschaften und die Atmosphäre der Orte ein, die du darstellen möchtest.

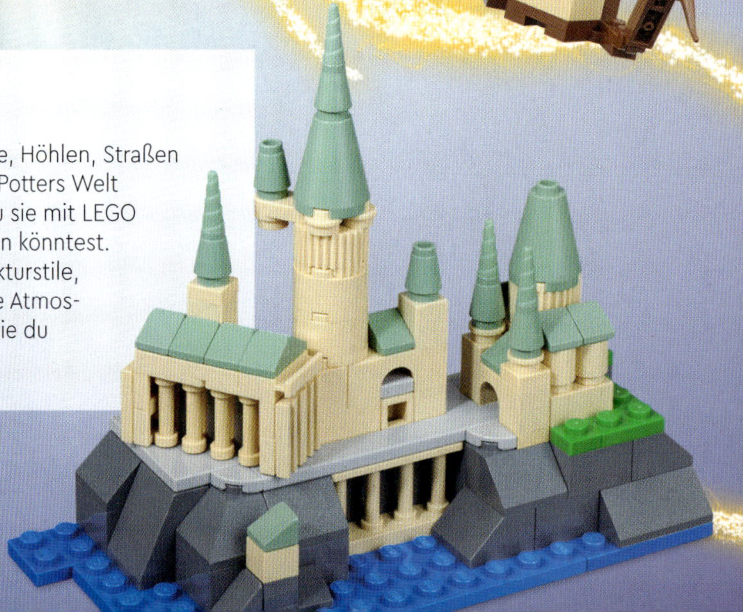

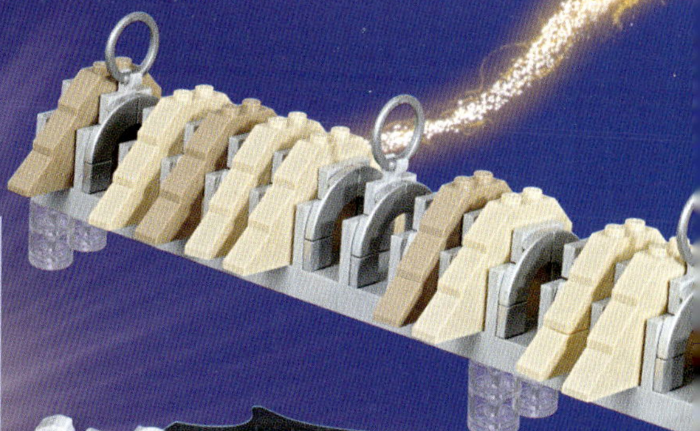

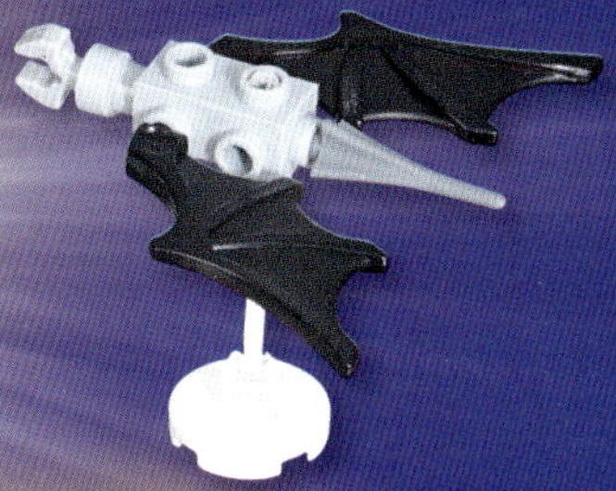

ERWEITERE DIE WELT

Lass dich nicht einschränken von dem, was es bisher gibt. Du könntest Dinge bauen, die vor dir noch niemand entdeckt oder beachtet hat. Erschaffe neue Gegenstände, Szenen oder Spiele und entwickle das zauberhafte Universum nach eigenen Ideen weiter.

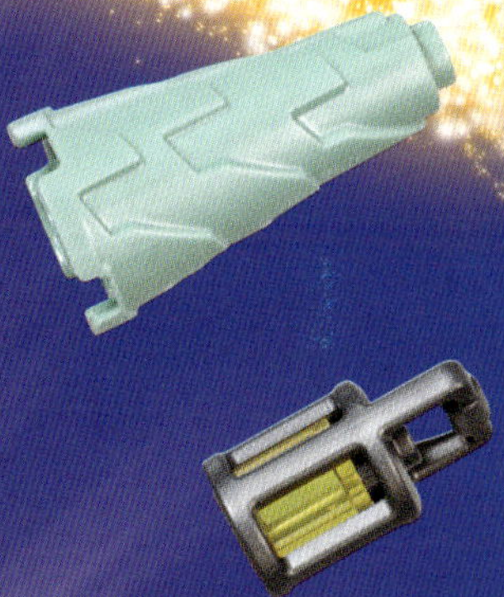

FARBE UND ATMOSPHÄRE

Achte auf die Farbpaletten und Designstile von Harry Potters Welt, damit deine Modelle zu ihr passen. Gebäude und Landschaften sind oft uralt und vertraut, wirken aber gleichzeitig magisch-verschroben. Suche nach Teilen in deiner Sammlung, die dieses Gefühl wecken.

BAUTIPPS

Bist du bereit für dein erstes Harry-Potter-Modell? Hier findest du einige Tipps, die dir helfen, wie ein echter Baumeister zu denken. Ratschläge von Experten und Expertinnen findest du weiter hinten unter „Das Bauteam“ (Seite 188–195).

WIE FANGE ICH AN?

WÄHLE EINE METHODE AUS

Du könntest eine bestimmte Bautechnik ausprobieren und dein Modell danach gestalten. In diesem Buch werden viele Methoden vorgestellt, zum Beispiel das Bauen in mehrere Richtungen oder in runden Formen. Warum suchst du dir nicht eine Technik zum Testen aus?

SPEZIELLE FIGUREN ODER TEILE

Du kannst dich auch von deinen LEGO® Teilen und Figuren leiten lassen. Sind die Farben oder Formen deiner Steine für bestimmte Modelle besonders gut geeignet? Oder möchtest du gern etwas speziell für eine deiner Minifiguren bauen?

LEGE DIR EINEN PLAN ZURECHT ...

Zeichne eine Skizze von deinem Modell oder beschreibe es mit Worten. Wenn du gern mit Technik arbeitest, kannst du mit Programmen wie LEGO Digital Designer oder BrickLink Studio Modelle am Computer planen. Sie enthalten eine riesige Teile-Bibliothek, mit der du LEGO Modelle digital erstellen kannst.

... ODER BAUE EINFACH LOS

Manche Leute planen nicht gern voraus, sondern stecken einfach Steine zusammen und schauen, was dabei herauskommt. Bei dieser freien Bauweise kannst du während dem Bauen entscheiden, was am Ende dabei herauskommen soll. Und wenn dir dein erster Entwurf nicht gefällt, dann fängst du einfach wieder von vorn an!

TOP-TIPPS

DIE GEEIGNETE GRÖSSE

Lege zu Beginn fest, in welchem Maßstab du bauen willst. Im Minifiguren-Maßstab baust du ein Modell, in dem Minifiguren sitzen, spielen oder wohnen können. Alles, was kleiner ist, ist im Mikromaßstab. Du kannst auch größere Dinge bauen wie diese Schreibfedern in Lebensgröße.

LEBENSGRÖSSE

MIKRO-MASSSTAB

MINIFIGUREN-MASSSTAB

SPIELE MIT DEN FARBEN

Wenn du nicht genug Teile in einer Farbe hast, kombiniere andere Farbtöne oder benutze zum Spaß eine lustige, ungewöhnliche Farbe.

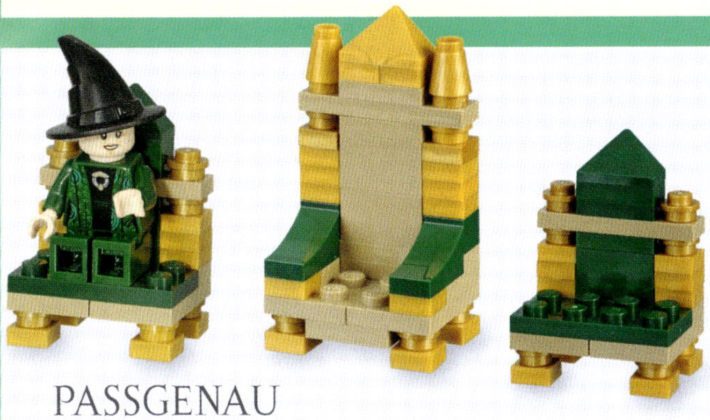

PASSGENAU

Wenn in deinen Modellen Minifiguren sitzen oder stehen sollen, dann überlege dir vorher, wie groß diese sind und wie sie du dein Bauwerk passend gestalten kannst. Sorge dafür, dass in deinem Modell ausreichend Platz für Arme, Beine und Kopf ist.

ORDNE DIE STEINE

Sortiere zu Beginn deine LEGO Sammlung nach Elementen und Farben, denn dann dauert es beim Bauen nicht so lang, bis du ein bestimmtes Teil findest.

POTTER-PARTY

Lade deine Familie oder Freunde zu einem Harry-Potter-Bau-Nachmittag ein. Das macht sicher allen Spaß und ihr könnt euch gegenseitig eure Lieblingsmomente beschreiben und Tipps und Ideen austauschen.

SCHAUEN UND BAUEN

Warum schaust du nicht einen Harry-Potter-Film an, während du baust? Dann kannst du direkt nachbauen, was dir gefällt!

KAPITEL EINS

MAGISCHE GEGENSTÄNDE

Von zerstampften Zaubertrank-Zutaten bis hin zu verzauberten Scherzartikeln ... in den Harry-Potter-Filmen kommt ein ganzes Sammelsurium magischer Gegenstände vor, die du sicherlich gern selbst besitzen würdest. Hier folgt nun ein kunterbuntes Allerlei selbst gebauter Spielereien für Hexen und Zauberer.

EINKAUF IN DER WINKELGASSE

Wenn die Zauberschüler ein paar Galleonen übrig haben, gehen sie oft zum Einkaufen in die Winkelgasse. Diese versteckte, gepflasterte Gasse in London ist für Muggel vollkommen unsichtbar. Dafür wimmelt es nur so vor tollen Zauberläden, in denen es alle möglichen magischen Dinge gibt.

SEITENANSICHT

OFFENES BUCH

Der beliebte Buchladen Flourish & Blotts verkauft viele Zauberei-Lehrbücher. Auch Kalender, Geschichtsbücher und Biografien sind gefragt. Sind die leeren Seiten dieses aufgeschlagenen Buches vielleicht mit unsichtbarer Tinte beschrieben? Baue schwarze Teile ein, die wie Text aussehen!

TELESKOP

Schülerinnen, die sich für Astronomie begeistern, besuchen Twinkels Teleskopladen, in dem es Teleskope und Sternkarten gibt. Dieses antik wirkende, kleine Fernrohr ist nicht zu schwer und sollte gut in jede Umhangtasche passen.

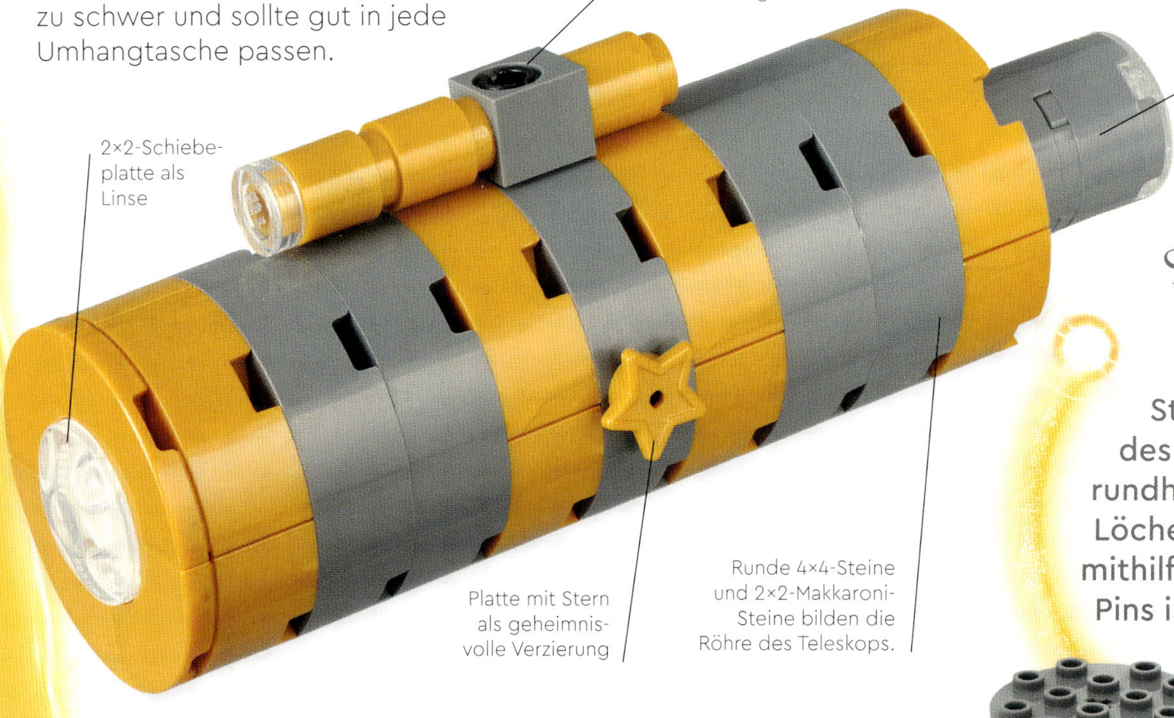

SPEZIAL-STEIN

Der runde Stein in der Mitte des Teleskops besitzt rundherum vier nützliche Löcher. Darin lassen sich mithilfe von LEGO Technic Pins interessante Details befestigen.

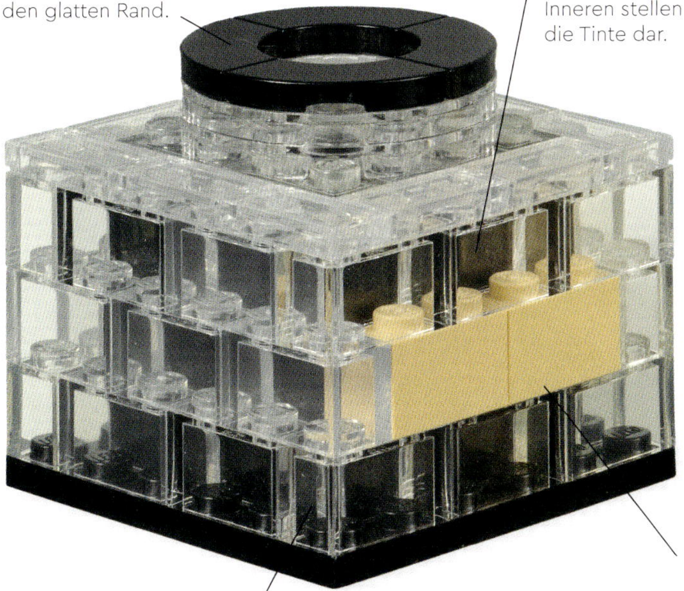

TINTENFASS

In Scribbulus' Schreibwarenladen kaufen alle Tinte und Feder, denn damit werden die vielen Hausaufgaben sofort interessanter. Enthält das Fläschchen vielleicht die berühmte Tinte, die ständig die Farbe wechselt? Nun, sie hat wohl noch nicht damit begonnen!

VORDERANSICHT

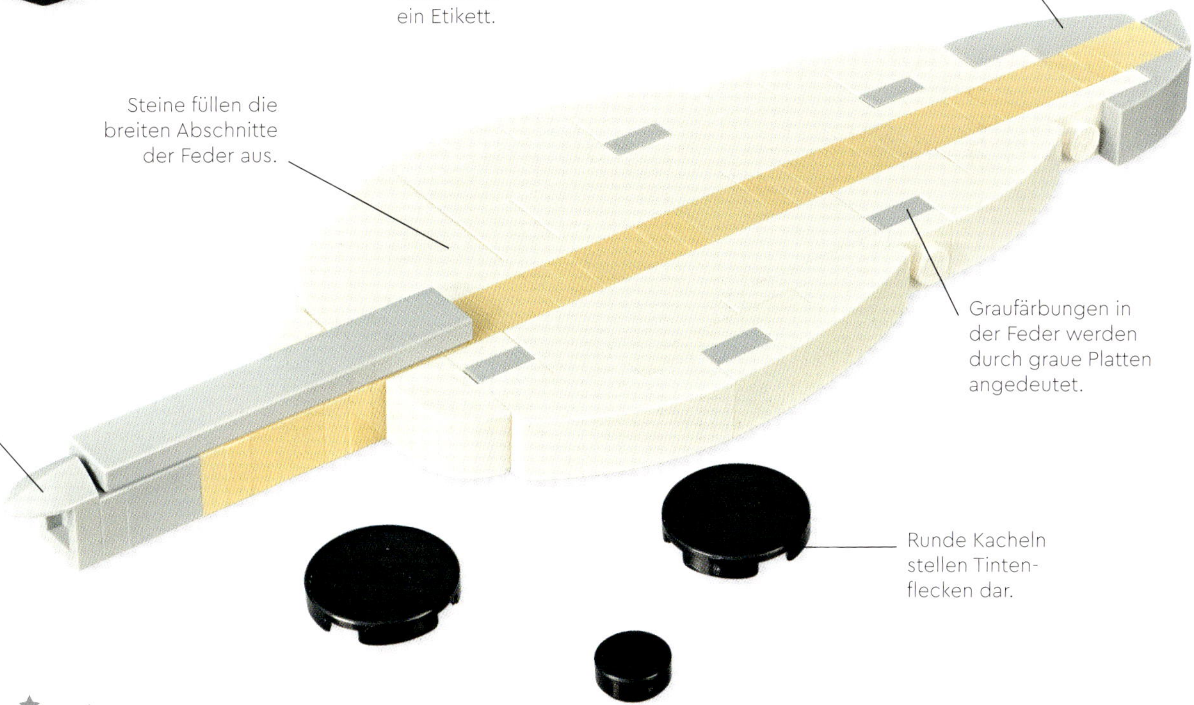

TEILE EINER FEDER

Die schneeweiße Schreibfeder hat in der Mitte einen Federkiel aus kleinen Platten und Steinen mit Noppen auf gegenüberliegenden Seiten. Daran lassen sich die weißen Abschnitte zu beiden Seiten befestigen.

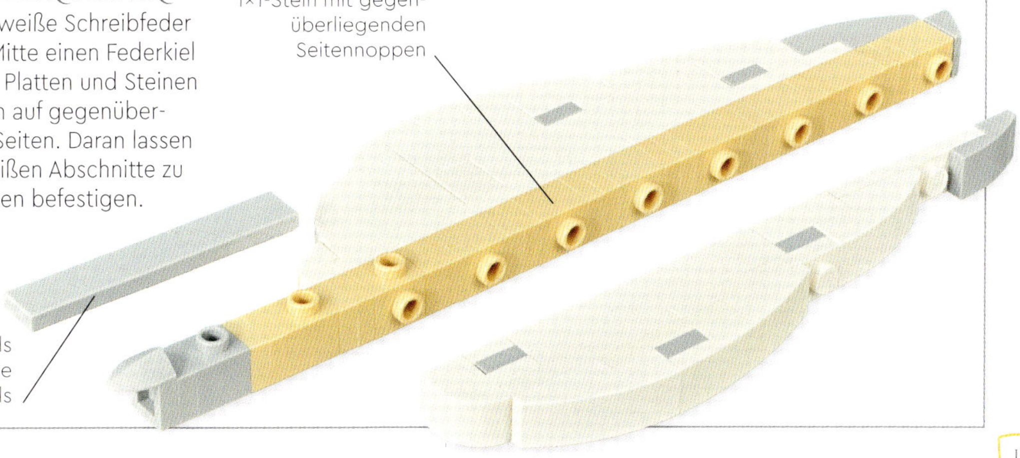

PACKEN FÜR HOGWARTS

Für das erste Jahr in Hogwarts braucht eine Hexe oder ein Zauberer einen geräumigen Koffer, in dem alle Schulsachen Platz haben wie Bücher, Tinte und Zaubertränke, aber auch normale Dinge wie Socken. Vergiss nicht, den Aufnahmebrief von Hogwarts einzupacken. Du willst doch nicht, dass sie abgewiesen werden!

BAUTIPP

Mit den zwei Brauntönen sieht der Koffer aus wie ein viel benutzter Lederkoffer. Spiele mit den Farben, um die richtige Textur für deine Modelle zu finden.

Platten mit Stangen bilden die Griffe zu beiden Seiten.

Graue 1×1-Kachel sieht aus wie ein Metallverschluss.

Der Deckel lässt sich durch die Verbindung zwischen Stangen und Klemmen öffnen.

Das Regal für Zaubertränke passt genau hinein.

Seitlich angebrachte Kacheln bilden die Vorderseite.

Durch den Kachelrand lässt sich der Deckel leicht öffnen.

INNENANSICHT

IST GENUG PLATZ?

Baue den Koffer groß genug, damit alles hineinpasst. Wenn nicht, musst du neu beginnen. Gäbe es doch nur einen Zauberspruch zum Ändern der Größe! Achte auch auf belastbare Griffe und einen festen Verschluss.

Die 1×2-Steckerplatte trägt den Verschluss.

VORDERANSICHT

Dies sind winzige Schreibfedern.

Schwarze Teile sehen aus wie ein Tintenfässchen.

Die Rückseite besteht aus zwei Reihen von Steinen.

Runde 1×1-Kacheln mit Stange dienen als Deckel.

REGAL FÜR ZAUBERTRÄNKE

PACKE ALLES EIN

Für den Unterricht müssen die Schülerinnen und Schüler Bücher und Zaubertränke mitbringen. Die Nächte im Schlafsaal sind kühl, also können auch Socken nicht schaden.

Mini-Zauberstabschachtel aus drei Teilen

Beigefarbene Platten bilden die Buchseiten.

LEHRBÜCHER FÜR ZAUBEREI

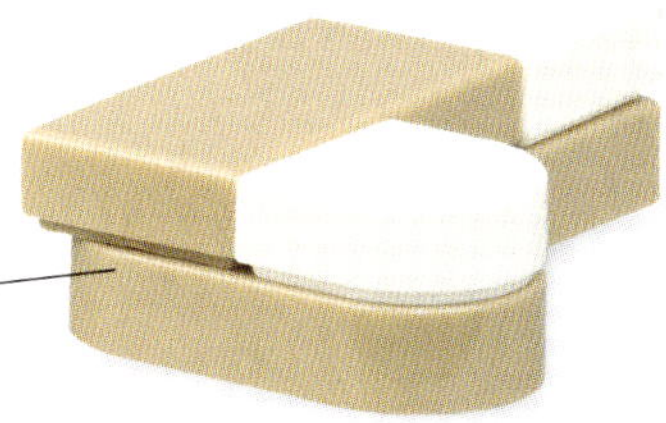

Runde 1×2-Platte passt unter die Ferse und das Zehenteil.

SOCKE

Gebogener 1×8-Dachstein als Federrand

Teleskop

Die runde 1×1-Platte mit Stange stellt die Verbindung zu den Federteilen her.

TEIL FÜR TEIL

Die Spitze der Schreibfeder ist aus vielen winzigen schwarzen Elementen gebaut, die sich längs verbinden lassen, darunter auch ein Teleskopteil und eine runde Platte mit Stange.

TINTE UND FEDER

Diese Schreibfeder und das Tintenfass sind lebensgroß und passen nicht in den links gezeigten Koffer. Aber du kannst damit eine Liste der Dinge aufschreiben, die man für Hogwarts braucht.

Kleine runde Platten hellen die Feder auf.

Ein kleines Hornteil ist die Spitze.

Die Basis des Tintenfasses ist ein großer, runder Stein.

SCHREIBFEDER

TINTENFASS

Die Textur der Feder wird durch viele schmale Platten nachgeahmt.

SÜSSES IM ZUG

Die Zugfahrt nach Hogwarts ist lang, da wird man hungrig. Glücklicherweise verkauft eine Hexe Leckerbissen mit ihrem Servierwagen, dem Honeydukes-Express. Lass dich von den Filmen zum Nachbauen der Süßigkeiten inspirieren oder zaubere selbst ein paar neue Leckereien hervor. Denke aber daran: Auch wenn sie toll aussehen, darfst du sie auf keinen Fall in den Mund stecken!

Pastetenteig aus beigefarbenen gebogenen Dachsteinen und Kacheln

Dunkel-orangefarbene Teile als Kürbisfüllung

KÜRBISPASTETE

1×2/1×4-Winkelplatten formen die Deckelkanten.

Vier 2×2×1-Eckpaneele bilden ein Quadrat.

Eine 2×2-Kuppel als Blaskaugummi mit Beerengeschmack

BUBBELS BESTER BLASKAUGUMMI

SÜSSES ODER SAURES?

Hier gibt es keine gewöhnlichen Süßigkeiten. Schokofrösche können weghüpfen und Kaugummiblasen platzen niemals. Und viel Glück für alle, die Bertie Botts Bohnen aller Geschmacksrichtungen probieren. Sie erwischen vielleicht eine, die nach Ohrenschmalz schmeckt!

Vier doppelt gebogene 1×1-Dachsteine ergeben einen glatten Griff.

Baue den Zauberstab aus dünnen Kacheln und Platten.

LAKRITZ-ZAUBERSTÄBE

2×2-Radarschüssel rundet die Sahnehaube ab.

Die Kuchen werden oft übereinandergestapelt serviert.

Die Teile sind dunkelbraun, denn der Teig ist etwas verbrannt.

KESSELKUCHEN

KESSELBODEN

Kesselkuchen werden am Boden eines Kessels gebacken, daher sind sie rund. Fülle sie mit allem, was du gern isst. Die runden 4×4-Platten in diesem Kuchen sehen aus wie leckere Zitronencreme.

Runde 1×1-Platte passt unter die Radarschüssel.

Zwei aufeinandergestapelte runde 4×4-Platten

Abgerundeter 3×3×1-Eckstein

Umgekehrter 2×2-Dachstein

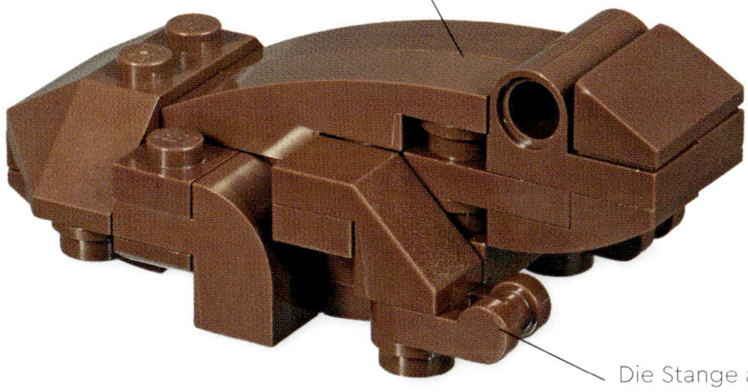

Dieser Braunton sieht wie Vollmilchschokolade aus.

Die Stange an der runden 1×1-Platte stellt einen Fuß mit Schwimmhäuten dar.

SCHOKOFROSCH

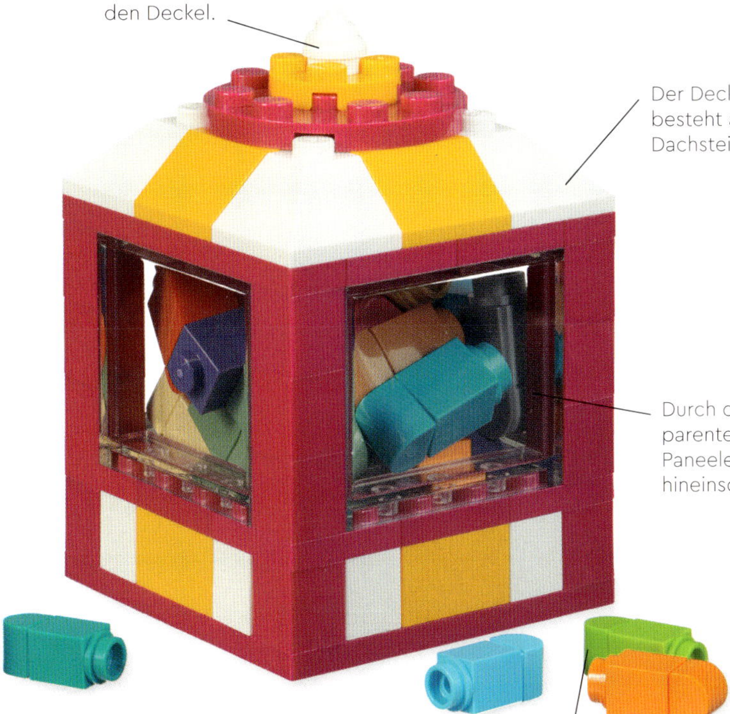

Die 1×1-Platte mit Wirbel verziert den Deckel.

Der Deckel besteht aus Dachsteinen.

Durch die transparenten 1×4×3-Paneele kannst du hineinschauen.

Schmeckt die grüne Bohne vielleicht nach Sprossen?

BERTIE BOTTS BOHNEN IN ALLEN GESCHMACKSRICHTUNGEN

SCHULWAPPEN

Zwei Zauberei-Schulen, zwei Wappen. Das Wappen von Hogwarts ist in gleich große Felder für die vier Häuser unterteilt – ein Zeichen für Gerechtigkeit und Gleichheit. Das verspielte Wappen der Beauxbatons-Akademie betont deren Eleganz. In der dritten berühmten Schule, dem Durmstrang-Institut, werden die dunklen Künste unterrichtet. Erfinde ein Wappen dafür, ... wenn du dich traust.

BEAUXBATONS

Das Wappen der Beauxbatons-Akademie wird von goldenen Blättern eingerahmt und die Mitte bildet ein geschwungenes „B". Man sieht, dass die französische Schule großen Wert auf Stil legt. Auch die Schulleiterin Madame Maxime, eine Halbriesin, ist eine sehr stilbewusste Frau.

In der Mitte ist das typische Beauxbatons-Blau.

Rand aus runden 1×1-Kacheln

1×1-Platten mit Blütenblättern verzieren die Ränder.

Ranken an 1×1-Kacheln mit Klemmen

Vergiss nicht, die Ecken der Platte zu verzieren.

BAUTIPP

Diese Wappen sind auf 32×32 gebaut. Wenn du keine so großen Platten hast, verbinde kleinere an den Rändern mit länglichen Platten oder Steinen.

VIER HÄUSER

Auf dem Schulwappen von Hogwarts erhält jedes Haus gleich viel Platz. In diesem detaillierten Modell werden die vier Symbole von Gryffindor, Slytherin, Ravenclaw und Hufflepuff – Löwe, Schlange, Rabe und Dachs – aus runden Kacheln nachgebildet.

SPRECHENDER HUT

Welcher Hut hat ein Gesicht und sitzt auf dem Regal im Büro des Schulleiters von Hogwarts, Professor Albus Dumbledore? Der sprechende Hut natürlich! Je nach ihrer Persönlichkeit weist er jede Schülerin und jeden Schüler einem der vier Häuser zu.

Zur Spitze hin werden die Dachsteine immer kleiner.

VORDERANSICHT

BEWEGLICHER MUND

Mit Scharnierteilen, die an der Rückseite des Hutes verborgen sind, lässt sich die Oberlippe des Mundes auf und ab bewegen. Ganz so, als spräche der Hut. Da die Unterlippe von glatten Kachelteilen gebildet wird, geht er leicht auf und zu.

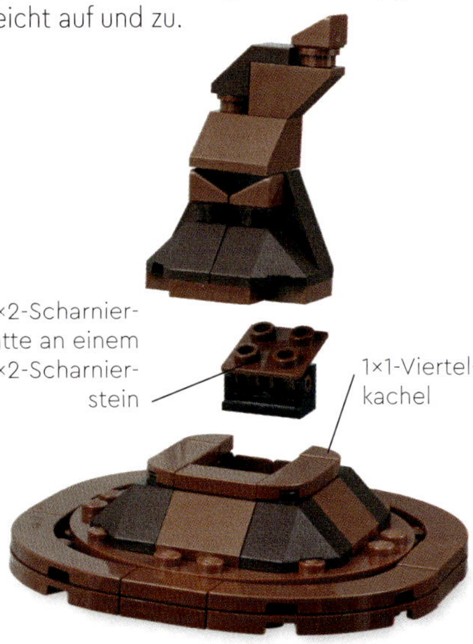

2×2-Scharnierplatte an einem 1×2-Scharnierstein

1×1-Viertelkachel

Die Spitze ist ein 1×1-Dachstein.

FALTIGE GESICHTSZÜGE

Dein sprechender LEGO® Hut fällt zwar kleiner aus als in Wirklichkeit, aber trotzdem ist Platz für Details. Die Falten und Knicke der Gesichtszüge erzielst du am besten, wenn du unterschiedliche Farben und verschieden geformte Teile verwendest.

Runde 1×1-Platte als Auge

SIND NOCH EIN PAAR WEASLEYS ZU SORTIEREN?

Dachsteine, die im rechten Winkel zueinander stehen, rufen den zerknautschten Effekt hervor.

Mehrere Brauntöne verdeutlichen die Falten des Hutes.

Baue die Krempe um eine runde 6×6-Platte herum.

Umgekehrte 2×2-Dachsteine könnten den Übergang zur Zimmerdecke darstellen.

Struktursteine und normale Steine sehen wie eine Steinmauer aus.

Ein Stapel von Minifigur-Kerzenteilen ergibt hohe, spitz zulaufende Kerzen.

Dunkelbraune Teile sehen aus wie lackiertes Holz.

Der Turm aus Rundsteinen sieht aus wie eine gedrechselte Verzierung.

BÜCHERREGAL

Der sprechende Hut wird in Professor Dumbledores Regal aufbewahrt. Dieses Modell teilt sich den Platz mit Büchern und Kerzen, aber du kannst auch Flakons mit Zaubertränken, Trophäen oder auch ein, zwei Frösche danebenstellen.

BAUTIPP

In den Büros der weisen Lehrerinnen und Lehrer stapeln sich dicke wissenschaftliche Bücher. Wenn du derartige Details in deine Modelle einbaust, wirken diese echt und lebendig.

Doppelt gebogene 1×1-Dachsteine als Buchrücken

Beigefarbene Platten bilden verstaubte Seiten.

BÜCHERSTAPEL

GEGENSTÄNDE DER GRÜNDER

Versuche, die legendären Gegenstände der Gründer von Hogwarts nachzubauen. Fängst du mit dem Becher von Helga Hufflepuff, Salazar Slytherins Medaillon, dem Diadem von Rowena Ravenclaw oder Godric Gryffindors Schwert (siehe Seite 44–45) an? Verstecke sie zuhause, damit sie später „wiederentdeckt" werden können.

BAUTIPP

Die Kelchform des Bechers erzielst du am besten mit mehreren Steinschichten. Jede neue Schicht sollte eine Noppe breiter sein als die darunter liegende.

HUFFLEPUFFS BECHER

Niemand weiß genau, welche Art von Magie dieser goldene Becher in sich trägt. Vielleicht ist es ein Kochzauber? Baue den Becher mit einem breiten, festen Fuß, gib ihm zwei Henkel und schmücke ihn, wenn es geht, mit dem Hufflepuff-Wappen.

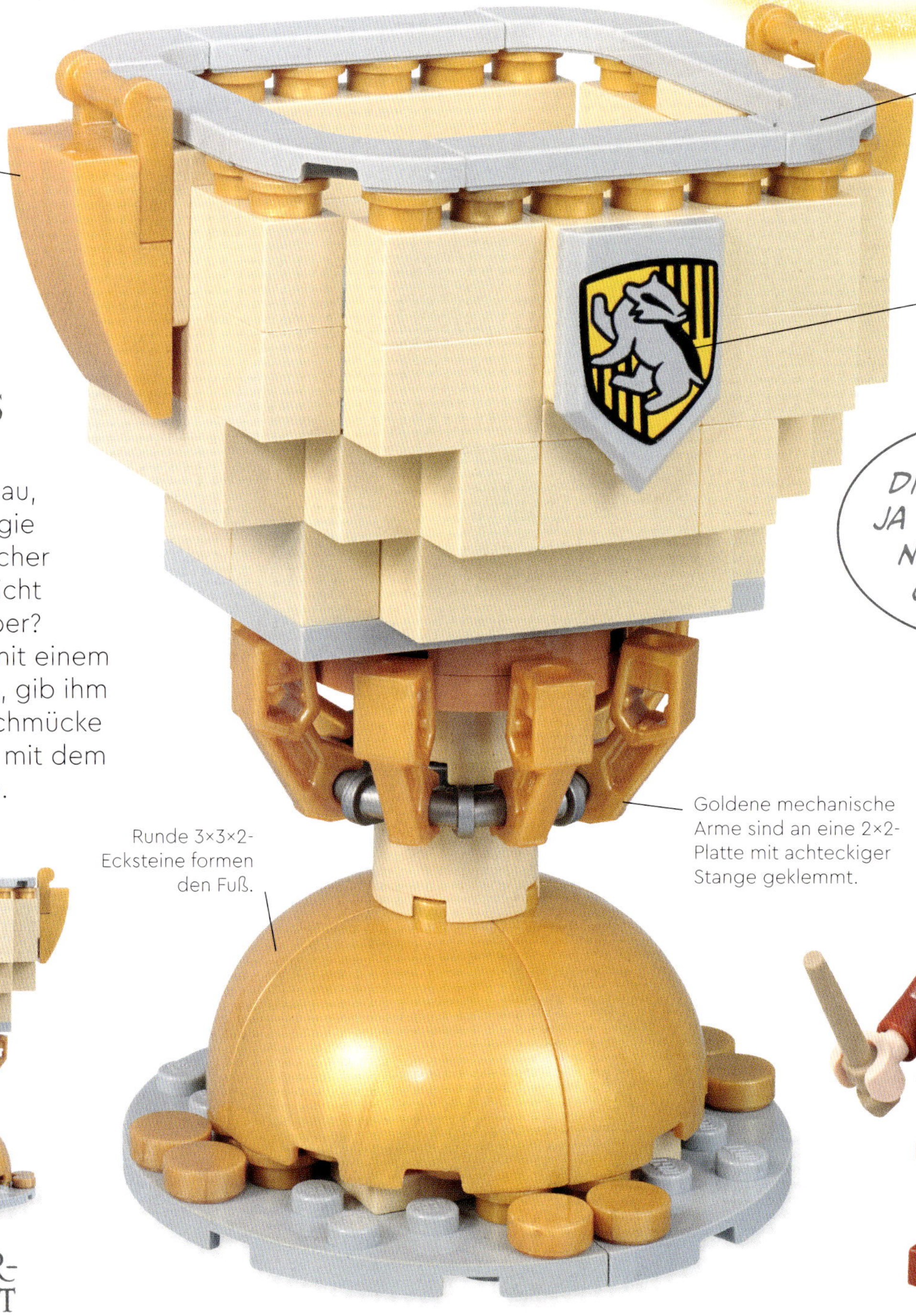

Zwei gebogene 1×3-Dachsteine bilden die Henkel.

Kacheln schließen den Rand glatt ab.

Die fünfeckige Kachel trägt das Wappen von Hufflepuff.

Runde 3×3×2-Ecksteine formen den Fuß.

Goldene mechanische Arme sind an eine 2×2-Platte mit achteckiger Stange geklemmt.

VORDERANSICHT

ANGESTECKTE KRONE

Der Edelstein in der Mitte des Diadems sitzt auf einem großen runden 4×4-Stein mit Löchern. Dieser wird mit einer mechanischen Klaue an die Stangen des Trägers geklemmt.

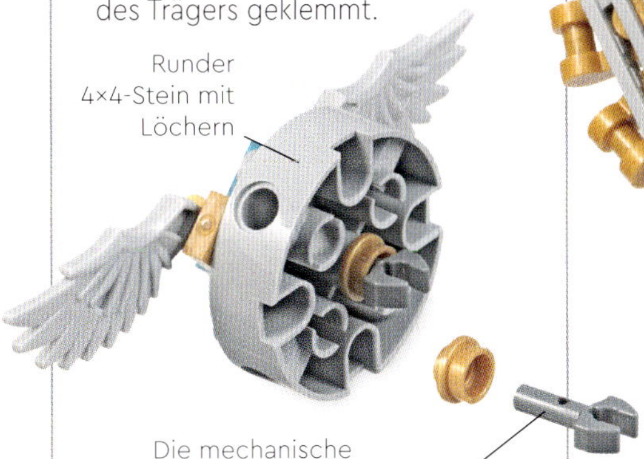

Runder 4×4-Stein mit Löchern

Die mechanische Klaue passt in die Rückseite einer runden Platte.

Der gebogene Träger wird oft für LEGO Gebäude oder Maschinenteile benutzt.

Der blaue Saphir wird von Rabenschwingen eingerahmt.

RAVENCLAWS WEISHEIT

Ein Diadem ist ein mit Edelsteinen verzierter Kopfschmuck. Das Ravenclaw-Diadem trägt einen einzigen schweren Saphir im Zentrum, aber es ist dennoch sehr wertvoll. Man sagt, es verleihe dem Tragenden große Weisheit.

Runde 1×1-Platten mit Stangen als fantasievolle Verzierungen

SIEHST DU DIE SCHLANGE?

Ist das der Buchstabe „S" oder ist es eine Schlange? Nun, beides ist richtig, denn das Medaillon gehörte Salazar Slytherin. Es ist ein Glück, dass sich die LEGO Version nicht öffnen lässt, denn es ist besser, wenn du nicht erfährst, was sich darin befindet!

Vier LEGO Kettenelemente sind zu einer langen Kette verbunden.

Transparente 1×1-Kacheln bilden ein großes „S".

Goldene runde 1×1-Kacheln geben dem Medaillon ein wertvolles Aussehen.

Die Basis des Anhängers ist eine runde 6×6-Platte.

SICHERER VERSCHLUSS

Die Enden der Kette werden mit zwei umgekehrten gebogenen 1×2-Dachsteinen an der Rückseite des Medaillons befestigt. Solltest du keine haben, nimm eine runde 1×1-Platte und eine 1×2-Kachel.

Umgekehrter gebogener 1×2-Dachstein

Ketten haben an jedem Ende eine Noppe.

BEWEGLICHE BILDER

Bist du je an einem Porträt vorbeigelaufen und hattest das Gefühl, die Augen folgen dir? In Hogwarts ist das ganz normal, denn die Bilder sind verzaubert: Alle Figuren können sich bewegen und sprechen. Diese gerahmten Porträts haben einen geheimen Mechanismus an der Rückseite, sodass Augen oder Körperteile ihre Stellung verändern können. Wie bringst du Bewegung in ein LEGO Bild hinein?

IMMER IM BLICK

Ein verborgener Schieberegler auf der Rückseite bewegt die Augen des Zauberers mit dem schwarzen Hut hin und her. Pass auf, er sieht dich an. Oder doch deinen Freund? Nein, ganz sicher dich.

Der Rahmen kann aus Holz, Gold oder Silber sein.

Den Hintergrund bilden schmale Kacheln und Platten.

1×1-Viertelkacheln bilden Arme und Hände.

Die Hutkrempe steckt auf einer anderen Ebene als der Hut selbst.

Die Noppen der Steckerplatten sehen wie Knöpfe aus.

HIN UND HER

Die beweglichen Augen sitzen auf einer gelben 1×6-Platte, die sich zwischen zwei längeren Platten hin und her schieben lässt. Zwei schwarze 1×4-Kacheln mit Noppen stecken hinter der Schiebeplatte, damit sie nicht herausfällt.

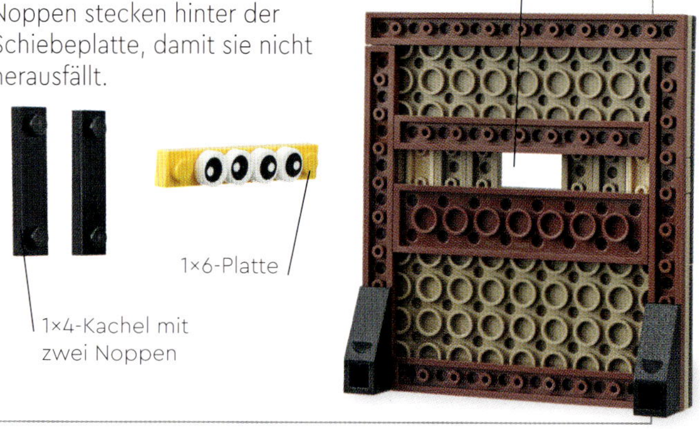

Hier schauen die Augen heraus.

1×6-Platte

1×4-Kachel mit zwei Noppen

AUF UND AB

Die grauhaarige Figur bewegt ihren Zauberstab ... auf und ab, auf und ab. Vielleicht spricht sie einen Zauberspruch, vielleicht winkt sie aber auch ihrem Freund, dem Fast Kopflosen Nick, zu. Sie und das Gryffindor-Gespenst kennen sich schon seit vielen hundert Jahren.

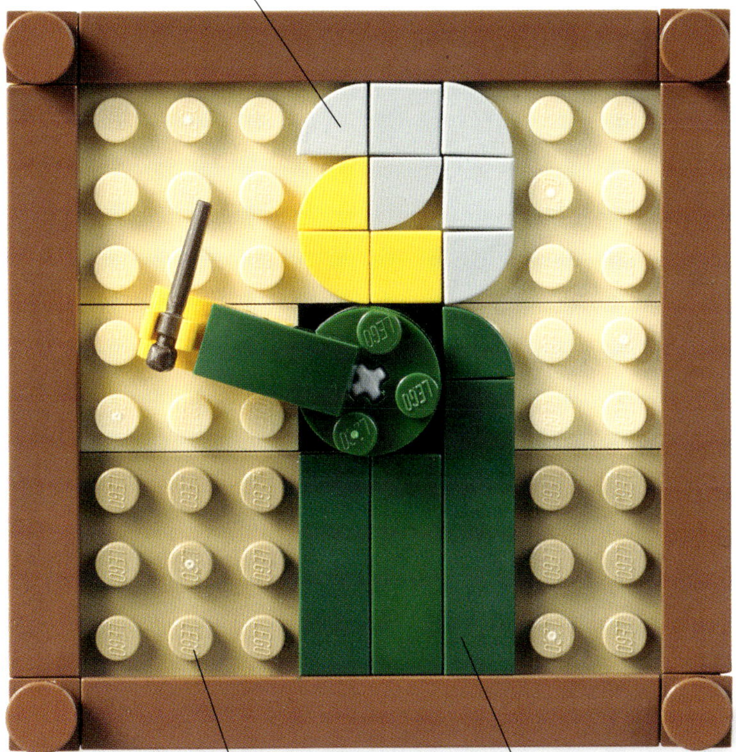

SEITENANSICHT

RÜCKANSICHT

SPEZIAL-STEIN

Siehst du die versteckte Achse in der Schulter? Mit diesem Teil wird der Arm mit dem Zauberstab auf und ab bewegt, wenn du auf der Rückseite die Kugel drehst.

FEST IN DER GROSSEN HALLE

Stell dir das Abschieds-Festessen in der Großen Halle vor. Siehst du die Tische vor dir, die sich unter Braten, Buttergemüse, leckerem Gebäck und süßen Nachspeisen biegen? Alles wird auf schönem Porzellangeschirr serviert. Was kannst du alles nachbauen?

2×2-Makkaroni-kacheln ergeben das Windrad-Muster.

1×12-Stange als Stab

LUTSCHER

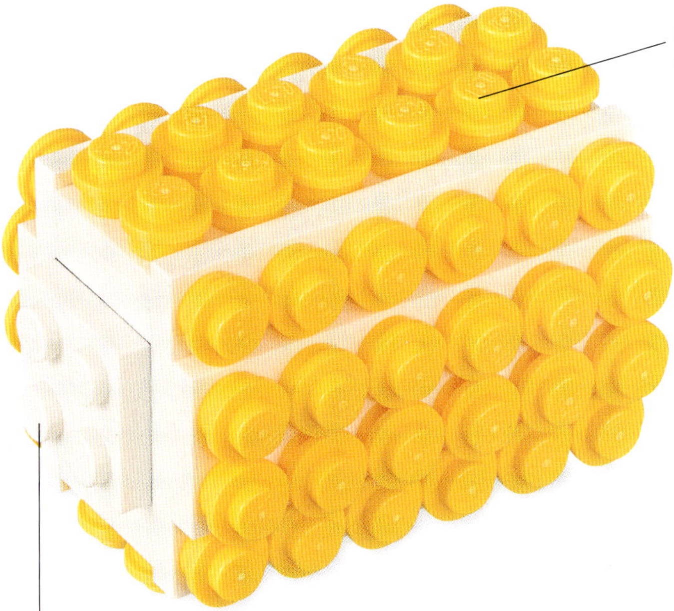

Runde 1×1-Platten bilden die Maiskörner.

MAISKOLBEN

Mitte und Enden sind weiß wie bei echten Maiskolben.

HERRLICHE MAHLZEIT

Die Noppen an dem Hühnerbein sehen aus wie echte Hühnerhaut und runde, gelbe Platten bilden den Maiskolben. Zur Nachspeise gibt es bunte Lutscher und so viel Kuchen, wie du magst.

EIN KÖRNCHEN WAHRHEIT

Wenn du den Kolben aufbrichst, findest du vier Steine mit Seitennoppen, die die Seiten zusammenhalten. Jede Seite des Kolbens besteht aus mindestens einer Schicht weißer Platten.

Zwei Schichten aus 2×6-Platten

1×2×1⅓-Stein mit acht Seiten-noppen

2×4-Platten bilden das fleischige Ende.

Der Schenkel endet am harten Knochen.

HÄHNCHENSCHENKEL

Die runde Platte hat ein Loch für die Flamme.

BAUTIPP

Für runde Modelle brauchst du keine runden oder gebogenen Teile. Die Wände des Kelchs bestehen aus stufenförmig gestapelten quadratischen Steckerplatten und Kacheln.

Für Kerzen eignet sich jedes Flammenelement.

1×1-Platten mit Zahn stellen tropfendes Wachs dar.

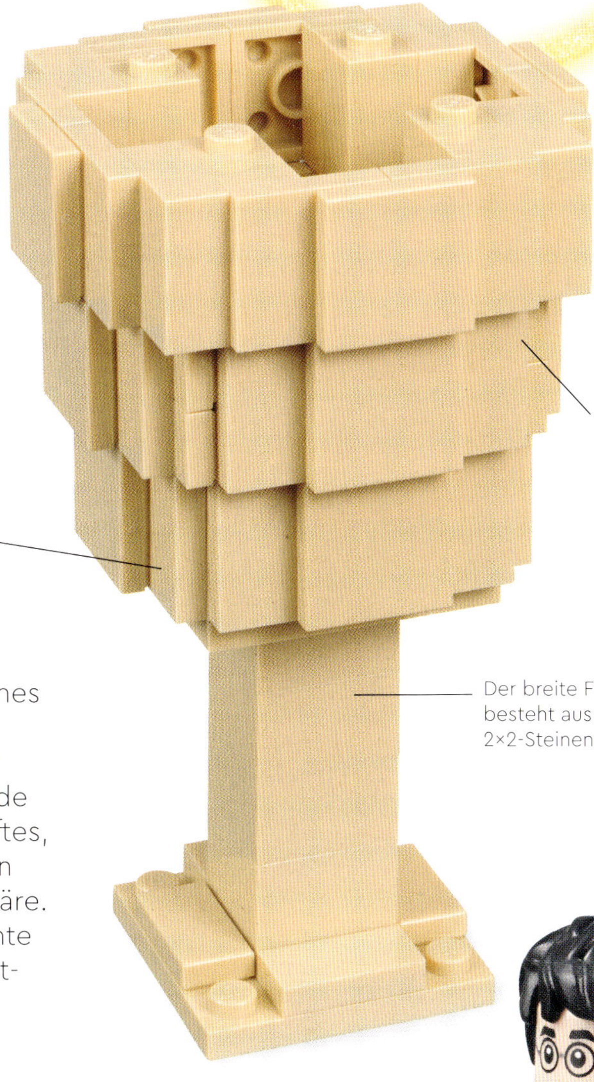

2×2-Kacheln geben dem Kelch glatte Wände.

Die Kelche bei magischen Festen können alle möglichen Farben haben.

Der breite Fuß besteht aus 2×2-Steinen.

STILVOLLE DEKO

Verzaubere die Gäste deines magischen Festmahls mit glanzvollem Geschirr und Dekorationen. Schwebende Kerzen verbreiten ein sanftes, warmes Licht und schaffen eine behagliche Atmosphäre. Der prunkvolle Kelch könnte ein fruchtiges Tonikum enthalten, das die fleißigen Hauselfen gemixt haben.

KELCH

Transparente runde 2×2-Steine bilden die „unsichtbare“ Halterung der schwebenden Kerzen.

SCHWEBENDE KERZE

ERINNERMICH UND HEULER

Täglich kommt die Eulenpost nach Hogwarts. Versuche doch, einige der Dinge zu bauen, die die Eulen bringen, zum Beispiel ein Erinnermich, das dein Gedächtnis unterstützt. Oder erschrecke deine Freunde mit einem Heuler. Das ist ein wütender Brief, der sich selbst laut vorliest. Halte dir lieber die Ohren zu!

NUR NICHTS VERGESSEN

Ein Erinnermich ist eine Glaskugel für besonders vergessliche Personen. Neville Longbottom erhielt eines von seiner Großmutter, aber Draco Malfoy nahm es ihm weg, als er mit dem Besen abstürzte. Daran würde sich der arme Neville am liebsten nicht erinnern!

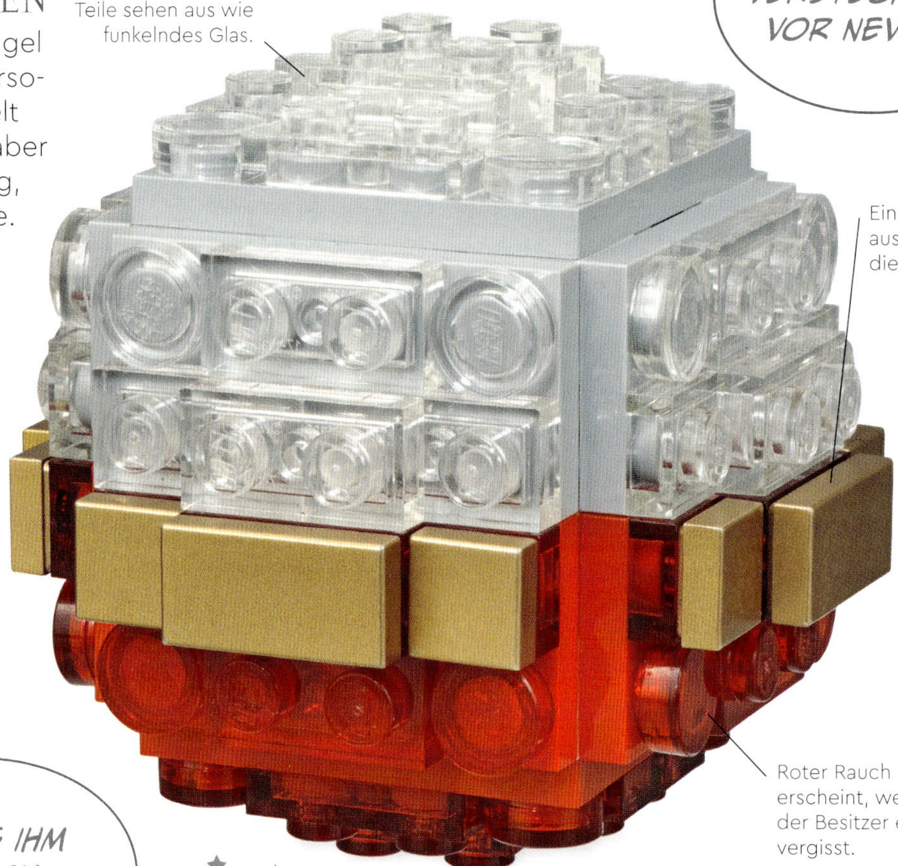

SEITENANSICHT

STARTE ECKIG

Vom Quadrat im Zentrum baust du weiter nach außen, indem du Platten auf die sichtbaren Noppen steckst und dann mit immer kleiner werdenden Platten und Kacheln fortfährst. So wird das Eckige runder.

1×2-Platten mit Klemmen liegen entlang des Unterkiefers nebeneinander.

GEÖFFNET (OHNE ZUNGE)

4×4-Kachel mit Noppen an der Kante

RÜCKANSICHT

BAUTIPP

Dank der beweglichen Klemmen und Stangen wirkt der Heuler, als würde er schreien. Scharniersteine und -platten oder Verbindungen mit Klickscharnieren erzielen den gleichen Effekt.

GEFÜRCHTETER HEULER

Oh nein ... Ron bekommt einen Heuler von seiner Mutter! Heuler sehen aus wie ein schreiender Mund und genau so liefern sie auch ihre Botschaft ab. Verbinde ein paar rote Platten und stecke beeindruckende spitze Zähne und eine Zunge hinein.

Durch die zusätzliche Platte stehen die mittleren Zähne stärker hervor.

1×1-Platte mit vertikalem Zahn als vorderer Backenzahn

Zwei 1×2-Keildachsteine bilden die Zungenspitze.

Umgekehrte 4×8-Platte

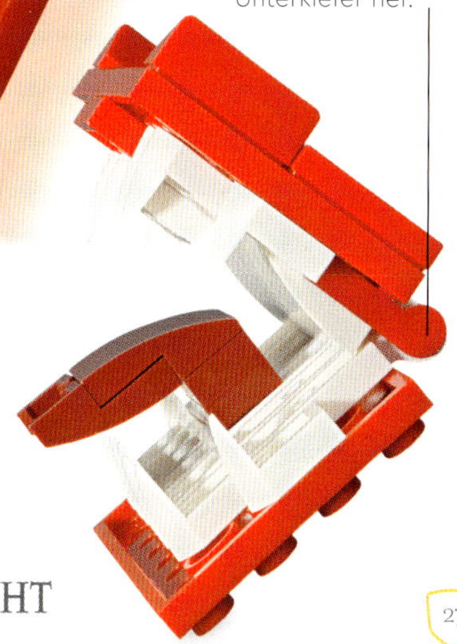

1×2-Platte mit Stange stellt die Verbindung zum Unterkiefer her.

SEITENANSICHT

ZAUBERTRÄNKE

Stell dir all die bunten, magischen Zutaten vor, die Hogwarts-Schüler in Professor Snapes Unterricht zu sehen bekommen. Versuche, selbst einige zu bauen – zusammen mit Flakons und Werkzeugen zum Mischen der Zaubertränke. Baue sorgfältig, denn Professor Snape kann bei Fehlern sehr zornig werden!

MITTELPUNKT

Ein 1×12-Stein mit Löchern bildet den Balken der Waage. Er dreht sich um einen Technic Pin, der wiederum in einem kleineren 1×2-Stein mit Loch steckt.

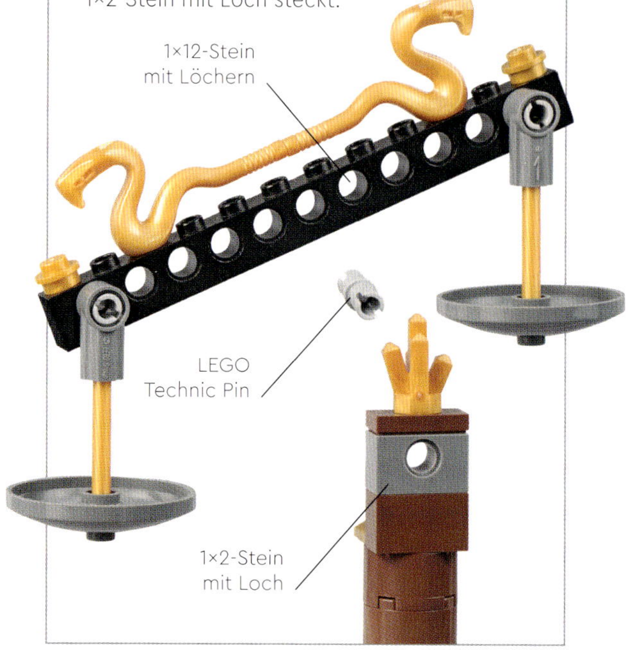

GENAU GEWOGEN

Eine Zauber-Waage ist unentbehrlich. Wenn du die einzelnen Zutaten nicht exakt abwiegst, verwandelt dein Zaubertrank die Leute vielleicht in einen Hutständer, statt in einen Quidditch-Champion.

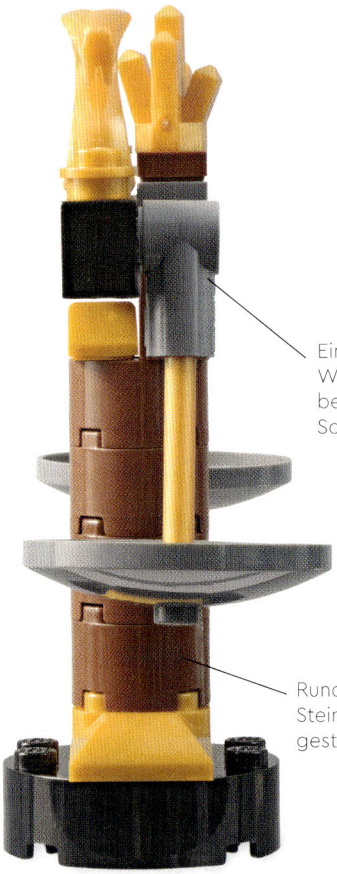

SEITENANSICHT

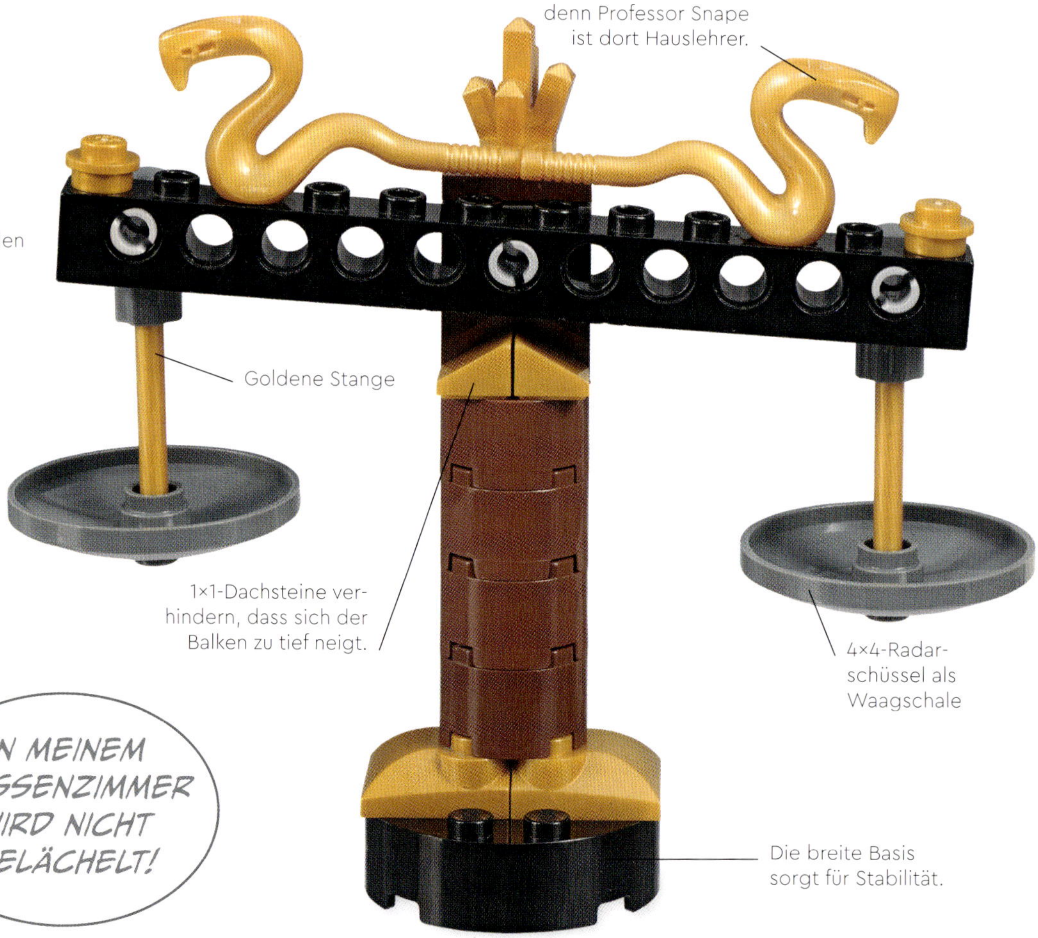

Edelstein-Teil als Verschluss

Kuppelteile haben eine geeignete Form für eine Flasche.

Verbinde die Flakons oder Fläschchen mit transparenten Steinen.

Mit dem roten Stein sieht der Flakon halb voll aus.

FLAKONS MIT ZUTATEN

Zwei transparente Kacheln bilden den Rand.

Du könntest einen größeren Ständer für mehrere Reagenzgläser bauen.

Bogensteine bilden den Ständer für das Reagenzglas.

4×4-Platte als Basis

REAGENZGLAS-STÄNDER

FEST VERKORKT

In transparenten Fläschchen und Reagenzgläsern sieht man Flüssigkeiten in allen Farben des Regenbogens. Wenn du die Flakons verbindest, vermischen sich die Dämpfe! Bitte Abstand halten ...

BAUTIPP

Der Messergriff besteht aus zwei Teilen, die in einem 180°-Winkel verbunden sind. Wie sind sie verbunden? Ein Achsenteil steckt in beiden Teilen, damit der Griff nicht abknickt.

PRÄZISE GESCHNITTEN

Schülerinnen und Schüler müssen in Hogwarts Kräuter, Baumrinde und Wurzeln schneiden. Da dies oft schwer geht, musst du ein Messer mit festem Griff und langer Klinge bauen.

LEGO Technic Achsverbinder

Runde 1×1-Platte mit offener Noppe

Die Klinge ist ein Minifigur-Schwert.

ZAUBERTRÄNKE BRAUEN

Nach dem Mischen müssen die Zutaten noch erhitzt werden. Die Schüler brauen ihre Zaubertränke im Kessel, im Feuerofen oder über einem Bunsenbrenner. Wenn die Tränke vor sich hin blubbern und zischen, erfüllen sie das Klassenzimmer mit ihren Düften ... mhmm! (Oder eher bah!)

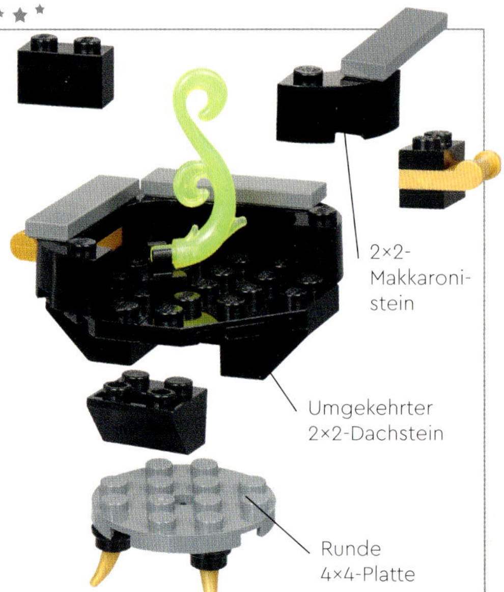

VIELSCHICHTIG

Baue den Kessel vom Boden, einer runden 4×4-Platte, in Schichten auf. Umgekehrte Dachsteine bilden die erste Schicht, gefolgt von Keilplatten. Ganz oben runden Makkaronisteine den Kesselrand ab.

GUT UMRÜHREN

Der metallene Kessel wird über offenem Feuer erhitzt. Er ist praktisch, weil man die Zutaten nach und nach einrühren kann. Achte darauf, dass er Henkel hat, die nicht heiß werden, damit du ihn immer festhalten kannst.

DIE ZUTATEN

Fast alles lässt sich in irgendeinem Zaubertrank verwenden. Wertvolle Zutaten sind zum Beispiel die duftende Anjelica oder ekliger Bubotubler-Eiter, Spinnenhaut oder Drachendung. Versuche dich an diesen Dingen!

ANJELICA

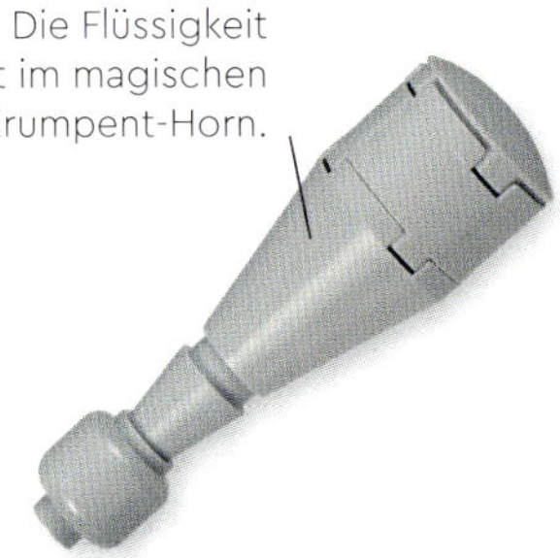

EXPLOSIONS-FLÜSSIGKEIT

HALIWINKEL

DRACHEN-KNOCHENMARK

Korken aus Fledermaus in umgekehrter Kuppel

Undurchsichtiger 1×2-Stein als Etikett

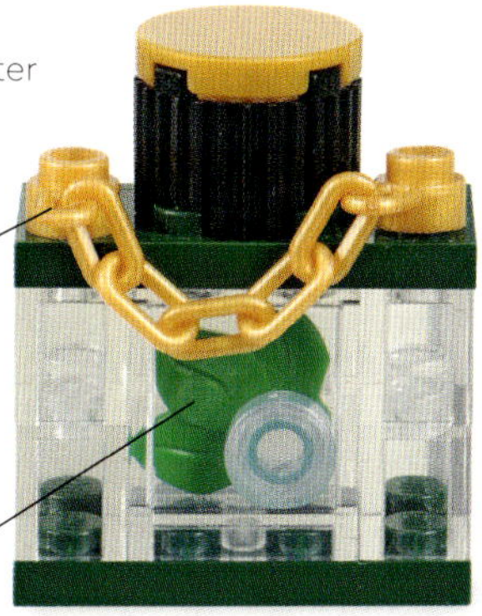

Die Kette bedeutet: „Halte dich fern!“

Blattdetail im Inneren

Dreiseitiger 1×2-Dachstein als Verschluss

Verschiedene Farben ergeben einen wirbelnden Trank.

STARKE ZAUBERTRÄNKE

Kennzeichne die Flakons mit Hinweisen auf den Inhalt und verwirre gleichzeitig neugierige Schnüffler mit falschen Etiketten. Ein Zaubertrank zum Fliegen wird mit einer Fledermaus verkorkt, einer, der Geister bindet, dagegen mit einer Kette.

SPEZIAL-STEIN

Die runde 2×2-Platte mit vier senkrechten Stangen findet man oft an LEGO Bäumen. Hier verbindet sie das Tablett für den Bunsenbrenner mit dem Ständer.

Denke dir ungewöhnliche Zutaten zum Erhitzen aus.

4×4-Radarschüssel als Geschirr

Spiraliger Pflanzenstängel als Ständerbein

BRENNENDER EHRGEIZ

Ein Bunsenbrenner erzeugt eine kleine, heiße Flamme. Darüber kannst du winzige Zutaten in einem kleinen Tiegel erhitzen.

Drei Teile ergeben einen Bunsenbrenner.

Die Schale ist ein Kuppelteil.

SPINNEN

PLANGENTINIEN

Ein unteres Ballonteil bildet die längliche Zwiebel.

STINKZWIEBEL

Die Flamme ist an einer Platte mit Klemme befestigt.

DRACHENDUNG

KRÄUTERKUNDE

Professor Sprout ist Kräuterkunde-Lehrerin. Sie weiß, wie man perfekte Lenkpflaumen züchtet und Alraunen umtopft, aber das ist längst nicht alles. Grabe deinen Steingarten um und baue weitere magische Pflanzen an: Traust du dich, Nux Myristica, Teufelsschlinge oder Venemosa Tentacula zu pflegen?

BAUTIPP

Überlade die Zweige nicht mit zu vielen Lenkpflaumen, sonst werden sie zu schwer und die nach oben wachsenden Pflanzen fallen nach unten zu Boden!

LENKPFLAUMEN

Züchte saftige Lenkpflaumen an einem Gewächshaus-Rahmen. In Zaubertränken stärken die kleinen, runden, nach oben wachsenden Früchte die Fähigkeit, das Außergewöhnliche zu akzeptieren.

Diese längliche Pflaume besteht aus dem unteren Teil einer Kuppel auf einem Kegel.

Manche Pflaumen sind noch nicht ganz reif.

Pflaumenstängel stecken in Blattteilen.

Die 1×1-Steine auf einer Seite des Rahmens haben seitliche Stangen.

Die kleinsten Pflaumen sind Laternenteile.

Gestapelte 1×1-Steine bilden den Rahmen.

Die geschwungenen Zweige sind Elefantenrüssel.

SEITENANSICHT

LONGBOTTOM, SETZ' SOFORT DIE OHRENSCHÜTZER AUF!

VORDERANSICHT

WURZELN VERBINDEN

Die oberen und unteren Wurzeln sind jeweils anders mit dem Körper verbunden, damit die oberen sich auf und ab bewegen können und die unteren vor und zurück.

SPEZIAL-STEIN

Teile der knorrigen Alraunenwurzeln bestehen aus diesem gebogenen Hornteil, das häufiger für LEGO Rinder verwendet wird. Es hat eine kleine Stange am Ende.

HEILENDE WURZELN

Alraunenwurzeln sind wie menschliche Körper geformt und werden in viele Gegenmittel gegen Flüche und andere Zaubersprüche gemischt. Ausgewachsene Alraunen stoßen beim Ausgraben tödliche Schreie aus, daher sollte man dabei unbedingt Ohrenschützer tragen.

IRRWICHT-SCHRANK

Das Modell eignet sich perfekt für den Unterricht in Verteidigung gegen die Dunklen Künste. Der Lehrer Mad-Eye Moody erteilt deinen Minifiguren eine wichtige Lektion: Jeder muss den Irrwicht besiegen, der seine schlimmste Angst verkörpert. Das Geheimnis ist ein Schiebepaneel im Boden. Welches Irrwicht-Paar holst du aus den Tiefen deiner Fantasie hervor?

Runde 1×1-Platten mit Stange verleihen dem Schrank eine schönere Form.

GESCHLOSSEN

GEÖFFNET MIT GESPENST

HINEIN UND HERAUS

Um einen Irrwicht unschädlich zu machen, ruft man den Zauberspruch „Riddikulus!". Schließe daraufhin die Schranktür und schiebe die Bodenplatte nach rechts. Ist er weg? Ja, aber nun ist da ein heulendes Gespenst. Buh-huuh!

Die knarrende Holztür ist an Klemmen im Türrahmen befestigt.

Der Boggart ragt von einer Plattform auf, die einen Stein hoch ist.

SCHRANK

6×12-Grundplatte

GEHEIMFACH

Die Rückansicht des Schranks legt sein Geheimnis offen. Du siehst, dass der zwei Noppen breite Schiebeboden auf einer Platte steckt, deren eine Seite in drei Steinen mit seitlichen Rillen hin und her gleiten kann.

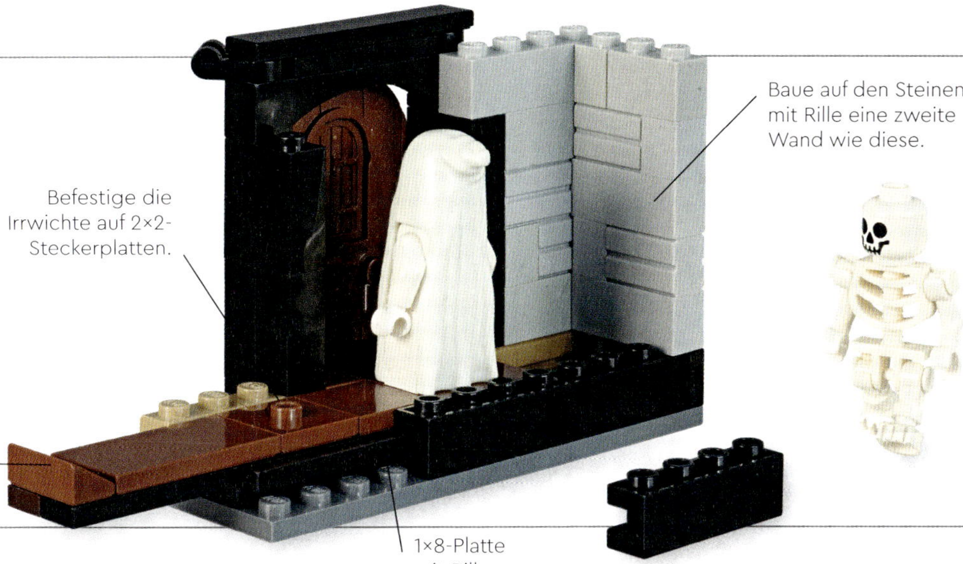

Befestige die Irrwichte auf 2×2-Steckerplatten.

Baue auf den Steinen mit Rille eine zweite Wand wie diese.

1×2-Dachstein als Griff

1×8-Platte mit Rille

SPEZIALSTEIN

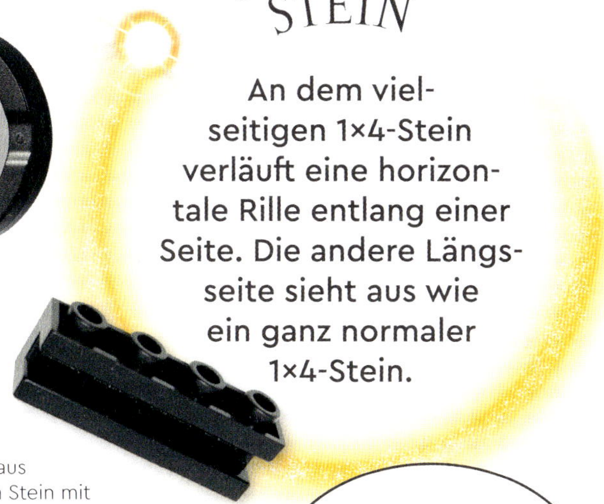

An dem vielseitigen 1×4-Stein verläuft eine horizontale Rille entlang einer Seite. Die andere Längsseite sieht aus wie ein ganz normaler 1×4-Stein.

Lupe zur Untersuchung von seltsamen Fundstücken

Beklebte Täfelung macht die Wände noch unheimlicher.

Flakon aus rundem Stein mit Kachelverschluss

Schränke aus runden 1×1-Steinen

KLASSENZIMMER

WICHTEL

Hier siehst du Wichtel aus Cornwall! Die kleinen Quälgeister kreischen, werfen mit Büchern und hängen Schüler an den Ohren auf. Professor Lockhart konnte sie nicht beherrschen, nachdem er sie in Verteidigung gegen die Dunklen Künste freigelassen hatte. Gib dich also gar nicht erst mit dem Spruch „Peskiwichteli Pesternomi" ab, wenn die LEGO Wichtel zurück in die Kiste sollen.

BAUTIPP

Baue in die Zauberwesen möglichst viele bewegliche Teile ein, damit das Spielen noch mehr Spaß macht. Dieser Wichtel kann Arme, Beine, Flügel, Kopf und Ohren bewegen.

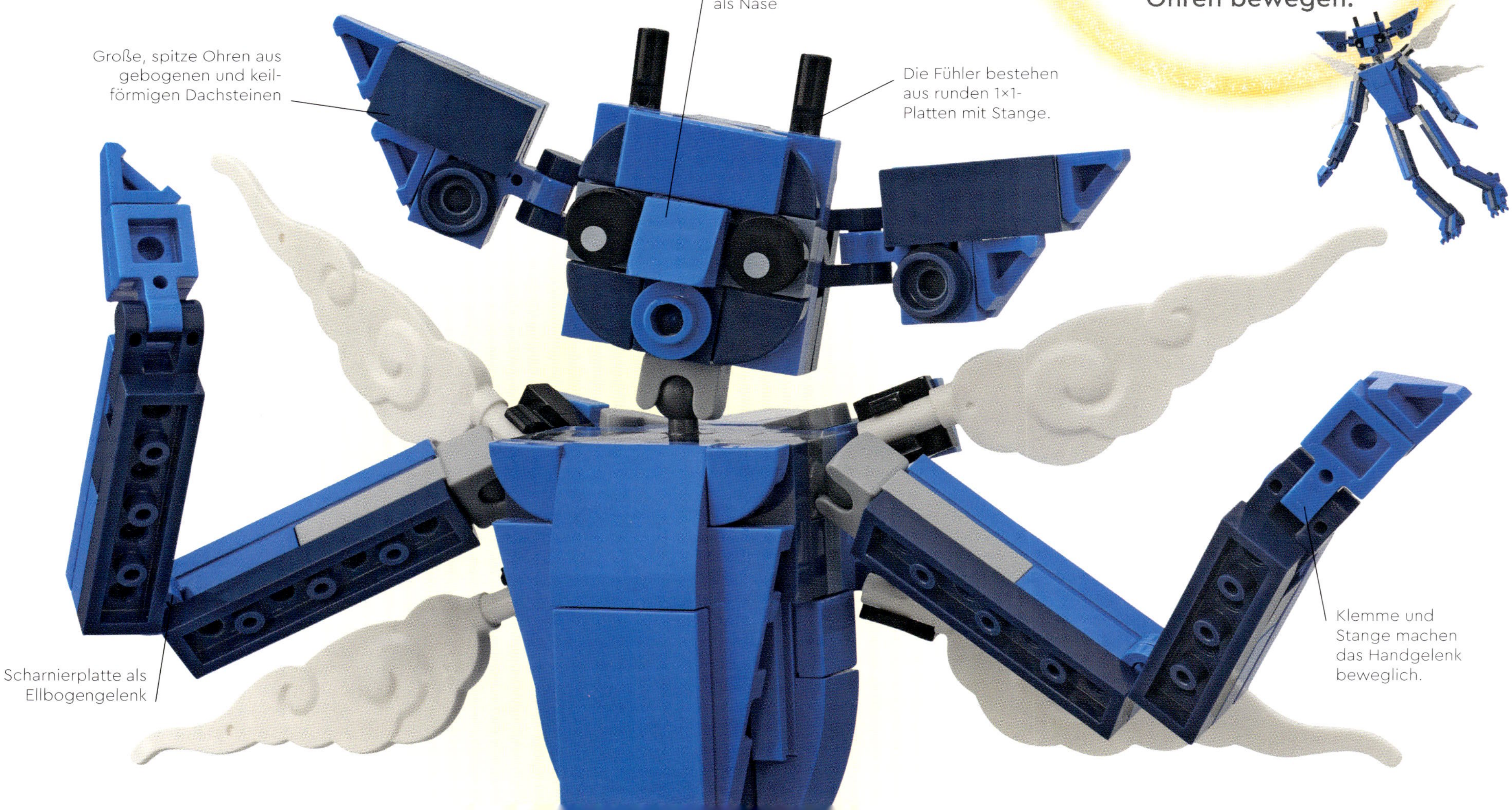

KLEINE QUÄLGEISTER

Schnapp dir alle deine knallblauen Steine und baue diesen kleinen Frechdacns. Gib ihm große, spitze Ohren und Flügel. Vielleicht möchtest du sogar eine ganze Schar dieser Wichtel bauen. Da wäre der Ärger vorprogrammiert!

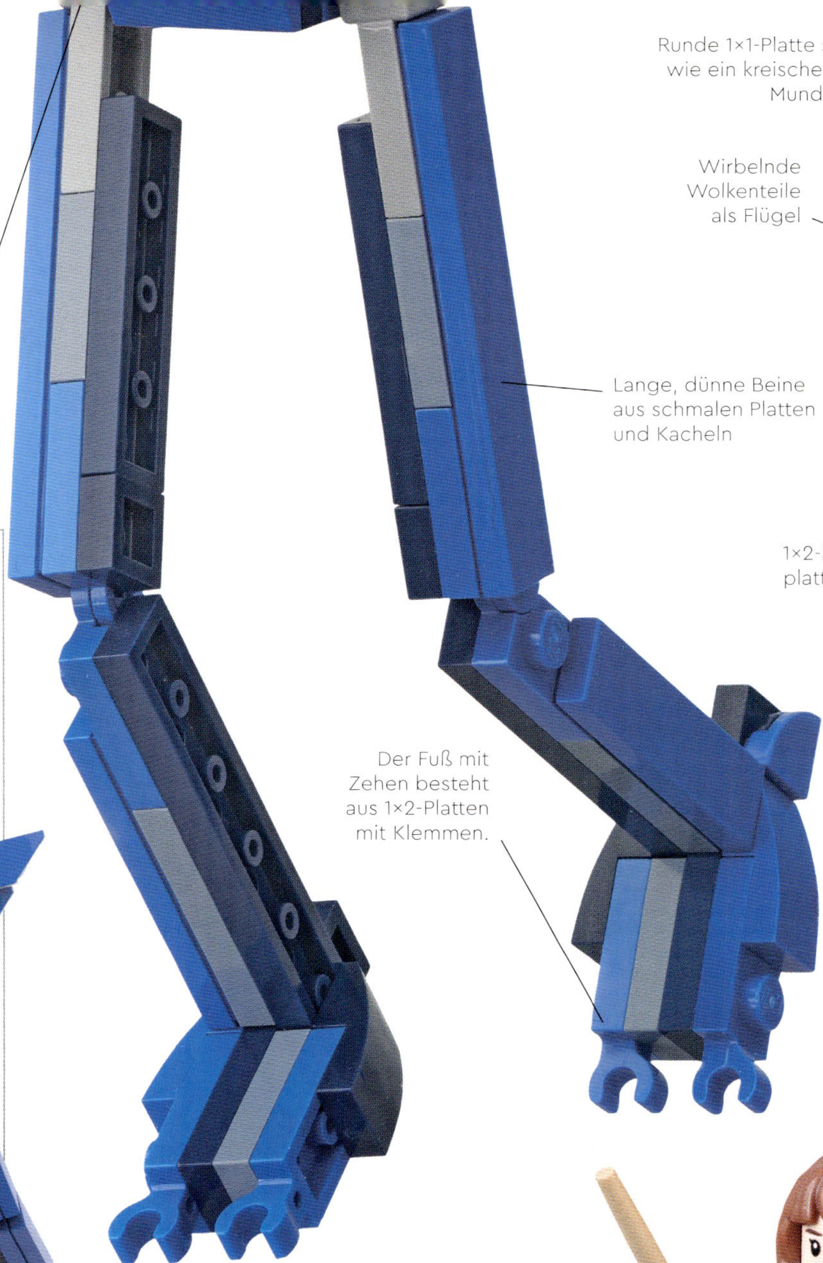

Die Beine bewegen sich an Hüft- und Kniegelenken.

Lange, dünne Beine aus schmalen Platten und Kacheln

Der Fuß mit Zehen besteht aus 1×2-Platten mit Klemmen.

Runde 1×1-Platte sieht wie ein kreischender Mund aus.

Wirbelnde Wolkenteile als Flügel

1×2-Scharnierplatte als Knie

VORDERANSICHT

Die Arme drehen sich um Kugelgelenke.

SEITENANSICHT

FLÜGELSCHLAG

Sieh dir den Rücken eines Wichtels an, dann erkennst du, wie die vier Flügelteile befestigt werden. Schwarze Kacheln mit Klemmen halten die Flügel. Diese Kacheln stecken auf Platten mit Klemmen, die wiederum über abgerundete Platten mit Stangen mit dem Körper verbunden sind.

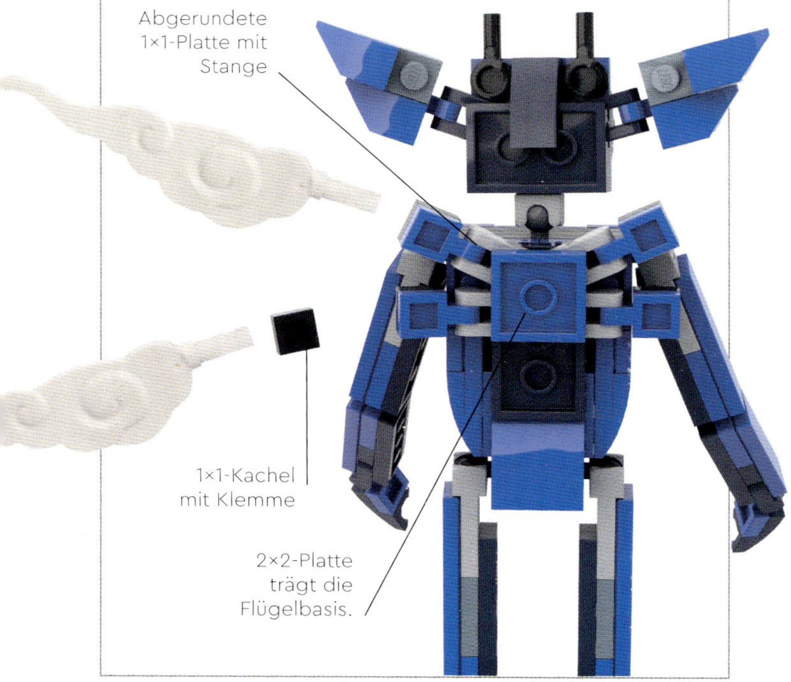

Abgerundete 1×1-Platte mit Stange

1×1-Kachel mit Klemme

2×2-Platte trägt die Flügelbasis.

WAHRSAGEN

Wenn du dir jetzt vorstellst, was es in Professor Trelawneys Klassenzimmer in Hogwarts alles geben könnte, dann hält deine Zukunft wahrscheinlich einige rätselhafte LEGO Modelle bereit. Das hochgelegene, runde Turmzimmer ist reichlich mit seltsamen Dekorationen und Hilfsmitteln für den Unterricht in Wahrsagen ausgestattet, denn die Schüler sollen hier versuchen, die Zukunft vorherzusehen.

AUGE

BLUME

NARR

BURG

RÄTSELHAFTE SYMBOLE

In Professor Trelawneys Klassenzimmer hängen scharlachrote Vorhänge und symbolische Kunstwerke schmücken die Wände. Dies alles schafft eine geheimnisvolle Atmosphäre. Speziell entworfene, gerahmte Bilder mit ungewöhnlichen Motiven sollen die Lernenden inspirieren (oder verwirren).

BAUTIPP

Die Kristallkugel ist hohl, sodass du kleine Teile hineinlegen kannst, die dir die Zukunft zeigen. Wenn du keine Kugel hast, nimm eine transparente Kuppel.

KRISTALLKLAR

Ron erkennt nur „ziemlich dichten Nebel", als er im Unterricht in seine Glaskugel blickt. Was werden deine Minifiguren wohl zu sehen bekommen, wenn sie in diese LEGO Kristallkugel schauen?

2×2-Makkaronikacheln fassen die Kristallkugel ein.

Der Fuß des Tisches ist eine runde 4×4-Platte.

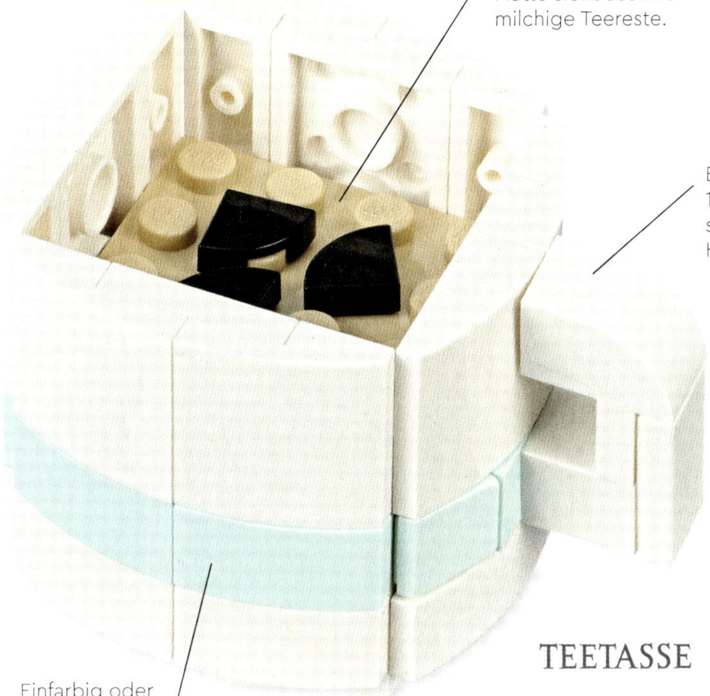

Beigefarbene 4×4-Platte sieht aus wie milchige Teereste.

Ein gebogener 1×2×1⅓-Dachstein formt den Henkel.

Einfarbig oder gemustert? Du entscheidest.

TEETASSE

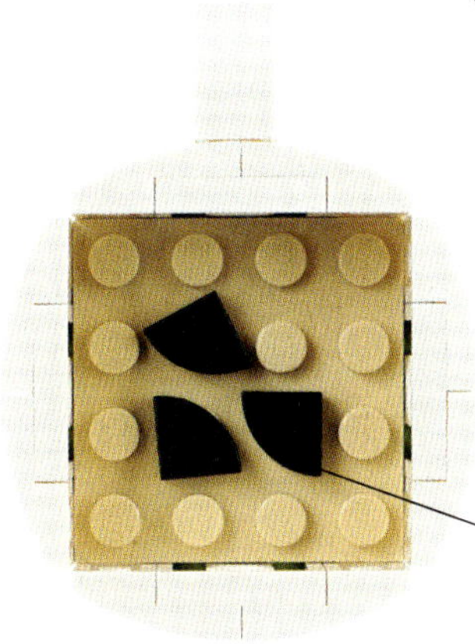

1×1-Viertelkachel als schwarzes Teeblatt

DRAUFSICHT

UNTER DEN TEEBLÄTTERN

Drei Seiten der Teetasse werden genau gleich aus Platten und gebogenen Dachsteinen gebaut, aber in die Seite mit Henkel musst du eine Steckerplatte und kleine Dachsteine einbauen. Alle Seiten sind an Steinen mit Seitennoppen befestigt, die in der Grundfläche der Tasse versteckt sind.

2×4-Platte

1×1-Stein mit zwei Seitennoppen

FORMEN IN DER TEETASSE

Viele leere Teetassen stehen in Professor Trelawneys Klassenzimmer herum, da sie die magische Kunst des Deutens von Teeblättern unterrichtet. Baue eine Tasse und lege dunkle Teile hinein, die wie nasse Teeblätter aussehen.

Gebogener 1×2-Dachstein

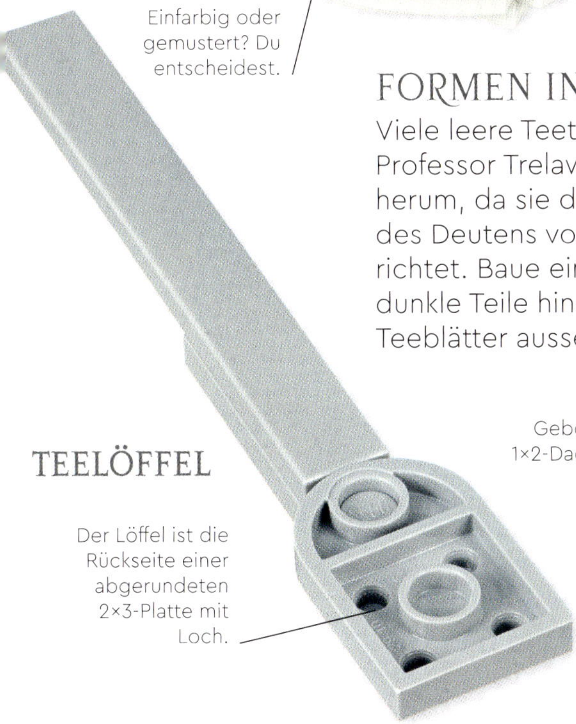

TEELÖFFEL

Der Löffel ist die Rückseite einer abgerundeten 2×3-Platte mit Loch.

BEGEHRTE SCHÄTZE

Es ist fast unmöglich, den echten Stein der Weisen in die Hände zu bekommen. Im Film ist er in einem Verlies der Gringotts-Bank eingeschlossen. Ebenso schwer ist es, einen Blick in den Spiegel Nerhegeb zu werfen. Er ist an einem unbekannten Ort in Hogwarts versteckt. Immerhin kann dich nichts davon abhalten, eigene LEGO Versionen dieser beiden legendären Gegenstände zu bauen. Bewahre sie sicher auf!

1×1-Dachsteine bilden die Ecken und Kanten des Steins.

SEITENANSICHT

Einige sichtbare Noppen lassen den Stein rau wirken.

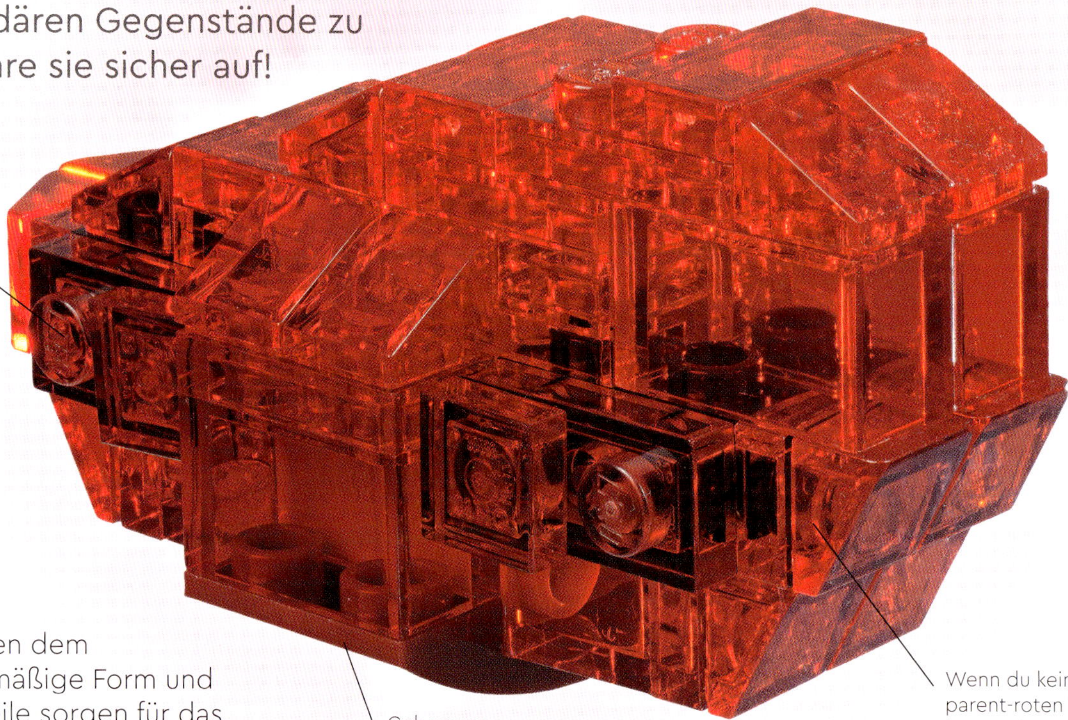

Gebogene 2×2-Dachsteine bilden eine glatte Unterseite.

Wenn du keine transparent-roten Teile hast, kannst du auch hell- oder dunkelrote benutzen.

STEIN DER WEISEN

Dachsteine verleihen dem Stein eine unregelmäßige Form und transparent-rote Teile sorgen für das magische Leuchten. Dieser Stein verwandelt jedes Metall in Gold und man kann mit ihm das Lebenselixier brauen.

NOPPENKERN

Die Mitte des Steins der Weisen ist aus undurchsichtigen schwarzen und roten Steinen aufgebaut. Die schwarzen Steine haben Seitennoppen, sodass sich daran die transparenten Teile befestigen lassen.

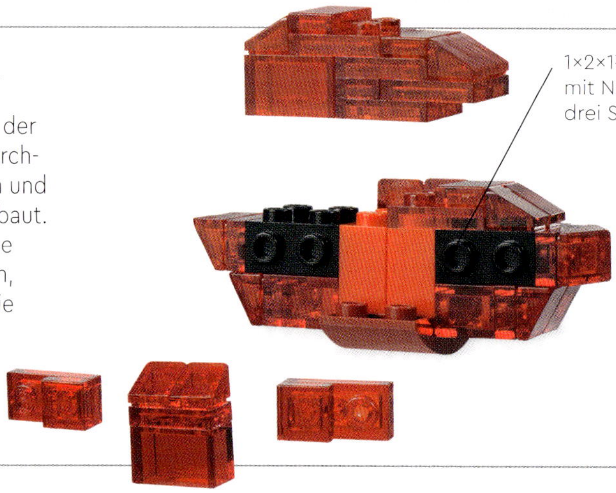

1×2×1⅓-Stein mit Noppen an drei Seiten

BAUTIPP

Baue für unterschiedliche „Spiegelbilder" kleine Szenen auf Platten, die du in den Spiegel einsetzt und wieder herausnimmst, je nachdem, wer hineinschaut.

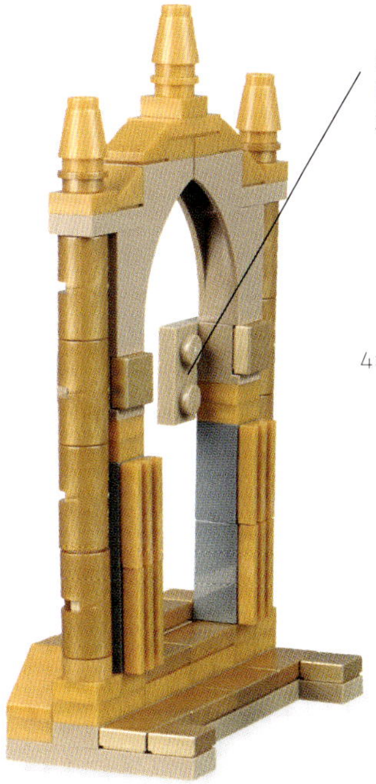

SEITENANSICHT

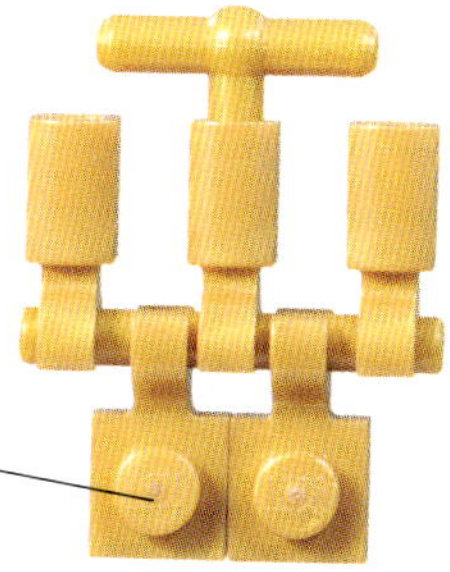

HARRYS FAMILIE

SPIEGEL NERHEGEB

„Nerhegeb" ist „Begehren" rückwärts buchstabiert. Wer in diesen kunstvollen Spiegel blickt, sieht den eigenen tiefsten Herzenswunsch. Was spiegelt dein Modell? Vielleicht eine Begegnung mit einem verlorenen Freund oder die Ausrüstung eines Quidditch-Meisters?

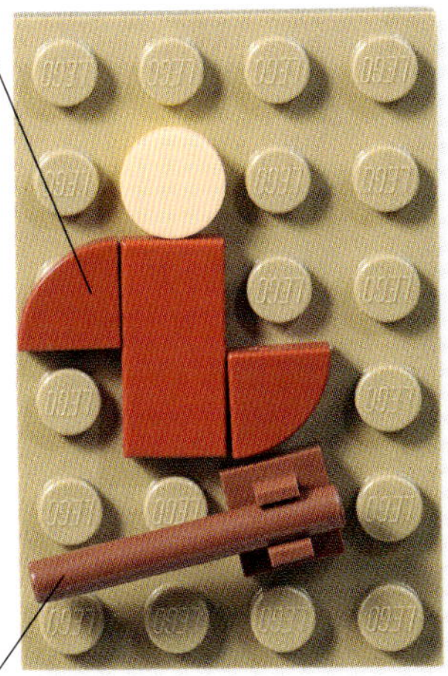

QUIDDITCH-HELD

TOM RIDDLES TAGEBUCH

Warum ist Tom Riddles Tagebuch leer? Nun, es wartet darauf, dass jemand auf den Seiten sein Herz ausschüttet. Tom (jetzt Lord Voldemort) nutzte diese Art negativer Energie zur Stärkung seiner dunklen Kräfte. Wenn dir das nicht gefällt, dann baue ein Buch für eine andere Person, ein Zaubertränke-Lehrbuch oder ein Jahrbuch für dein Lieblingshaus in Hogwarts.

OFFENES BUCH

Entlang des Buchrückens sind vier Paare aus je zwei 1×2-Scharnierplatten angeordnet. Sie halten den vorderen und hinteren Buchdeckel so zusammen, dass man das Buch aufschlagen kann.

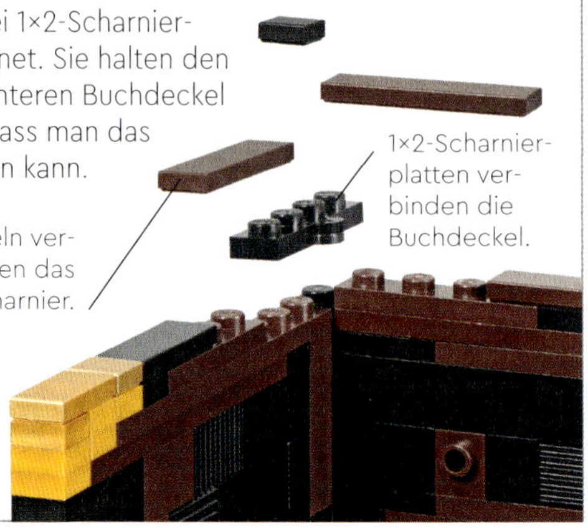

VORDERER BUCHDECKEL

Braune und schwarze Steine lassen das alte, in Leder gebundene Buch echt wirken und goldene und gelbe bilden die Ecken aus Metall. Das Loch in der Mitte ist nicht für einen Radiergummi gedacht: Harry Potter stieß es mit dem Zahn des Basilisken hinein.

Der Zahn steht aufrecht im Loch.

Das Modell findest du auf Seite 45.

ANSICHT MIT BASILISKEN-ZAHN

BAUTIPP

Wenn sich etwas leicht von anderen gebauten Teilen abheben lassen soll, wie die Seiten dieses Buches oder ein Hausdach, dann verbinde es nur über wenige Noppen.

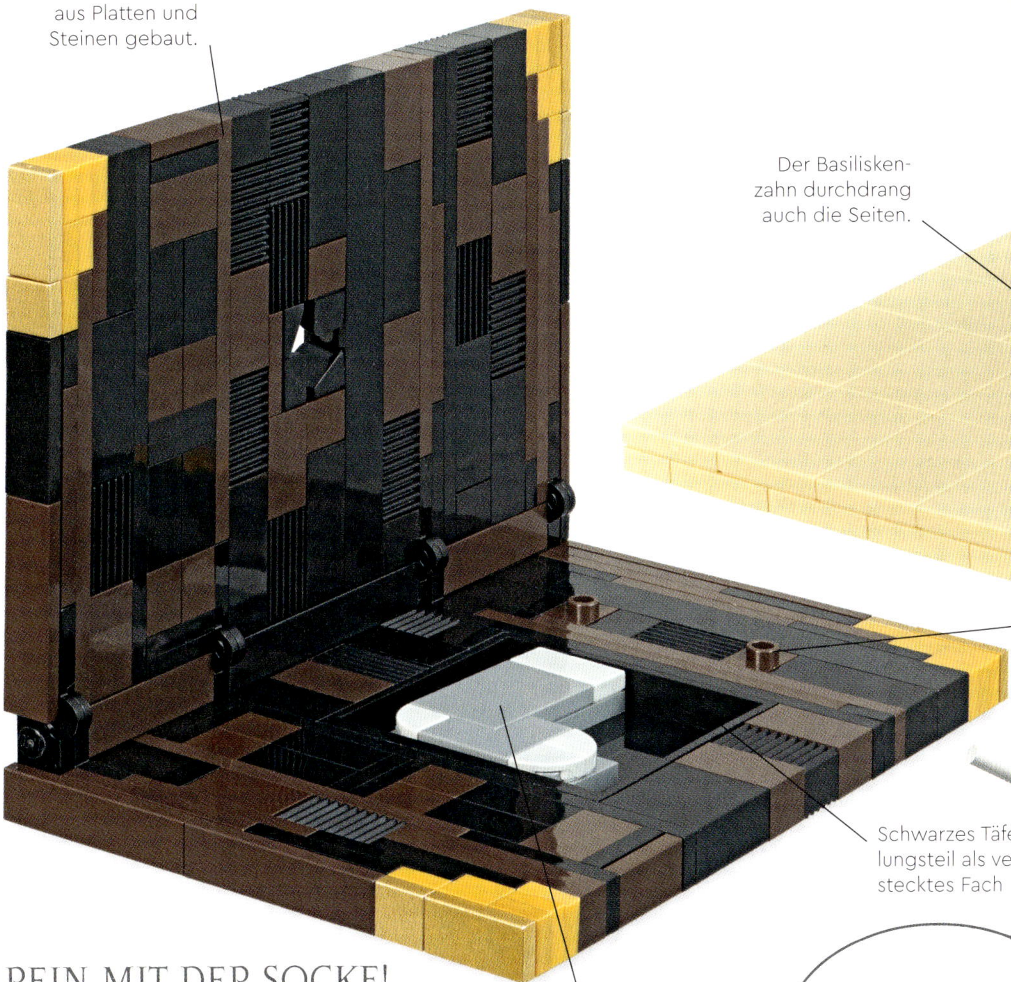

Die Buchdeckel sind aus Platten und Steinen gebaut.

Zwei einzelne Noppen halten die Seiten fest.

Schwarzes Täfelungsteil als verstecktes Fach

Socke aus kleinen Kacheln und Platten

INNENANSICHT

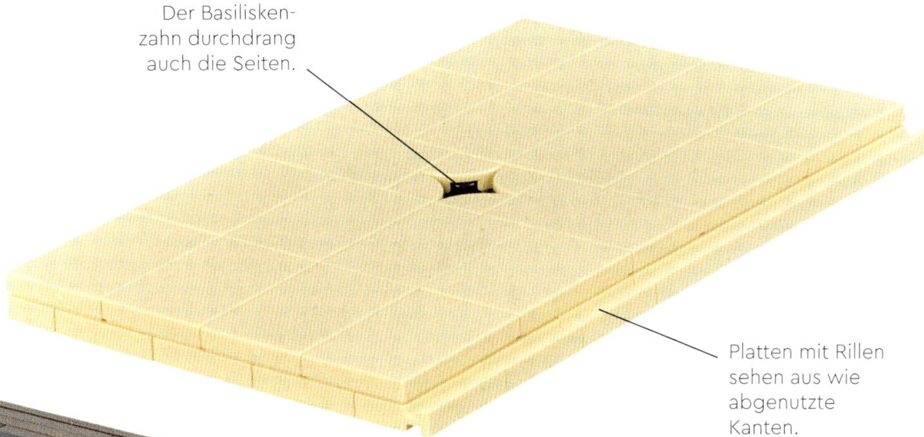

Der Basiliskenzahn durchdrang auch die Seiten.

Platten mit Rillen sehen aus wie abgenutzte Kanten.

REIN MIT DER SOCKE!

In dem Tagebuch stecken nicht nur Hoffnungen und Ängste. Hebt man den Deckel und die leeren Seiten ab, kommt eine Socke zum Vorschein. Harry versteckte sie im Buch. Es war ein Trick, sodass Lucius Malfoy den Hauself Dobby freilassen musste.

SCHARFE SPITZEN

Hexen und Zauberer müssen ziemlich klug sein, um einen dunklen Zauberer wie Voldemort zu besiegen. Baue eine LEGO Version des mächtigen Schwerts von Gryffindor und auch einen Basiliskenzahn, dann hast du zwei der wirkungsvollsten Gegenstände der Zaubererwelt. Werden sie den Sieg bringen?

BAUTIPP

Mit Platten, Kacheln und Dachsteinen in allen möglichen Formen und Größen sieht der edle Metallgriff des Schwertes fein geschmiedet und graviert aus.

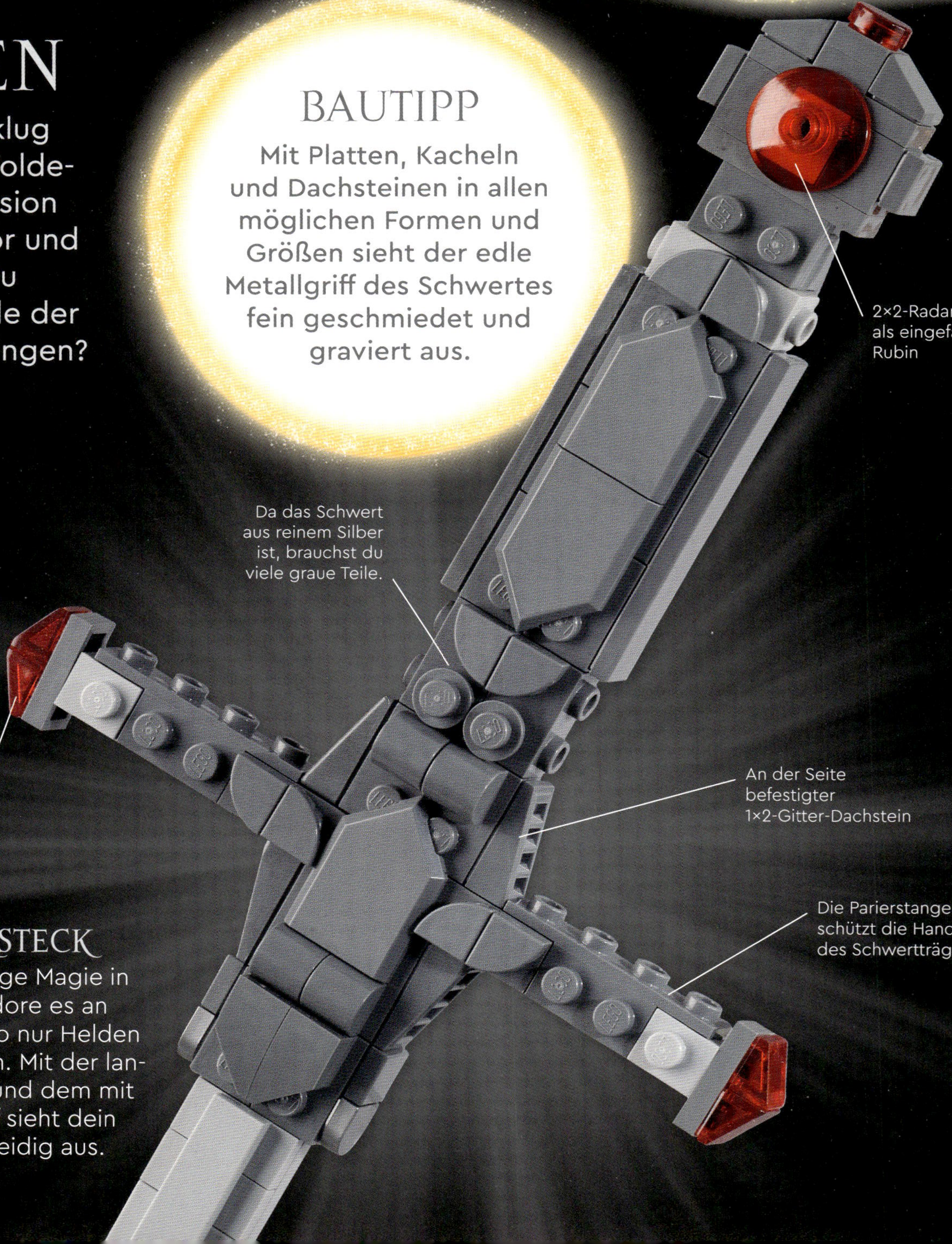

MAGISCHES VERSTECK

Da das Schwert mächtige Magie in sich trägt, hat Dumbledore es an einem Ort versteckt, wo nur Helden aus Gryffindor es finden. Mit der langen, schlanken Klinge und dem mit Rubinen verzierten Griff sieht dein Schwert edel und schneidig aus.

RÜCK-ANSICHT

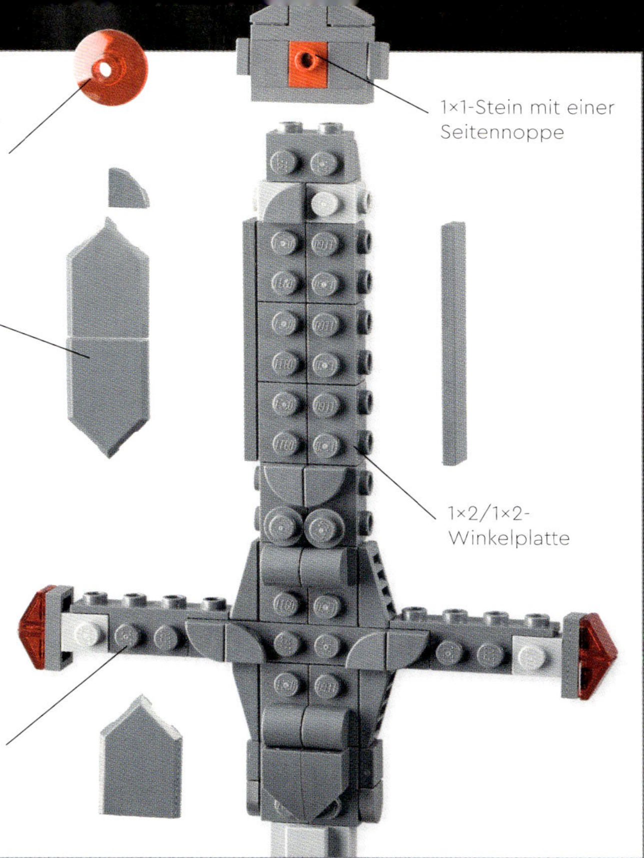

PARIERSTANGE

Das Schwert von Gryffindor hat eine schützende Stange, die quer zur Klinge liegt. Baue die richtige Form für sie mit einer Basis aus mehreren Platten, auf die du zahlreiche Winkelplatten steckst.

KLUG UND MUTIG

Dieser große, giftige Zahn stammt von einer tödlichen Schlange namens Basilisk. Nachdem Harry den Basilisken besiegt hat, benutzt er einen seiner abgebrochenen Zähne als magische Waffe.

KARTE DES RUMTREIBERS

Wer geht da? Das bestimmst du! Die dreidimensionale „Karte des Rumtreibers" zeigt, wo deine Minifiguren unterwegs sind. Nicht einmal ein Tarnumhang könnte sie verbergen! Baue auch Karten von anderen Orten wie dem Dorf Hogsmeade oder Lucius Malfoys Herrenhaus.

NÜTZLICHE KARTE

Erfinde ein Abenteuer und lass Minifiguren oder kleinere Mikrofiguren entsprechend über die Karte wandern. Schnüffelt der neue Schüler neugierig herum oder hat er sich nur verlaufen? Je nachdem, wie viel Platz du hast, kann deine Karte ganz schön groß und detailliert werden!

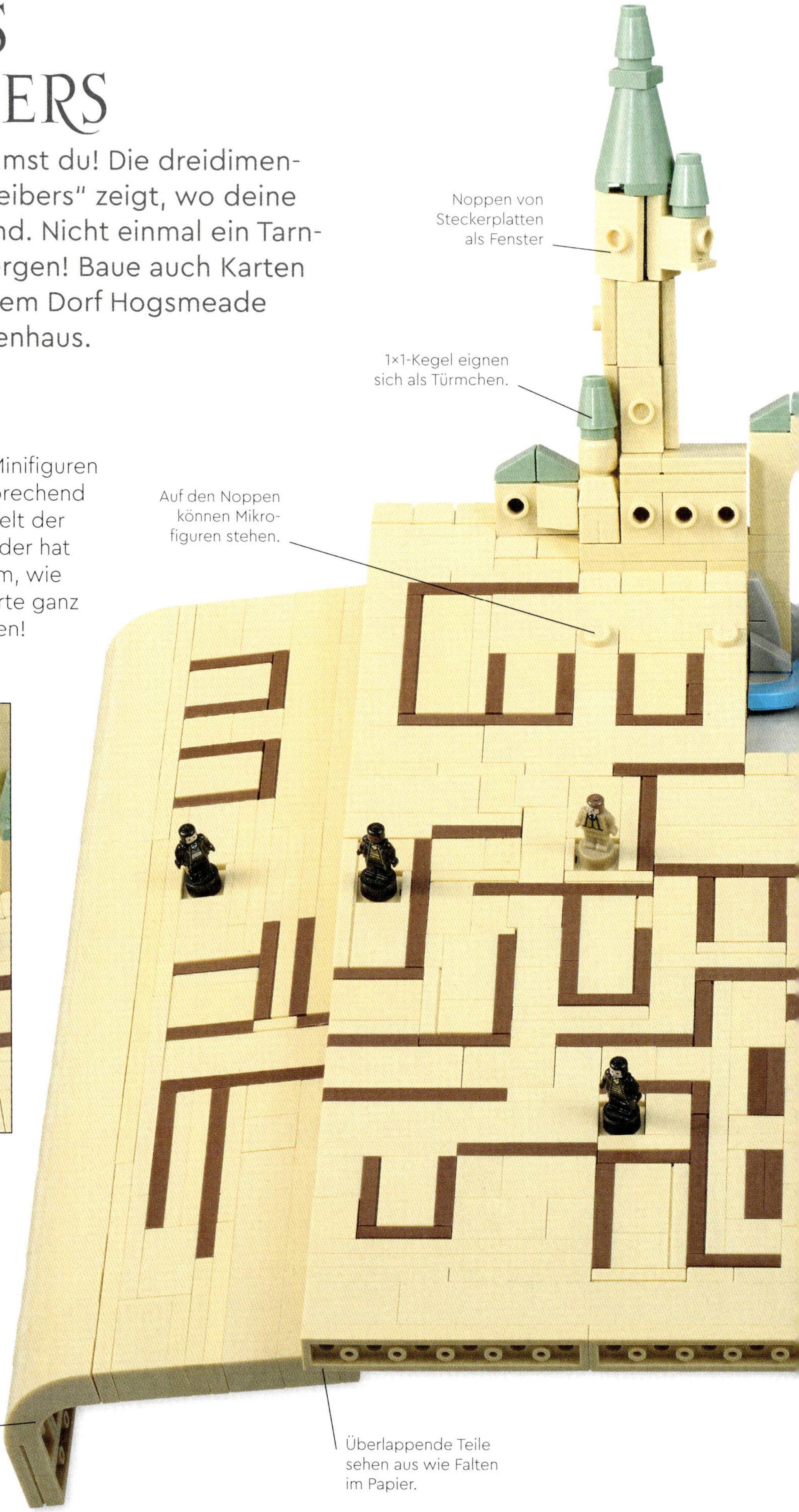

FLUSS-MÄANDER

Ein Fluss windet sich durch die Gebirgslandschaft und um den Felsen, auf dem Hogwarts steht. Setze dafür zwei 2×2-Makkaronikacheln auf graue Platten zwischen die Felshänge. Soll auf deiner Karte auch der große See zu sehen sein?

SPEZIAL-STEIN

Die winzigen Figuren auf der Karte sind Mikrofiguren. Sie sind nur etwas höher als ein Stein, während LEGO Minifiguren vier Steine hoch sind.

Nimm einen 1×4×2-Bogen als Viadukt.

Doppelt gebogener 1×4-Dachstein bildet einen kurvigen Korridor.

Auf die Karte kannst du Landschaftsmerkmale ebenso bauen wie Wege.

Du könntest aus kleinen Steinen oder Platten selbst winzige Figuren bauen.

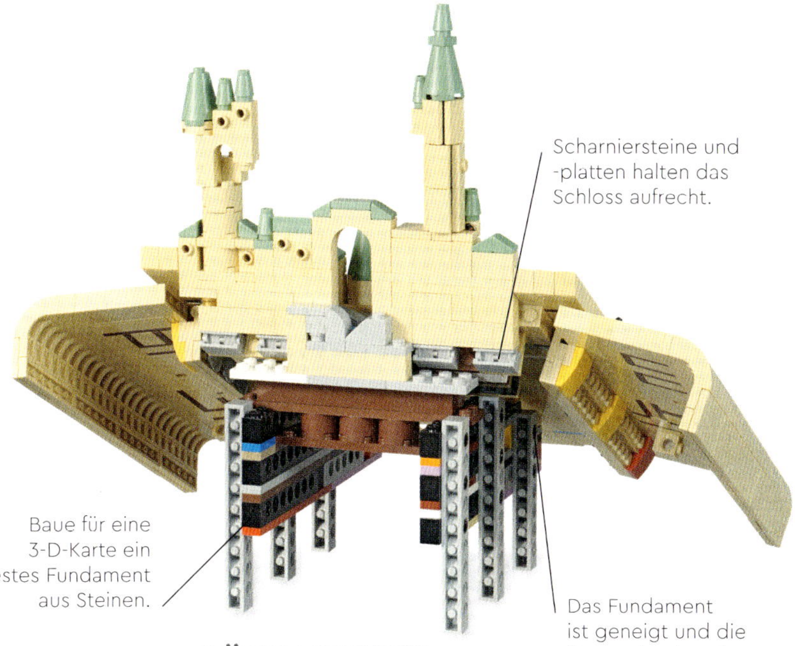

Scharniersteine und -platten halten das Schloss aufrecht.

Baue für eine 3-D-Karte ein festes Fundament aus Steinen.

Das Fundament ist geneigt und die Karte ruht darauf.

RÜCKANSICHT

DAS WEGENETZ

Die Wege werden mit seitlich gerichteten Bautechniken in die Karte eingebaut. Steine mit Noppen zu beiden Seiten erlauben es dir, in beide Richtungen seitwärts zu bauen.

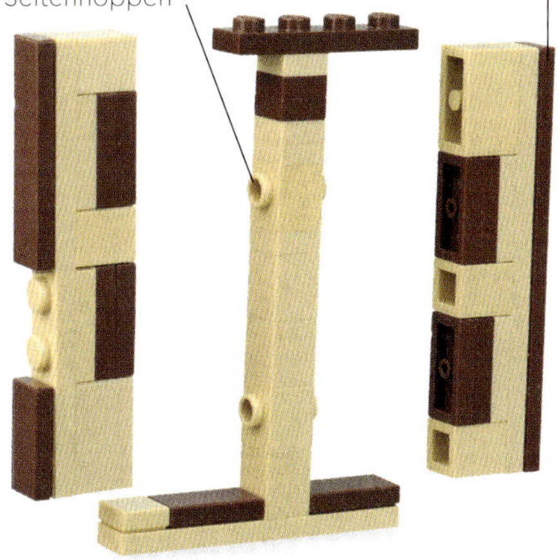

1×1-Stein mit zwei Seitennoppen

Kacheln und Platten für schmale Pfade

SCHERZARTIKEL

Falls du gern lachst, dann bau doch einige der ausgefallenen Scherzartikel aus Weasleys Zauberhafte Zauberscherze, dem Laden der Weasley-Zwillinge Fred und George in der Winkelgasse. Es gibt dort sehr witzige Dinge, von tanzenden Küken bis hin zu tragbaren Sümpfen. Los, stopfe die Taschen mit diesen kuriosen Modellen voll! (Hauptsache, es sind keine klebrigen Turnschuhe, denn damit kommst du vielleicht nie mehr aus dem Haus!)

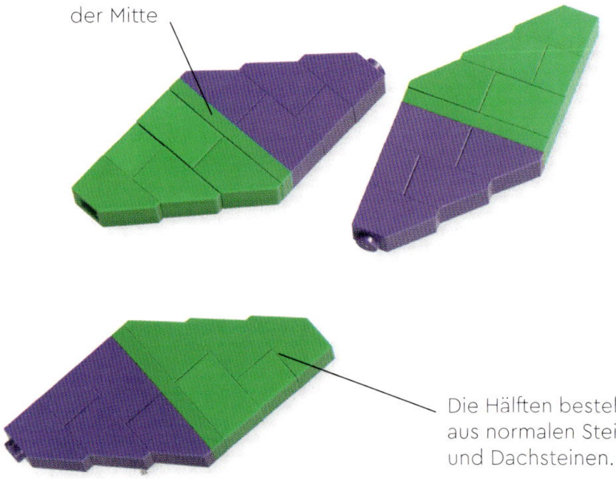

GUMMIHUHN

Wer hätte nicht gern ein verzaubertes Gummihuhn? Dieses kann sogar irischen Stepptanz. Klicke deine Steine zusammen und erschaffe dir diesen fröhlichen, gefiederten Freund.

KOTZPASTILLEN

Mit diesen Bonbons können alle den Unterricht schwänzen. Essen sie die grüne Hälfte, kotzen sie. Sobald sie entschuldigt sind, essen sie die violette Hälfte und ... sind sofort wieder gesund! Aber beiße nicht in die LEGO Version, sonst musst du zum Zahnarzt!

BAUTIPP

Gib deinem Huhn zwei bewegliche Beine zum Tanzen. Im oben gezeigten Modell sind die Beine mit LEGO Technic Pins mit dem Körper verbunden und können seitlich schwingen.

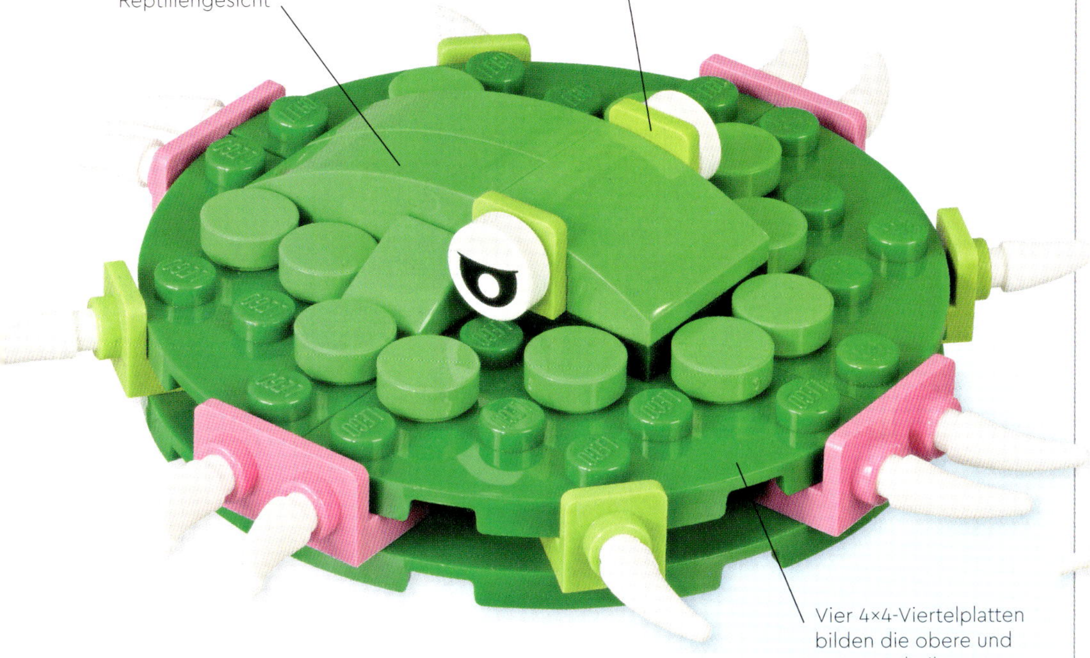

FANGZAHN-SANDWICH

Das Fangzähnige Frisbee hat drei Schichten. Zwischen oberer und unterer Scheibe liegen Winkelplatten, die die Fangzähne halten, und eine runde Platte, die das Frisbee stabilisiert.

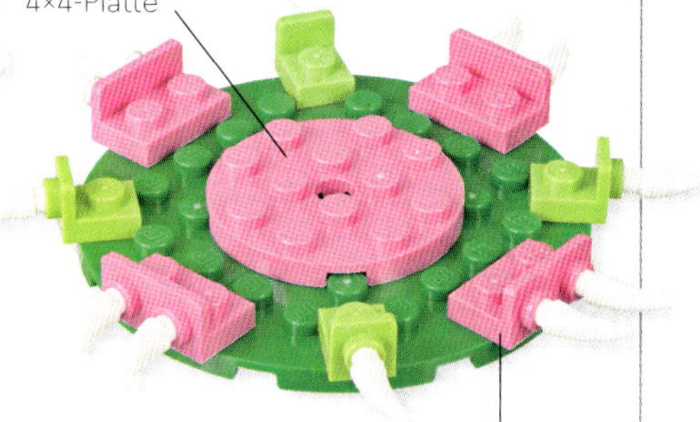

FANGZÄHNIGES FRISBEE

Diese rotierende Scheibe dreht sich, wenn man sie durch die Luft wirft. Pass aber auf deine Finger auf, denn sie hat rundherum scharfe Fangzähne. Vielleicht solltest du dir dazu einen Schutzhandschuh bauen.

SEITENANSICHT

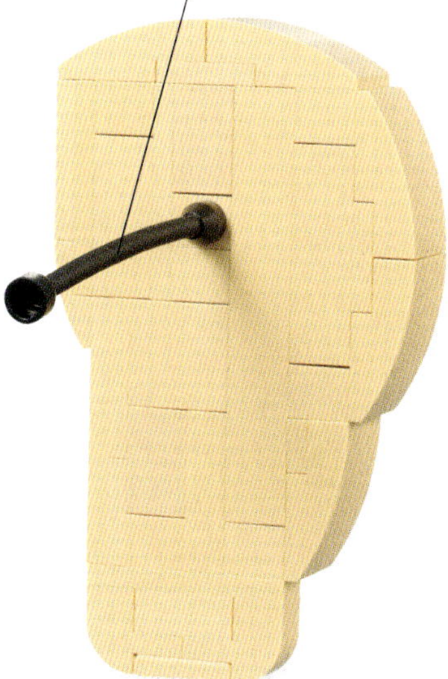

RÜCKANSICHT

LANGZIEHOHREN

Mit diesen Geräten kannst du andere heimlich belauschen. Du musst nur dafür sorgen, dass keine Katzen in der Nähe sind, denn sie könnten das Ohr für ein Stück Schinken halten – so wie Hermines Kater Krummbein.

DIE KÜCHE DER WEASLEYS

Erfinde ein wenig LEGO Zauber für die Küche der Familie Weasley im Fuchsbau. Bei so einer großen Familie wäre es nicht verwunderlich, wenn Molly und Arthur Weasley im Chaos versinken würden. Doch Rons Mutter hat großes Organisationstalent ... und eine Sammlung zauberhafter Geräte, die ihr viel Arbeit im Haushalt abnehmen.

Die Bürste „schwebt" auf zwei runden 1×1-Platten.

SEITENANSICHT

MAGISCHER ABWASCH

Im Fuchsbau können die Weasleys nach dem Essen entspannt sitzen bleiben. Und der Abwasch? Macht sich von selbst! Die Pfanne schwebt über der Spüle und eine verzauberte Bürste schrubbt das Fett weg.

Teleskopteil als Bürstengriff

Runde 1×1-Platten als Seifenschaum

Vier 4×4-Makkaronisteine bilden die runde Pfannenwand.

Die Pfanne „schwebt" auf transparenten runden Steinen.

Runde 1×1-Kacheln als grüne Flohpulverkristalle

Mehrere seitwärts angebaute Plattenschichten bilden die Schale.

FLOHPULVER

Auf dem Kaminsims in der Küche steht eine Schale mit Flohpulver. In den Filmen reisen die Weasleys mit diesem glitzernden Pulver durch das Flohnetzwerk. Sie nehmen eine Handvoll Pulver, treten in den Kamin, nennen den Zielort und ... los geht's!

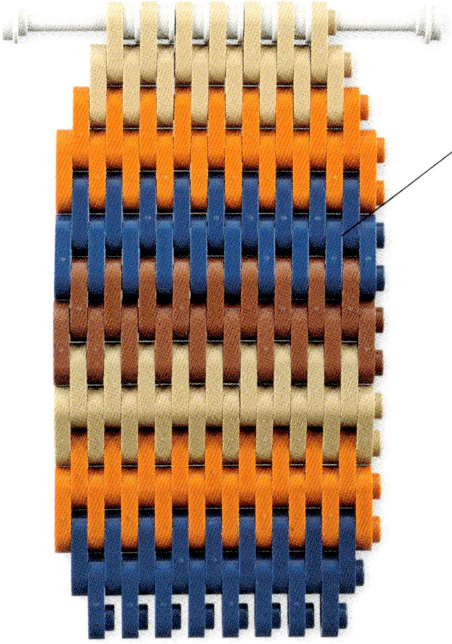

VORDERANSICHT

Das Muster kann einfarbig, gestreift oder sehr fantasievoll sein.

Runde 1×1-Platten als Nadel, die in den Wollmaschen steckt

Die beiden Nadeln lassen sich trennen und nach vorn und hinten bewegen.

Runde 1×2-Platten bilden die Maschen.

STRICK-HEXEREI

Wenn du dich fragst, woher Mrs. Weasley die Zeit zum Stricken nimmt, dann sieh her: Ihre magischen Stricknadeln klappern ganz von allein. Füge so viele Reihen hinzu, wie du willst. Ein Schal kann nie zu lang sein.

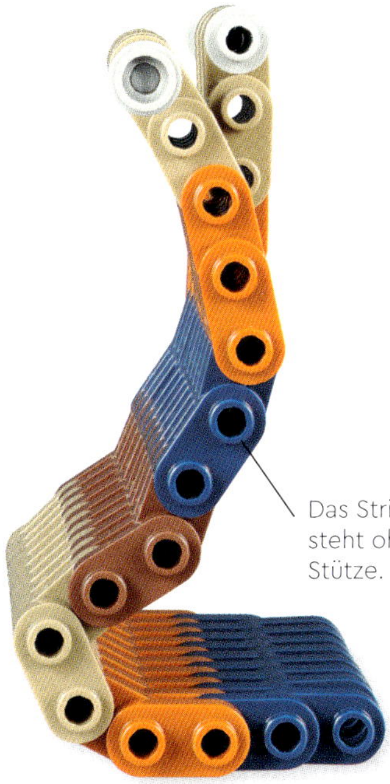

Das Strickzeug steht ohne Stütze.

SEITENANSICHT

SPEZIAL-STEIN

In diesem Buch triffst du auf viele LEGO Stangen. Hier sind sie Stricknadeln, aber es gibt vielfältige Verwendungen dafür. Sie passen durch jede beliebige offene Noppe.

ZEITREISEN

Stell dir vor, du könntest die Zeit ein paar Stunden zurückdrehen oder schöne Erinnerungen aufbewahren, damit du sie später noch einmal ansehen kannst. Du würdest keinen Bus mehr verpassen ... und auch nie vergessen, warum du ausgerechnet dieses seltsame Kleid gekauft hast. In der Welt der Zauberer gibt es genau dafür den Zeitumkehrer und das Denkarium. Baue sie und die Zeit wird wie im Flug vergehen!

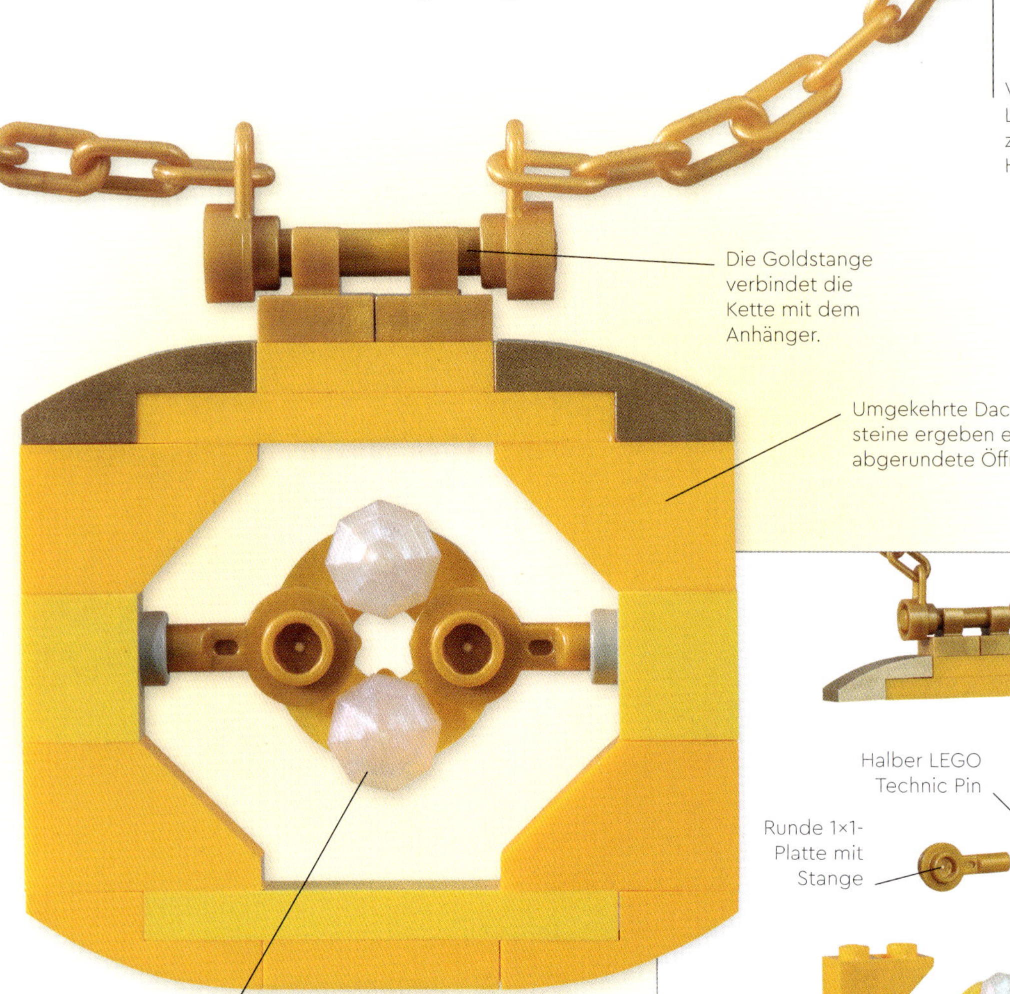

Verbinde viele LEGO Ketten zu einer langen Halskette.

Die Goldstange verbindet die Kette mit dem Anhänger.

Umgekehrte Dachsteine ergeben eine abgerundete Öffnung.

Zwei perlmuttfarbene Teile bilden die rundliche Sanduhr.

Sanduhr, halb gedreht

SEITENANSICHT

ZEITUMKEHRER

Ein Zeitumkehrer ist ein Anhänger mit einer winzigen Sanduhr in der Mitte. Hermine borgte sich einen von Professor McGonagall, damit sie die Zeit zurückdrehen und so mehr Unterrichtsstunden belegen konnte. Baue ihn mit einem drehbaren Mittelteil.

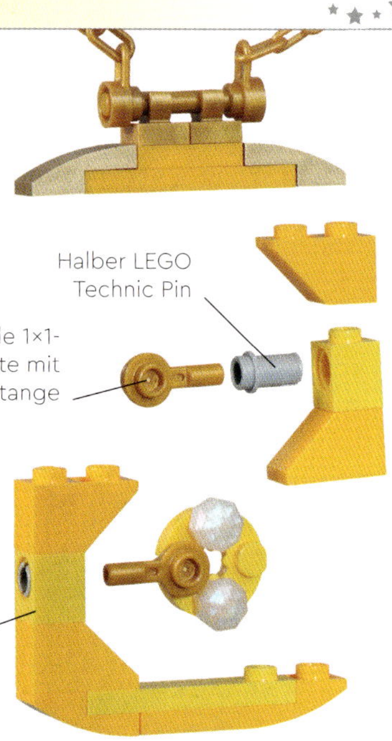

Halber LEGO Technic Pin

Runde 1×1-Platte mit Stange

1×1-Stein mit Loch

EINE DREHUNG PRO STUNDE

Die Mitte des Zeitumkehrers dreht sich um halbe Pins, die in Löchern stecken. Goldene runde 1×1-Platten mit Stangen verbinden die Pins mit der runden 2×2-Platte, die die Sanduhr trägt, sodass sie frei drehbar ist.

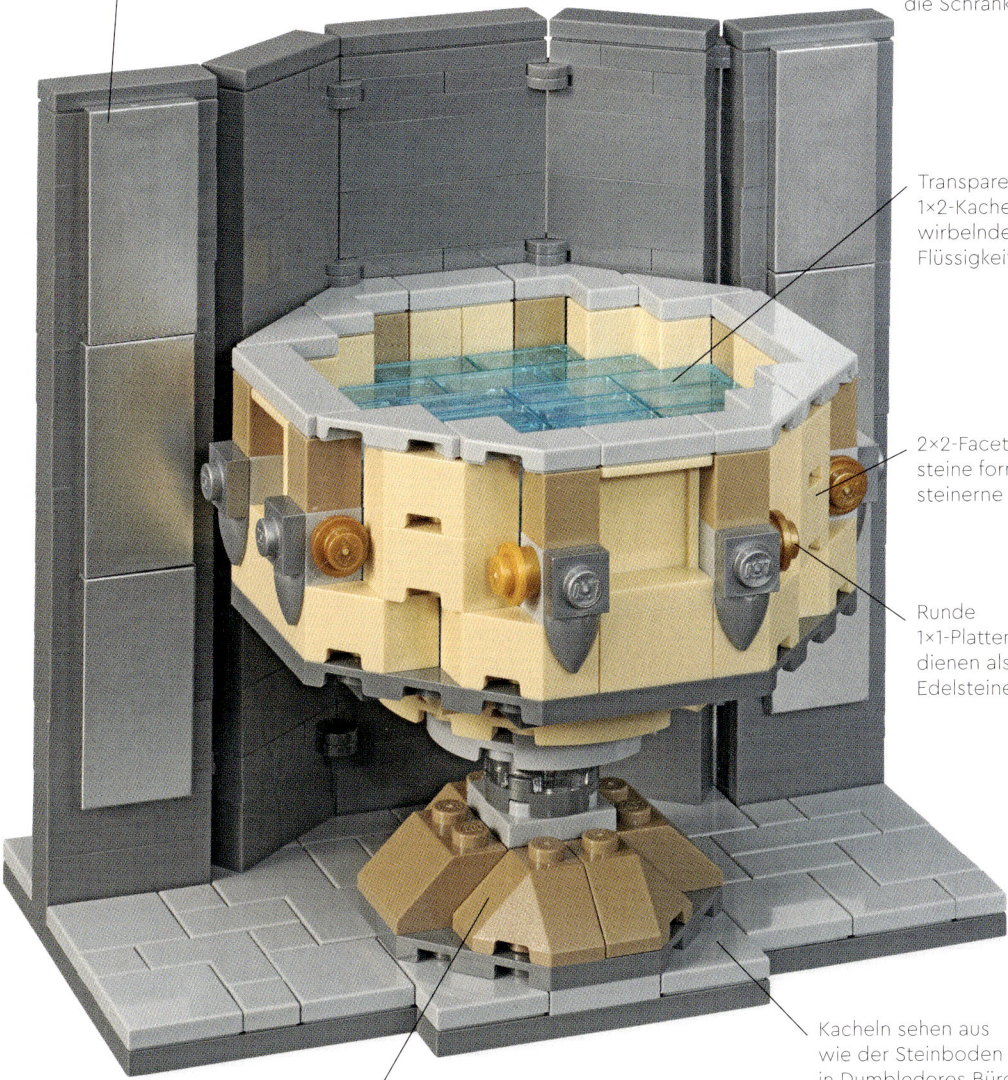

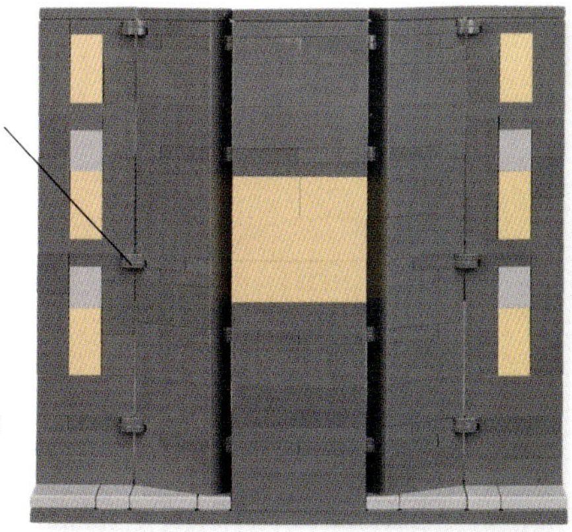

RÜCKANSICHT

DRAUFSICHT

DENKARIUM

In diesem Becken solltest du dir auf keinen Fall die Hände waschen. Es ist ein Denkarium – ein Gefäß, das die Erinnerungen einer Hexe oder eines Zauberers aufbewahrt. Sie können dort ihre Gedanken ablegen und immer wieder darauf zurückkommen.

BAUTIPP

Verziere das rätselhafte Denkarium mit Edelsteinen und unbekannten Symbolen. Wenn du Steine mit Seitennoppen einbaust, kannst du daran Zusatzteile befestigen.

ANIMAGUS

Animagi sind Hexen oder Zauberer, die sich in ein Tier verwandeln können. Das ist eine sehr nützliche Verkleidung! Warum wählst du nicht ein Tier aus und baust einen LEGO Animagus für dich? Er sollte zu deinem Stil und deiner Persönlichkeit passen. Vielleicht trägt er auch dein liebstes Kleidungsstück oder ist dir auf andere Weise ähnlich.

SPEZIAL-STEIN

Diese runde 1×1-Platte mit Stange ist ein vielseitiges Element. Zusammen mit einer Klemme ergibt sie eine bewegliche Verbindung – und sie ist eine tolle Pfote!

KATZENAUGEN

Kommt ein Schüler zu spät zum Unterricht bei Professor McGonagall, sollte er nicht meinen, dass er ungeschoren davonkommt, nur weil sie ihn nicht sieht. Die silbergraue Katze ist ihr Animagus und sie könnte überall sitzen und ihn beobachten.

Runde 4×4-Platte als Hutkrempe

Minifigur-Krallen als Schnurrhaare

1×2-Steckerplatte zentriert die Nase.

Noppen sehen aus wie längere Fellhaare.

Zwei Kugelgelenke machen den Schwanz beweglich.

Vorderbeine aus runden 1×1-Steinen

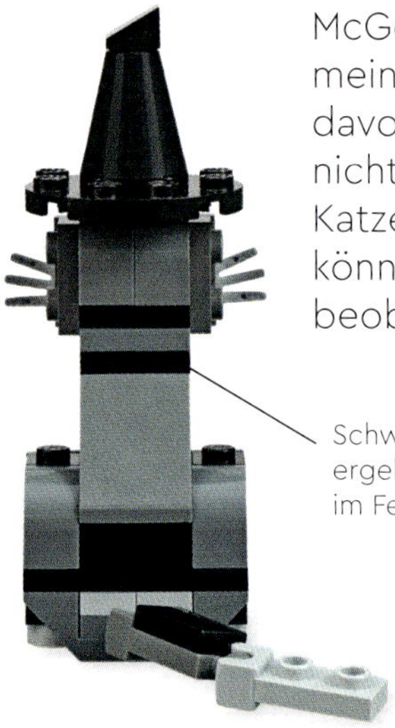

Schwarze Platten ergeben Streifen im Fell.

RÜCKANSICHT

KATZENGESICHT

Das Katzengesicht und die gewölbte Brust werden seitwärts an den Körper angebaut. Alle Teile des Gesichts stecken auf einer 2×3-Platte und diese ist an zwei 1×1-Steinen mit Seitennoppen im Inneren des Körpers befestigt.

2×3-Platte als Grundplatte für das Gesicht

1×2×1⅓-Stein mit vier Seitennoppen

Gebogener 2×2-Dachstein

DRAUFSICHT

DARF ICH VORSTELLEN? TATZE!

Sirius Black wurde für Verbrechen nach Askaban geschickt, die er nicht begangen hatte. Der unschuldige Zauberer entkam, indem er sich in seinen Animagus verwandelte: einen großen, schwarzen Hund namens Tatze.

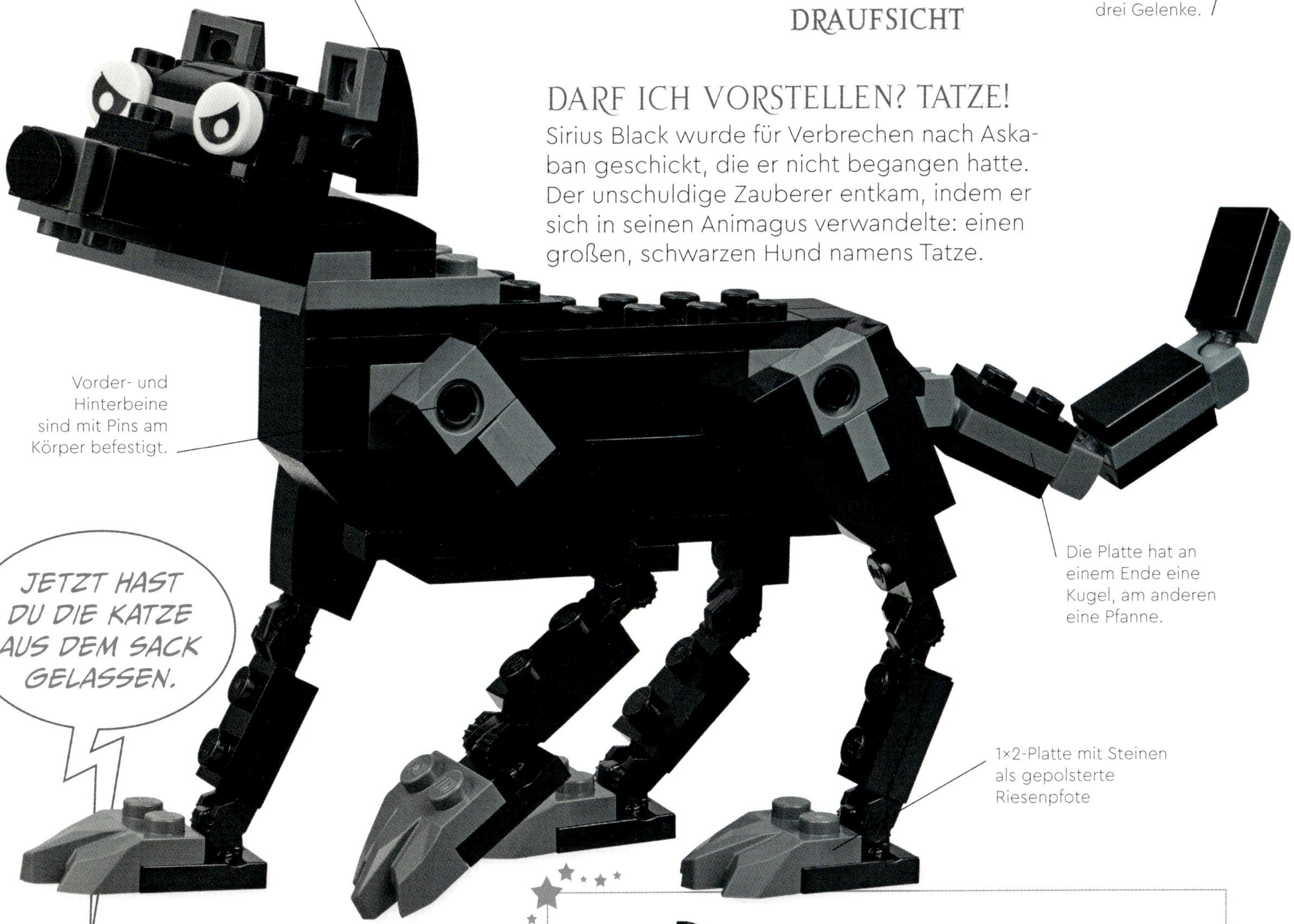

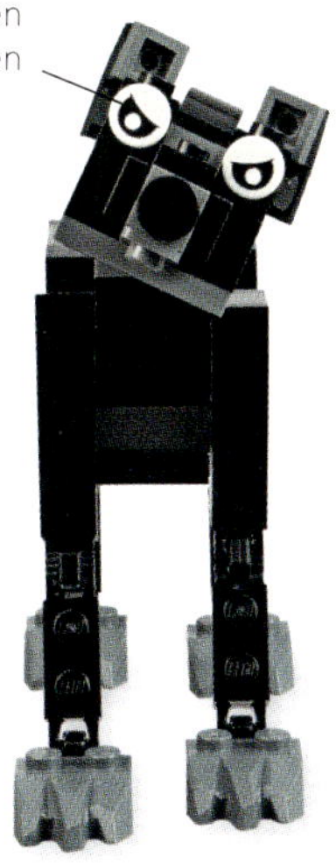

VORDERANSICHT

SCHICKE SCHNAUZE

Tatzes große Schnauze wird um einen 1×1-Stein mit gegenüberliegenden Noppen gebaut. Zwei 1×2-Kacheln bedecken die Noppen, denn Hunde schnauzen sind schön weich.

TURNIER-POKALE

Der Sieg ist dein! Baue einen funkelnden Pokal für den Gewinner des Trimagischen Turniers – eines Wettstreits zwischen Hogwarts und zwei anderen berühmten Zauberschulen. Du brauchst auch den Feuerkelch, der die Namen der tapferen Teilnehmer aufnimmt und auswählt. Welche weiteren Trophäen aus der Harry-Potter-Themenwelt kannst du aus deinen LEGO Elementen bauen?

SPEZIAL-STEIN

Das marmorierte, glitzernde Flammenteil hat eine Stange am Ende, sodass es in eine offene Noppe passt. Du kannst es auch als Wasserwelle oder Flügel nutzen.

HEISS UMKÄMPFT

Kandidaten schreiben ihre Namen auf ein Stück Papier und werfen es in den Feuerkelch. Nach 24 Stunden geben die Flammen einen (leicht versengten) Namen für jede Schule aus. Teilnehmen darf nur, wer 17 Jahre oder älter ist: Eine magische Alterslinie schließt zu junge Kandidaten aus.

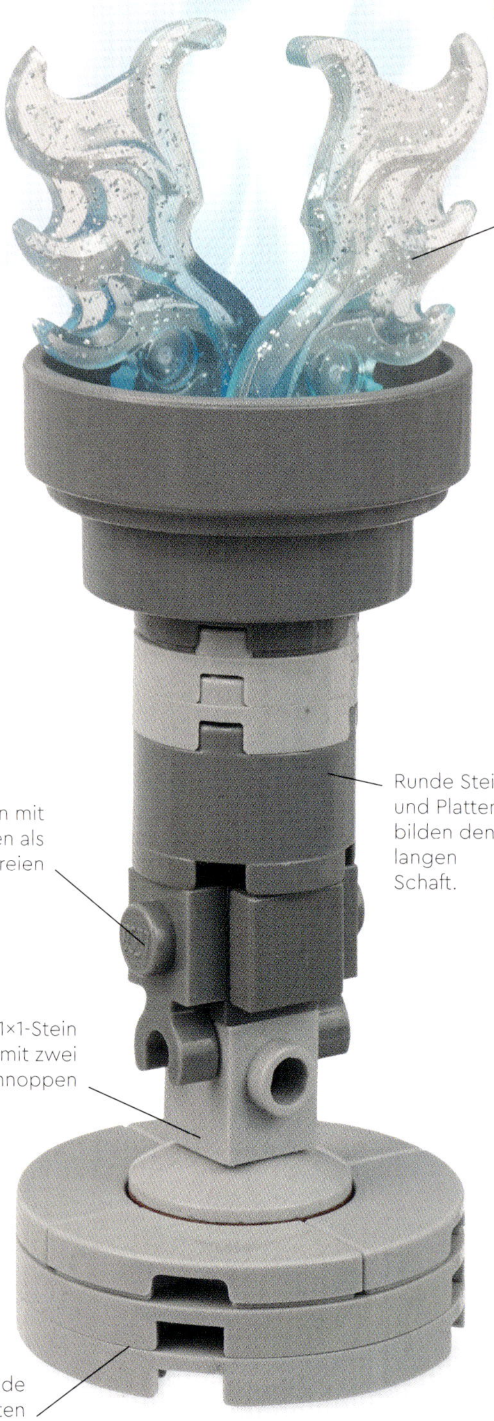

FEUER UND FLAMME

Der Becher des Feuerkelchs ist ein runder 4×4-Stein mit sieben Löchern im Inneren. Die Flammenteile werden über runde 1×1-Platten mit offenen Noppen in die Löcher gesteckt.

VERLOCKENDER PREIS

Der Pokal hat Elemente, die wie Glas und Metall aussehen. Wenn du magst, kannst du deinem Pokal ein magisch wirkendes Element hinzufügen, zum Beispiel reptilienförmige Griffe. Wird Harry den Pokal für Hogwarts gewinnen oder fällt der Sieg an Beauxbatons oder Durmstrang?

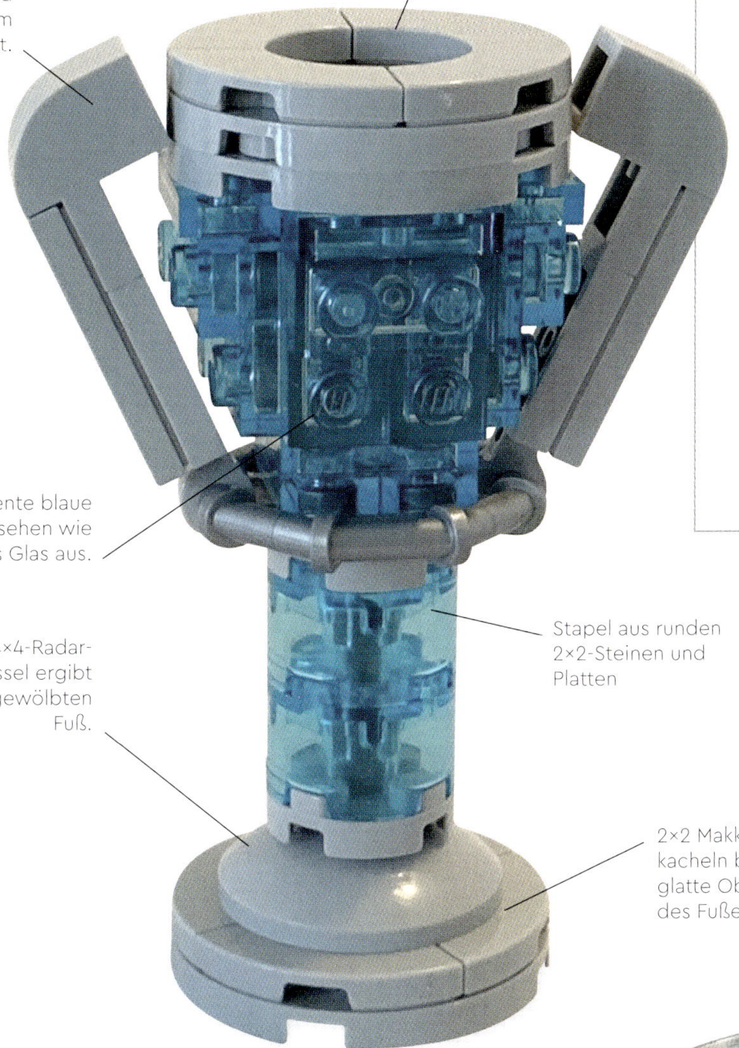

Vier 2×2-Makkaronikacheln bilden den kreisförmigen Rand.

Die Henkel sind oben nicht am Becher befestigt.

Transparente blaue Teile sehen wie funkelndes Glas aus.

Stapel aus runden 2×2-Steinen und Platten

Eine 4×4-Radarschüssel ergibt den gewölbten Fuß.

2×2 Makkaronikacheln bilden die glatte Oberfläche des Fußes.

EINFACHE GRIFFE

Die gebogenen Henkel des Pokals bestehen aus je drei Teilen. Sie sind per Klemme mit einer runden 2×2-Platte mit achteckiger Stange verbunden.

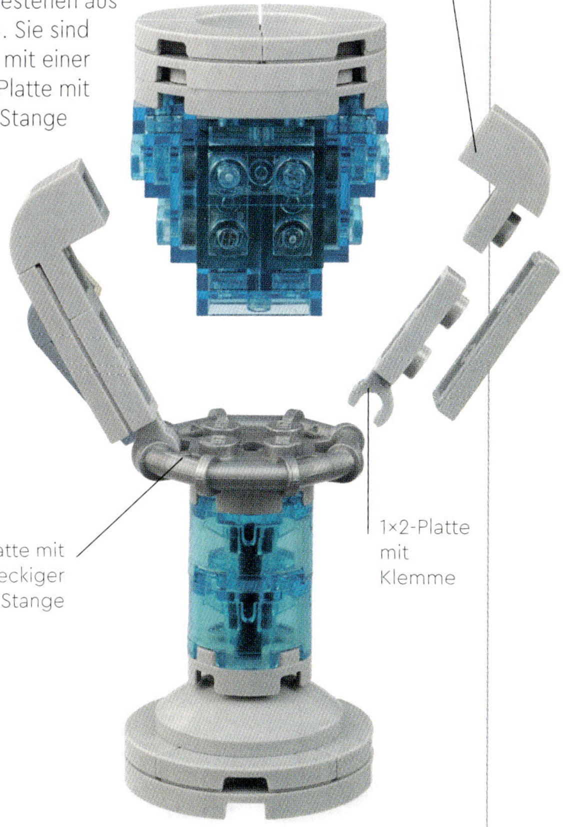

Gebogener 1×2×1⅓-Dachstein

2×2-Platte mit achteckiger Stange

1×2-Platte mit Klemme

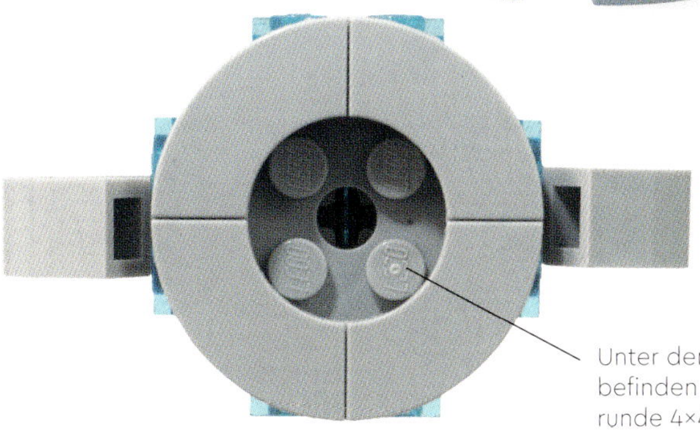

Unter dem Rand befinden sich zwei runde 4×4-Platten.

DRAUFSICHT

ZAUBERTASCHE

Hexen und Zauberer brauchen auf Reisen etwas, worin sie ihren Zauberstab, Bücher mit Zaubersprüchen und andere Zauberutensilien transportieren können. Aber wozu eine gewöhnliche Tasche, wenn es auch eine Zaubertasche sein kann? Versuche sie zu bauen – vielleicht trägt sie dich in bunte Fantasiewelten …

BAUTIPP

Das zusammenziehbare Oberteil ist um eine runde 2×2-Platte mit achteckiger Stange gebaut. Acht kleine gebogene Teile lassen sich daran festklemmen.

UNENDLICH TIEF

Hermines kleine, lila-gestreifte Handtasche ist kaum groß genug für einen Schokofrosch. Dennoch packt sie mehrere Garnituren Kleidung für drei Personen, das Schwert von Gryffindor und sogar ein Campingzelt hinein. Das ist Zauberei!

DRAUFSICHT

Das T-Teil befestigt das Ende der Schnur an einem darunterliegenden Stein.

An der 6×6-Platte beginnt der obere Teil der Tasche.

LEGO Schnur zum Zusammenziehen

VON INNEN NACH AUSSEN

In dieser LEGO Version von Hermines Handtasche stecken nicht so viele Dinge (oder sind sie etwa unsichtbar?). Aber du siehst, wie alles zusammenpasst. Teile mit Seitennoppen im Beutel stecken auf Platten mit gebogenen Dachsteinen, die den Rand bilden.

Der 1×1-Stein passt zwischen die gebogenen Dachsteine auf der Platte.

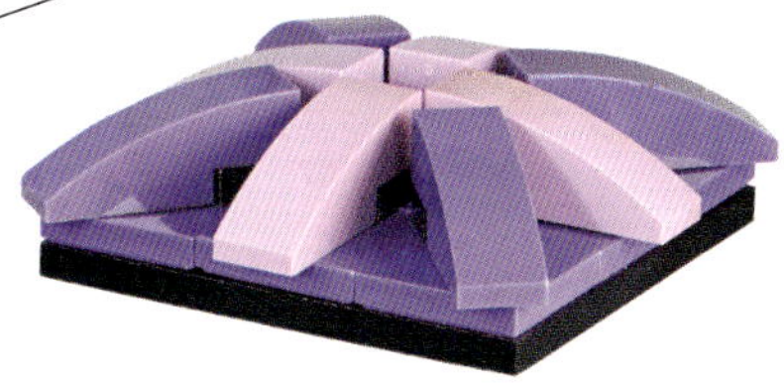

Der gelbe 1×4-Stein ist die Verbindung zum oberen Teil.

Jede Seite ist gleich gebaut.

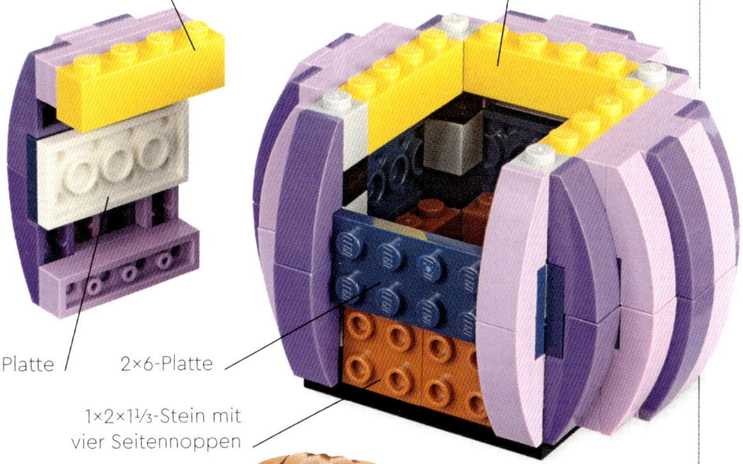

2×4-Platte

2×6-Platte

1×2×1⅓-Stein mit vier Seitennoppen

EINE RUNDE BUTTERBIER

Mmmmmh ... Butterbier! Das Getränk mit Butterbonbon-Aroma schmeckt auf jeden Fall magisch. Viele Hexen und Zauberer gehen in den Eberkopf oder in die Drei Besen, um einen Krug zu trinken. Auch du kannst aus LEGO Steinen ein Fass und Gläser bauen und bei dir zu Hause deine Harry-Potter-Minifiguren bewirten.

SEITENANSICHT

HEISS ODER KALT?

Butterbier kann man an heißen Tag gekühlt und an kalten Tagen heiß trinken. Wenn es erhitzt wird, bekommt es im Glas oder Krug eine süß schmeckende Schaumkrone.

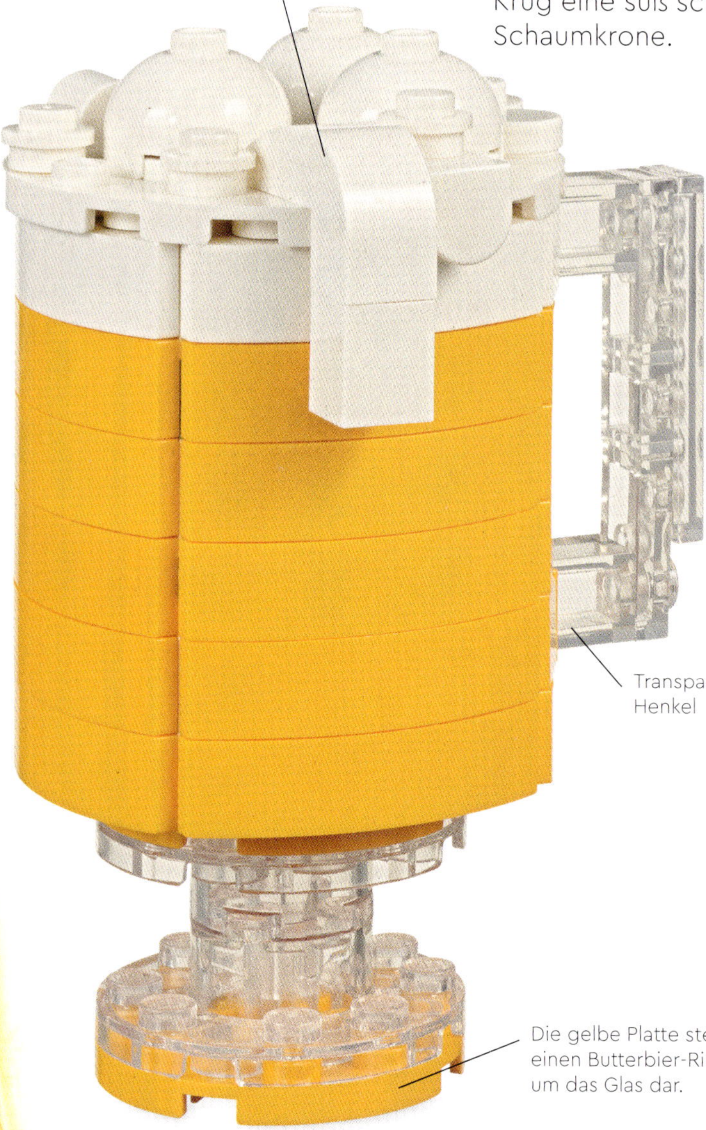

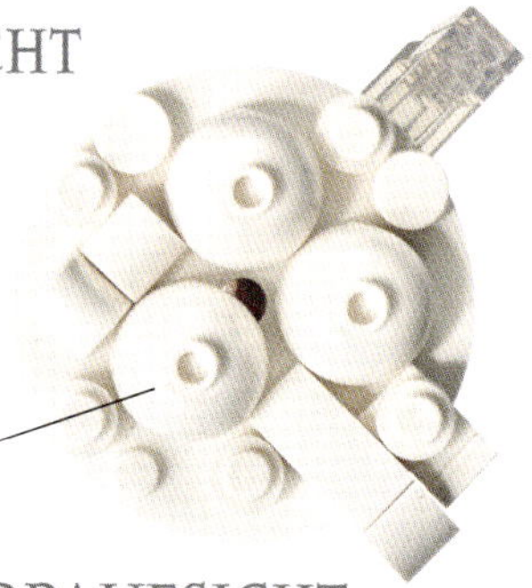

DRAUFSICHT

UNTER DEM SCHAUM

Unter der Schaumkrone des Butterbiers zeigt sich, wie der Krug gebaut ist. Die Form der Seiten entsteht durch doppelt gebogene 1×4-Dachsteine, die an Steinen mit Seitennoppen stecken.

Spezial-Stein

Die runde 2×2-Platte mit achteckiger Stange eignet sich gut für kreisförmige Modelle, von einem solchen Fass bis hin zum Körper eines Oktopus oder Raumschiffs.

Schwarze Kacheln bilden einen Metallreifen um das Fass.

Vier 1×1-Dachsteine dienen als Stopper.

Gebogene 1×2-Dachsteine bilden die Rundungen des Fasses.

Bogensteine dienen als Tischbeine.

Rollt die Fässer!

Aber nicht zu schnell … Butterbier braucht lang, bis es reif und süß ist. Es muss einige Monate in Holzfässern in einem alten Steinkeller lagern. Warum baust du nicht einen ganzen Weinkeller mit Regalen und vielerlei Getränken in Fässern und Flaschen?

Der Zapfhahn ist an einer runden 2×2-Steckerplatte befestigt.

Vorderansicht

Böttcher

Böttcher sind Handwerker, die Holzfässer bauen, zum Beispiel für Butterbier: Dieses Modell ist in der Mitte hohl. An beiden Enden sitzen eine runde Platte mit achteckiger Stange sowie acht getrennte Seitenteile. Zwei Platten mit Klemmen an jedem Seitenteil halten die beiden runden Platten an ihrer Position fest.

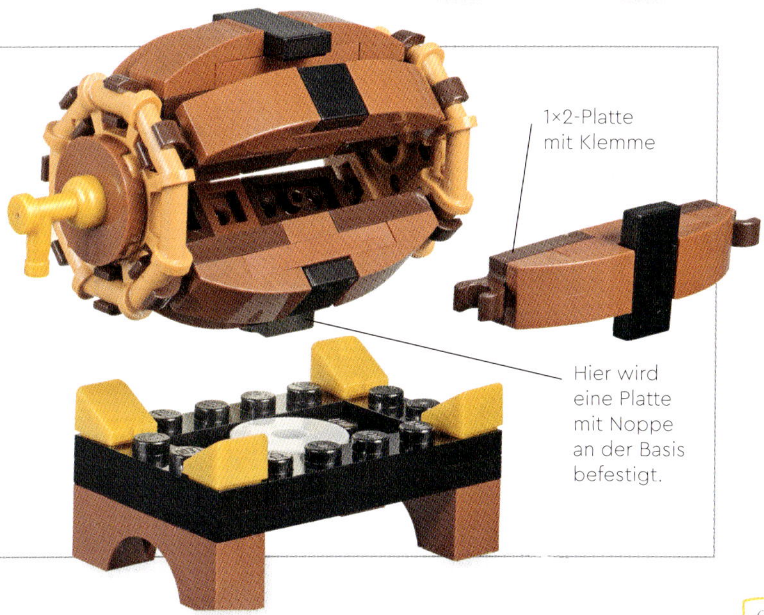

1×2-Platte mit Klemme

Hier wird eine Platte mit Noppe an der Basis befestigt.

STECKBRIEF

Erkennst du den Zauberer auf diesem Fahndungsplakat? Es ist Sirius Black, der aus dem Zauberergefängnis Askaban geflohen ist. Sirius wurde verurteilt, weil er angeblich Muggel getötet hat, aber er beteuert seine Unschuld. Wird irgendjemand Sirius an die Dementoren verraten, die ihn verfolgen? Immerhin gibt es 5000 Galleonen Belohnung.

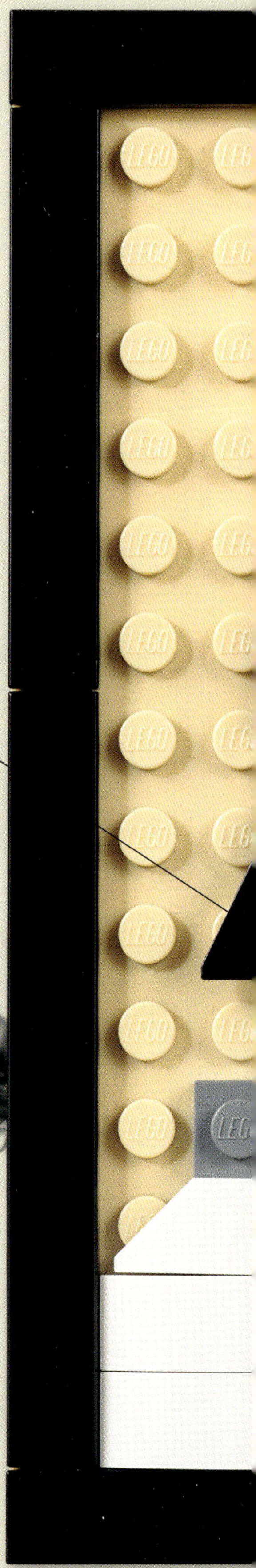

HAST DU IHN GESEHEN?

Der Sirius auf diesem Plakat sieht aus, als könne er dich auch sehen. Versuche, einige bewegliche Teile einzubauen, zum Beispiel die Augenbrauen oder den Mund. Sie könnten die verzweifelten Versuche zeigen, seine Unschuld zu beteuern.

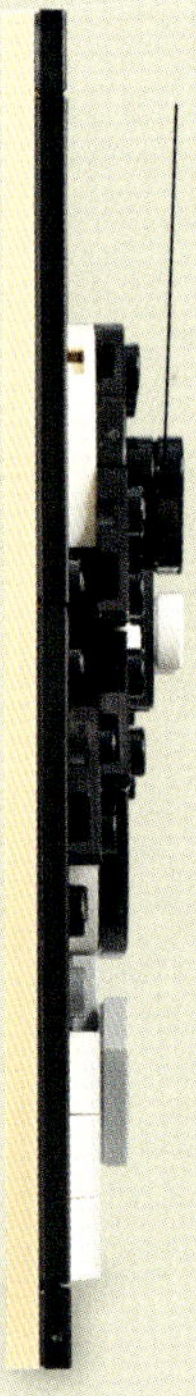

Das Bild ist an einigen Stellen fünf Platten hoch.

SEITEN-ANSICHT

SPEZIAL-STEIN

Die kleine 1×1-Viertelkachel ist sehr hilfreich für Buchstaben, Zahlen und geschwungene Muster. Zudem kann sie deinen Modellen eine Textur geben.

2×2-Keilplatten als wirre, ungepflegte Haare.

Schmale Kacheln bilden den schwarzen Rahmen.

SCHRÄG-ANSICHT

Das Plakat wurde auf einer 16×16-Grundplatte gebaut.

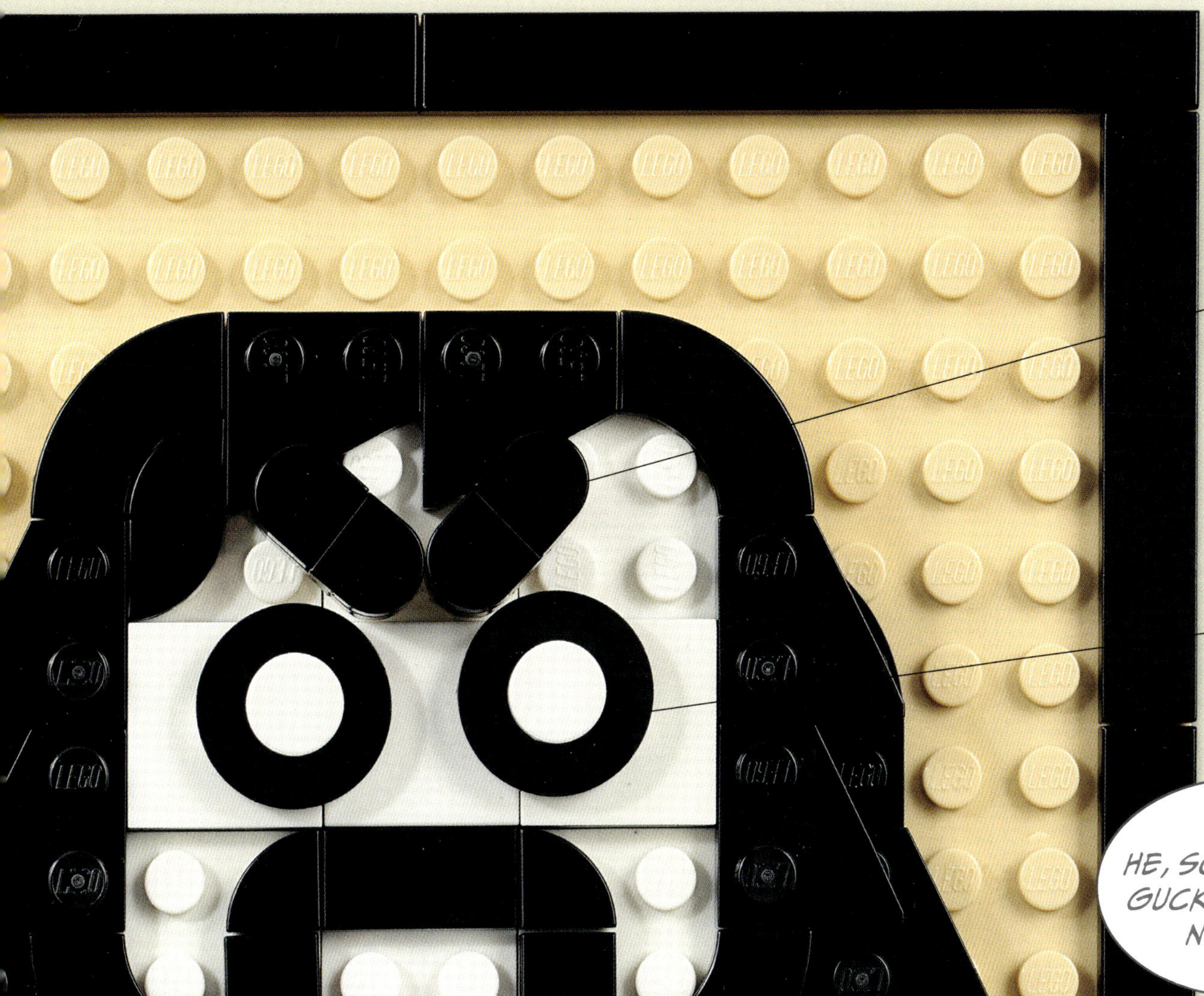

Die ausdrucksvollen Augenbrauen bestehen aus je zwei Halbkreiskacheln.

Runde 2×2-Steckerplatten als übergroße Augen mit starrem Blick.

Sirius hält ein Brett mit Symbolen und seiner Sträflingsnummer.

Finger aus gebogenen Dachsteinen und Kacheln

KAPITEL ZWEI

FILM-MOMENTE

Jeder Harry-Potter-Film steckt voller unvergesslicher Momente und Szenen. Wer erinnert sich nicht, wie Harry die Winkelgasse entlangschlendert, in den Hogwarts-Express einsteigt oder gemeinsam mit Ron knapp dem Verbotenen Wald entkommt? Erschaffe einige dieser Momente in LEGO® Form mit der folgenden Auswahl ikonischer Szenen.

LIGUSTERWEG

In diesem ordentlichen Haus leben die Dursleys: Harrys Tante, Onkel und Cousin. Sie sind stolz darauf, Muggel zu sein, also psst ... erzähle den Nachbarn nicht, dass es einen Zauberer in der Familie gibt! Cousin Dudley trampelt oben herum, aber wo ist Harry?

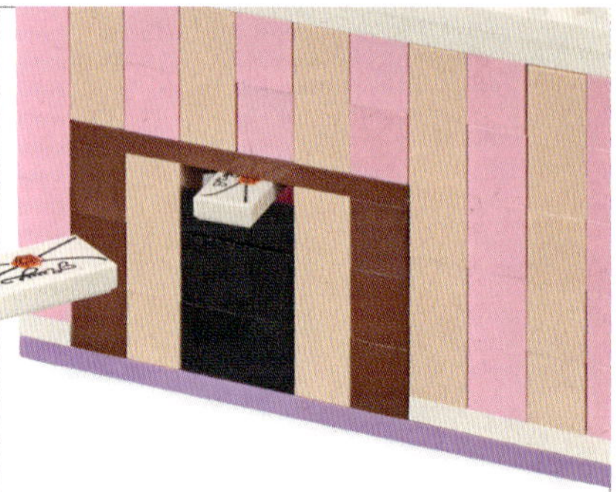

UNERWÜNSCHTE POST

Lass hinten im Kamin einen Spalt für Fliesen frei, die als Brief bedruckt sind. Sie zischen hindurch, ob es den Dursleys gefällt oder nicht!

WOHNZIMMER

Wähle für dieses Modell „geschmackvolle" Farben und baue aufeinander abgestimmte Möbel und einen Kaminsims mit Muggel-Dekorationen. Aber Achtung: Die Dursleys dulden in ihrem Haus weder Briefe aus Hogwarts noch eigenwillige Hauselfen. Wie viel drolliges Durcheinander kannst du erzeugen?

SCHWEBENDE TORTE

BAUTIPP

Staple für die Treppe Stufe für Stufe eine Platte auf die andere, wobei je eine Noppenreihe frei bleibt. Du kannst natürlich auch ein fertiges Treppenelement verwenden.

SEITEN-ANSICHT

SCHRANK UNTER DER TREPPE

Die Dursleys zwingen Harry, den winzigen Schrank unter der Treppe als Zimmer zu benutzen. Dort ist kaum Platz für mehr als ein schmales Bett, ein kleines Regal und den kleinen Harry selbst. Wirklich eng!

AUFBAU DES GELÄNDERS

Der schräge Handlauf ist nur am unteren Ende der Treppe befestigt. Eine Kachel mit Klemme an der untersten Strebe ist mit einer Platte mit Stange am Geländer verbunden. Der Rest des Handlaufs steckt nur auf den übrigen Streben.

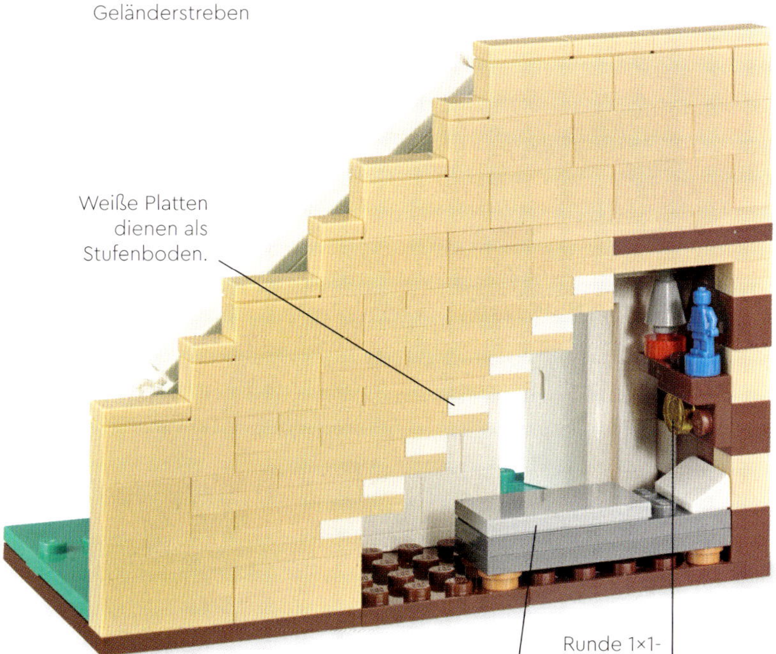

RÜCKANSICHT

HARRYS ZIMMER

Wenn er in den Sommerferien im Ligusterweg wohnt, hält sich Harry meist oben in seinem Zimmer auf. Das würdest du auch tun, wenn du die Dursleys kennen würdest! Das Modell hier zeigt Harrys Zimmer, komplett mit Bett, Schreibtisch und Gryffindor-Flagge zur Erinnerung an Hogwarts. Im Schrank in der Ecke ist Kleidung, Bettwäsche und manchmal sogar ein (nicht immer) hilfreicher Hauself.

VORDERANSICHT

Lampe, damit Harry heimlich Zaubersprüche lernen kann.

Gryffindor-Flagge aus gebogenen Dachsteinen und Kacheln

2×2-Keilplatten als geraffte Vorhänge

Hocker aus vier 1×1-Kegeln und einer 2×2-Platte

Platten als weicher Teppich auf dem Holzboden

KLEINE KAMMER

Harrys Zimmer ist wohl zwar das kleinste im Haus der Dursleys, aber es ist besser als im Schrank unter der Treppe, wo er vorher schlief. Hier ist Platz für ein breiteres Bett und ein paar Möbelstücke.

Abgeschnittener 2×2-Kegel als Lampenschirm

BAUTIPP

In einem Raum mit zwei offenen Seiten kannst du gut spielen und du kannst ihn auch ausstellen. Oder baue damit verbundene Zimmer im selben Stil! Wie sähe wohl Dudleys Zimmer aus?

ZIMMER-PLAN

Wenn du den Grundbauplan für ein Zimmer im Kopf hast, kannst du alle möglichen Räume für deine Minifiguren bauen. Baue zwei Wände aus Steinen auf eine Grundplatte und plane, wo du etwas aufhängen oder hinstellen willst. Dort müssen Noppen frei liegen, damit du die Dinge befestigen kannst.

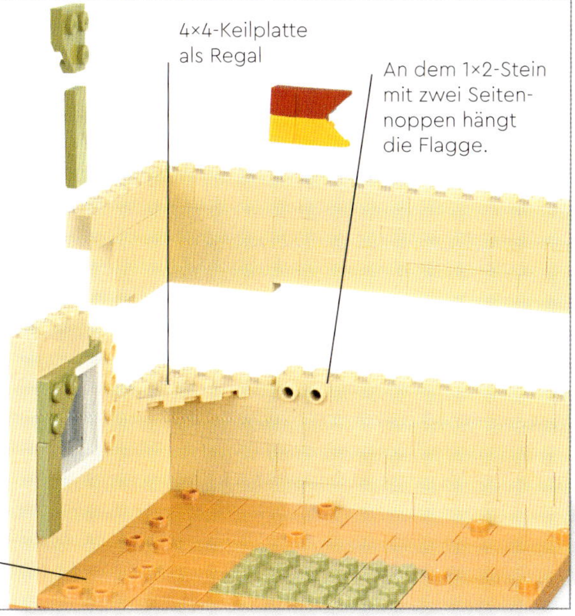

Eine Seite des Schreibtisches steckt später auf dieser Steckerplatte.

In dem tiefen Schrank können sich Hauselfen verstecken.

Die harten Dielen bestehen aus schmalen Kacheln.

1×1-Dachsteine als flauschige Bettdecke

BETT

Die Tischplatte hat Noppen entlang einer Kante.

1×2-Steckerplatten als Schubladen

SCHREIBTISCH UND HOCKER

In den Schrank aus Steinen ist ein 1×4×6-Türelement eingebaut.

SCHRANK

HÜTTE AUF DEM FELSEN

Stell dir vor, du bist in einer zugigen Hütte auf einem Felsen mitten im Meer! Dorthin bringt Harrys gemeiner Onkel Vernon ihn, weil er hofft, dass er ihn von Hogwarts fernhalten kann. Die Matratze ist hart, das Sofa stinkt nach Tang. Armer, nasser Harry! Schickst du ihm Hagrid zu Hilfe?

BAUTIPP

Die Außenwand der Hütte auf dem Felsen sieht rau und vom Meer gepeitscht aus. Sie ist aus einer Mischung aus normalen, strukturierten und runden Teilen gebaut.

HALB VERFALLENE HÜTTE

Lass die Rückseite der Hütte offen, damit du Harry und seinen Besucher von einem Stockwerk zum anderen bewegen kannst. Wer ist oben, wo der salzige Wind durchs Fenster pfeift, und wer ist unten, wo das unruhige Meerwasser die Möbel langsam aufweicht?

Der Schornsteinkanal ragt aus der Hüttenwand.

Minifigur-Laterne hängt an einer Klemme.

SEITENANSICHT

Runder 2×2-Stein als Schornsteinaufsatz

Frei liegende Noppen sehen aus wie beschädigte Stellen.

Doppelbett im Zwischengeschoss

Unten gibt es nur ein zerfleddertes Sofa.

Das kleine Feuer wärmt die Hütte.

Füge weitere Felsen hinzu oder lass die Rückseite glatt wie hier.

RÜCKANSICHT

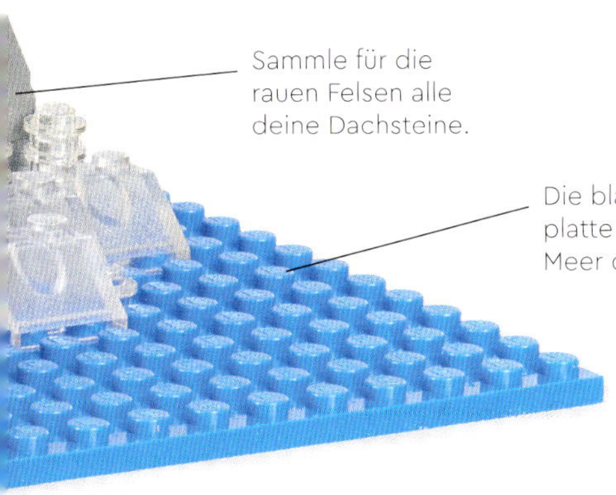

Sammle für die rauen Felsen alle deine Dachsteine.

Die blaue Grundplatte stellt das Meer dar.

EIN DACH ÜBER DEM KOPF

Jede Seite des geneigten Holzdachs ist aus schmalen Platten mit Kacheln darauf gebaut. Darunter liegen größere Platten. Scharniersteine und -platten auf den Dachsparren sorgen für die schräge Dachneigung.

Den Dachfirst schließt eine Reihe runder 1×1-Steine ab.

Lass eine Lücke für den Schornstein frei.

1×2-Scharnierstein und 2×2-Scharnierplatte

DER TROPFENDE KESSEL

Deine Minifiguren können im Tropfenden Kessel ein Butterbier mit Harry trinken. Es ist das älteste und magischste Gasthaus in London. Das Modell zeigt das Erdgeschoss, wo müde Hexen und Zauberer gemeinsam trinken, essen und sich unterhalten. Ein guter Platz, um den Besen für eine halbe Stunde in die Ecke zu stellen!

Altmodisches Gitterfenster schützt vor fremden Blicken.

BEHAGLICHE STIMMUNG

Die langen Tische schaffen in dem Pub in der Winkelgasse eine gesellige Atmosphäre. Hier trifft man sich zu einer Mahlzeit oder einem erfrischenden Getränk. Deine Minifiguren können ans Feuer kommen, einen Hocker abstauben und sich dazusetzen. Auch Haustiere sind willkommen!

An manchen Stellen bröckelt der Putz von den Wänden.

BLUBBERNDER KESSEL

Was hier im Kessel simmert, entscheidest du: Ist es Butterbier, explodierende Limonade oder „Tropfende Suppe", die Spezialität des Hauses? Baue eine Feuerstelle mit Holz, munteren Flammen und einem Metallgitter für den Kessel.

Überall liegen und stehen Zeitungen und Krüge herum.

2×2-Kacheln als Steinplatten im unebenen Boden

BAUTIPP

Wenn du einige LEGO® Harry Potter™ Sets hast, gibt es darin vielleicht beklebte Kacheln, die du als Porträts aufhängen kannst. Nimm ansonsten einfarbige Kacheln.

An den Wänden hängen Porträts und Schilder.

1×2-Platten mit Rillen für die Oberfläche

BARTHEKE

Baue auch die oberen Räume, wenn du Lust hast.

Ein Kessel voll Butterbier wird aufgewärmt.

Die Barhocker bestehen aus nur fünf Teilen.

Geheimnisvolle Kugel – vielleicht eine Kristallkugel?

Die Holztreppe führt hinauf zu den Gästezimmern.

SEITENANSICHT

BORGIN UND BURKES

Falls sich je ein Mensch in die Nokturngasse verirrt, sollte er auf keinen Fall bei Borgin und Burkes um Hilfe bitten. In dem verstaubten Antiquitätenladen gibt es viele ... Dinge. Unangenehme Dinge. Baue ein Modell der schmutzigen Hausfassade, die die unheimlichen Waren verbirgt. Und dann halte lieber Abstand ...

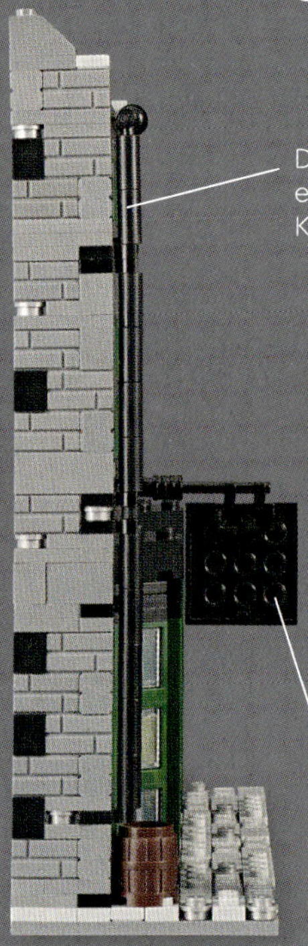

Dachrinne aus übereinander gesteckten Kerzen-Zubehörteilen

Kachelschild hängt an einer 1×2-Platte mit zwei Klemmen.

SEITENANSICHT

EIN DUNKLER ORT

Die Fassade des Ladens ist ebenso dunkel wie das Innere. Vielleicht kommt das daher, dass Borgin und Burkes vor allem Kunden hat, die ... pssst, leise! ... die Dunklen Künste praktizieren. Wagst du einen Blick in die Schaufenster?

Dachsteine wirken wie ein Ziegeldach.

Runde 1×1-Platten in der Wand sehen wie bröckelnde Ziegel aus.

Platten mit Klemmen halten die Dachrinne.

HIER GIBT ES GARANTIERT KEINE MUGGEL.

Lass Noppen frei, denn das Kopfsteinpflaster ist sehr uneben.

ERKERSTEINE

Die hübschen Erkerfenster von Borgin und Burkes bestehen aus getrennten Teilen. Drei Teile bilden den herausragenden Erker. Sie sind oben und unten über 1×2-Scharnierplatten mit der Hauswand verbunden.

1×2-Scharnierplatte

Block aus Keilsteinen an der Oberkante

Aufeinander gesteckte 2×2-Fensterteile

Kleine Dachbodenfenster

Graue Barrenteile sind genauso hoch wie Kacheln.

BAUTIPP

Das Ladenschild hängt über der Tür. Ein Zylinder und eine Platte bilden dafür eine Scharnierverbindung. Solche Klemmscharniere halten Dinge in einem bestimmten Winkel.

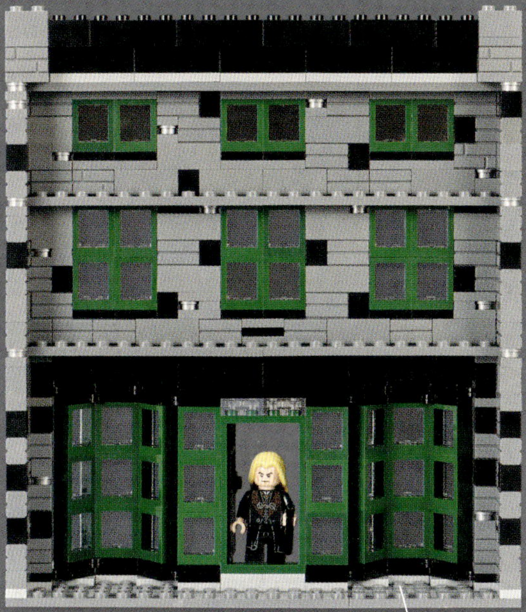

RÜCKANSICHT

Welche Dinge sollen in den Schaufenstern liegen? Was baust du dafür?

BAHNSTEIG 9¾

Harry will den Zug nach Hogwarts nehmen und merkt gerade, dass er durch eine Ziegelmauer laufen muss, um auf den Bahnsteig 9¾ zu gelangen. Puh! Das Modell zeigt Ron, der schon sicher auf dem magischen Bahnsteig steht, und Harry, der ihm folgen soll. Damit es mehr wie der echte Bahnhof Kings Cross in London aussieht, könntest du daneben noch andere Bahngleise bauen.

BAUTIPP

Gut ausgewählte Minifiguren erwecken jedes Modell zum Leben. Hier zeigt eine Minifigur mit Zaubererhut, dass Harry die Welt der Zauberer betritt.

AUGEN ZU UND DURCH

Baue allen Mitfahrenden einen Gepäckwagen und lade ihn voll mit Koffern, Schachteln und Haustieren. In diesem Modell schiebt Harry nur einen halben Wagen. Die andere Hälfte ist schon in der Wand verschwunden.

Krätze ist immer an Rons Seite.

Die Räder sind paarweise an der Unterseite befestigt.

RONS GEPÄCKWAGEN

WEGGEZAUBERT!

Das Gepäck auf Harrys halb verschwundenem Wagen wird direkt in die Wand eingebaut. Hedwig in ihrem Käfig wird als letzter Teil der wertvollen Fracht auf Bahnsteig 9¾ ankommen.

Zwei runde 1×1-Platten für Hedwig

Wandziegel umgeben den Gepäckwagen.

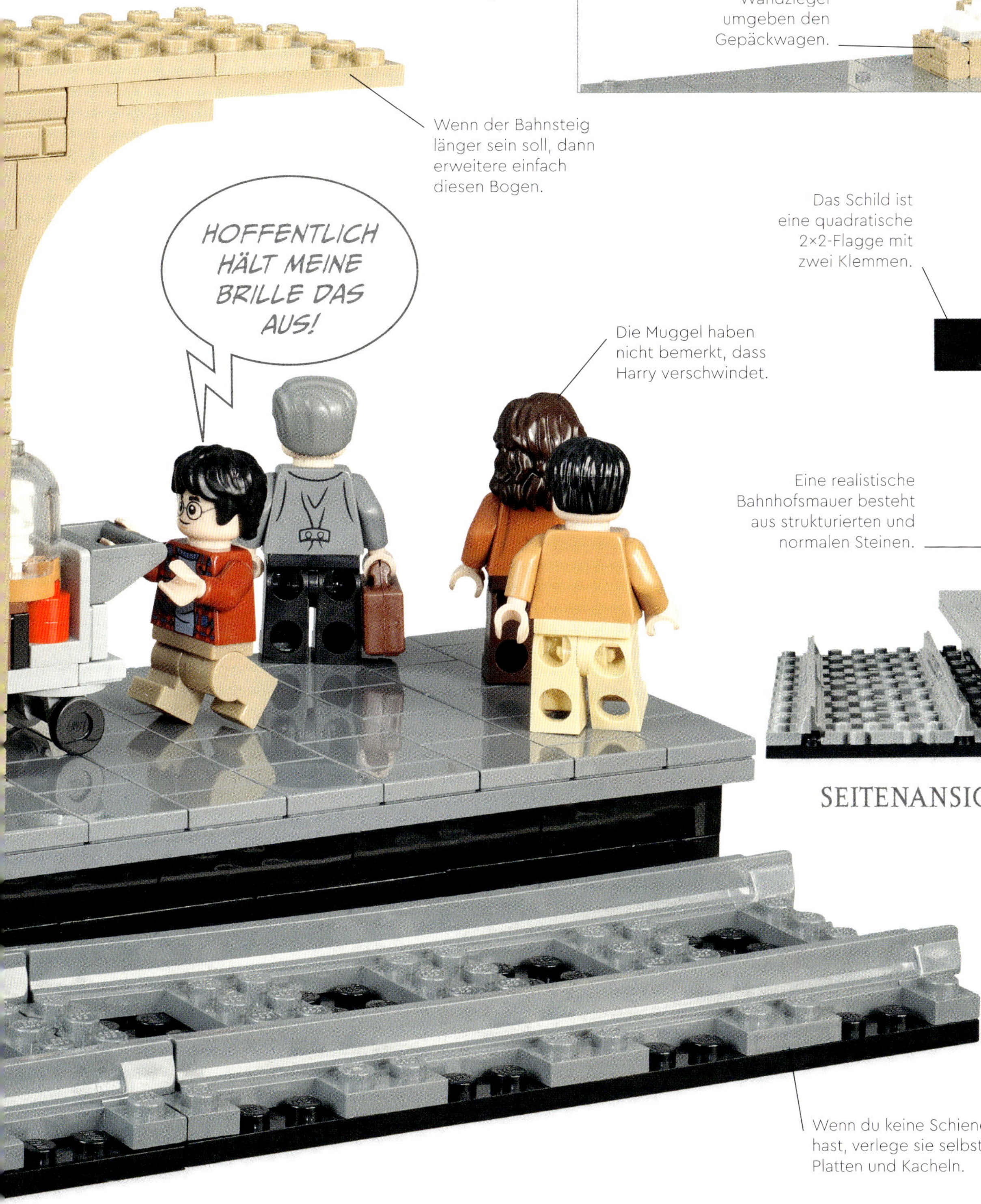

Wenn der Bahnsteig länger sein soll, dann erweitere einfach diesen Bogen.

Die Muggel haben nicht bemerkt, dass Harry verschwindet.

Wenn du keine Schienen hast, verlege sie selbst aus Platten und Kacheln.

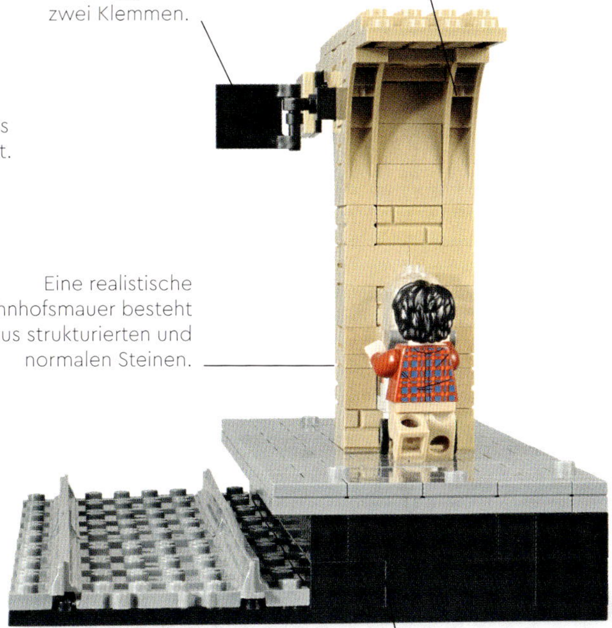

1×5×4-Bogen als breite Durchgänge

Das Schild ist eine quadratische 2×2-Flagge mit zwei Klemmen.

Eine realistische Bahnhofsmauer besteht aus strukturierten und normalen Steinen.

SEITENANSICHT

Der erhöhte Bahnsteig ist aus Steinen gebaut.

HOGWARTS-EXPRESS VON INNEN

Wie fröhlich sehen Harry und Ron aus, wenn sie in diesem wunderschönen Modell des Hogwarts-Expresses sitzen! Sie teilen sich sichtlich gern ein Abteil und verstehen sich auf Anhieb prächtig! Das Modell konzentriert sich auf die gemütliche Innenausstattung. Da es aus einzelnen Abteilen besteht, kannst du selbst bestimmen, wie der Zug aussehen soll – länger oder kürzer, wie von Zauberhand.

BAUTIPP

Lies nach oder sieh dir die Harry-Potter-Filme noch einmal an, damit du realistische Details einbauen kannst. Sie machen deine Kreationen zu etwas Besonderem!

GEMÜTLICHES ABTEIL

Puh ... sie haben den Zug erreicht! Hermine, Ron und Harry entspannen auf blauen Sitzen, die Koffer sind auf der Gepäckablage verstaut. Durch das Fenster sehen sie die Landschaft vorüberziehen. Damit es noch behaglicher wird, füge eine Decke und eine Innentür hinzu.

Durch große Fenster genießen sie die Aussicht (und verlieren Schoko-Frösche).

RÜCKANSICHT

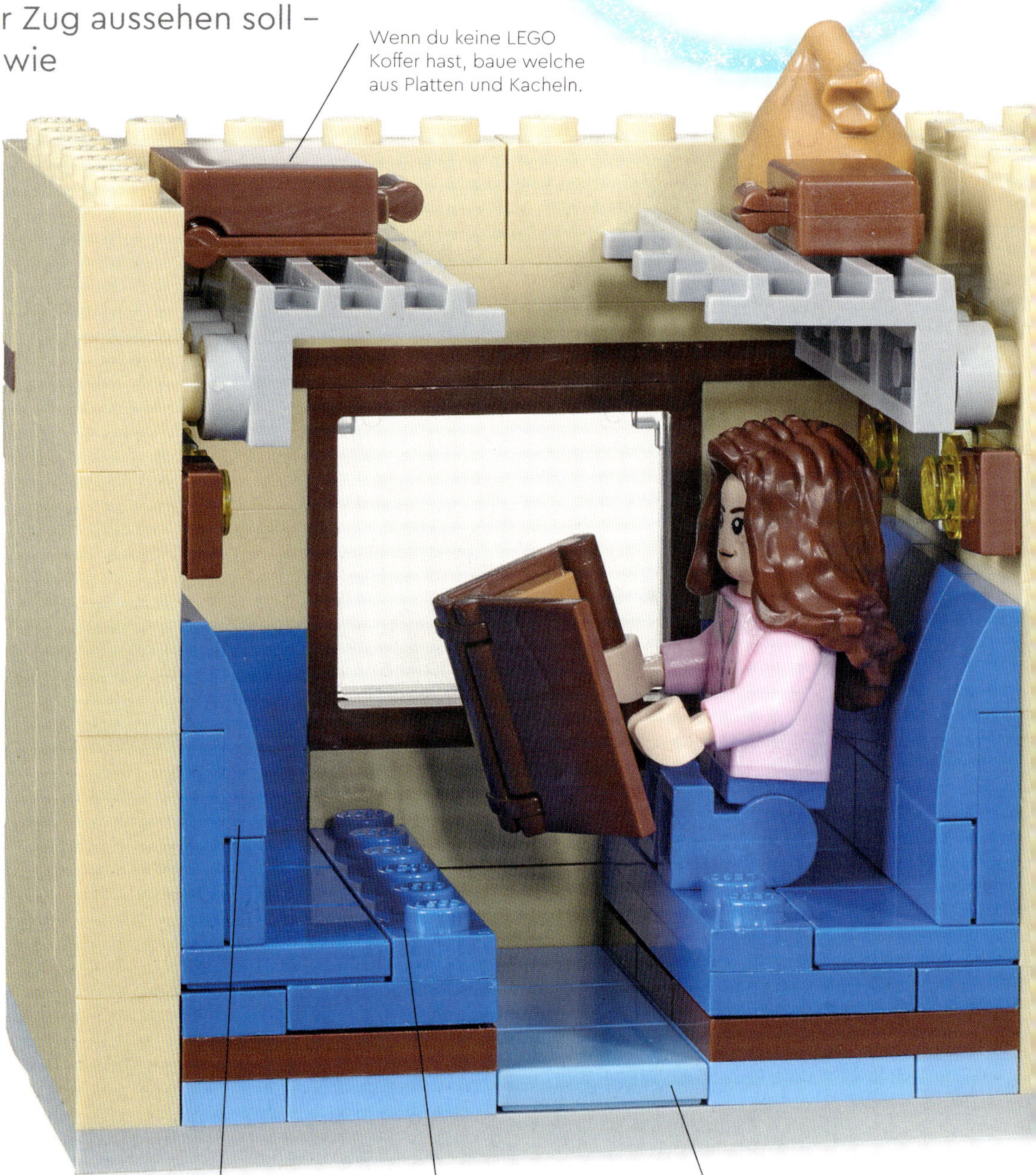

Wenn du keine LEGO Koffer hast, baue welche aus Platten und Kacheln.

Gebogene 1×2-Dachsteine bilden die Sitzlehnen.

Lass die Noppen frei, damit die Minifiguren darauf sitzen können.

Blaue Kacheln bilden den Teppich im Abteil.

DRAUFSICHT

Abteilwände sind eine Noppe breit.

GEPÄCKABLAGE

Über den Sitzen ist genug Platz für die Sachen der jungen Hexen und Zauberer. Die Gepäckablage besteht aus Leiterteilen und Kacheln mit Stangen. Sie sind seitlich an Noppen in den Wänden befestigt.

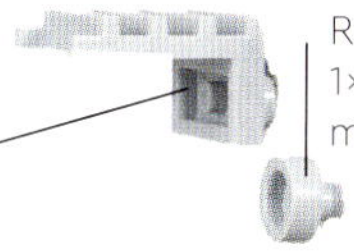

1½×2×2-Leiter, auf der Seite liegend

Runde 1×1-Kachel mit Stange

Holzvertäfelung über dem Fenster

ETWAS VOM WAGEN?

Die Minifiguren warten sicherlich schon auf das ratternde Geräusch der Räder, das anzeigt, dass der Honeydukes-Express-Wagen naht. Belade ihn mit bunten Leckereien und suche eine freundliche Hexe, die ihn schiebt.

Transparente 1×1-Platten als Wandlampen

Die verzierten Kesselkuchen bestehen aus 1×1-Platten mit Blütenblättern.

Braune Platten als Grundlage für die Sitze

Die großen Räder sind die Rückseiten von runden 2×2-Steckerplatten.

DURMSTRANG-SCHIFF

Was sieht aus wie ein Segelschiff, fährt aber unter Wasser wie ein U-Boot? Das Schiff von Durmstrang, das die Schüler der berühmten Zauberschule zu Besuch nach Hogwarts bringt. Vergiss nicht die Farben von Durmstrang und einige ausgefeilte Details, sonst lässt der Schulleiter Igor Karkaroff deine Minifiguren am Ende das Deck schrubben.

HOGWARTS AHOI!

Das Modell zeigt das Schiff, nachdem es majestätisch aus den Wellen aufgetaucht ist. Alles ist tipptopp, von den Masten bis zu der schwenkbaren Kanone. Es hat ein erhöhtes Achterdeck. Dort könnte der beste Schüler, Viktor Krum, stehen, während das Schiff sich Hogwarts nähert.

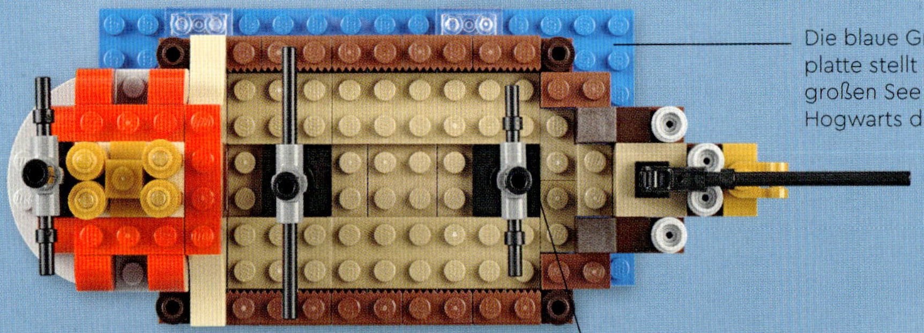

Die blaue Grundplatte stellt den großen See bei Hogwarts da.

Die Masten stecken auf Steckerplatten.

DRAUFSICHT

Beginne das Schiff auf braunen Platten.

VORDERANSICHT

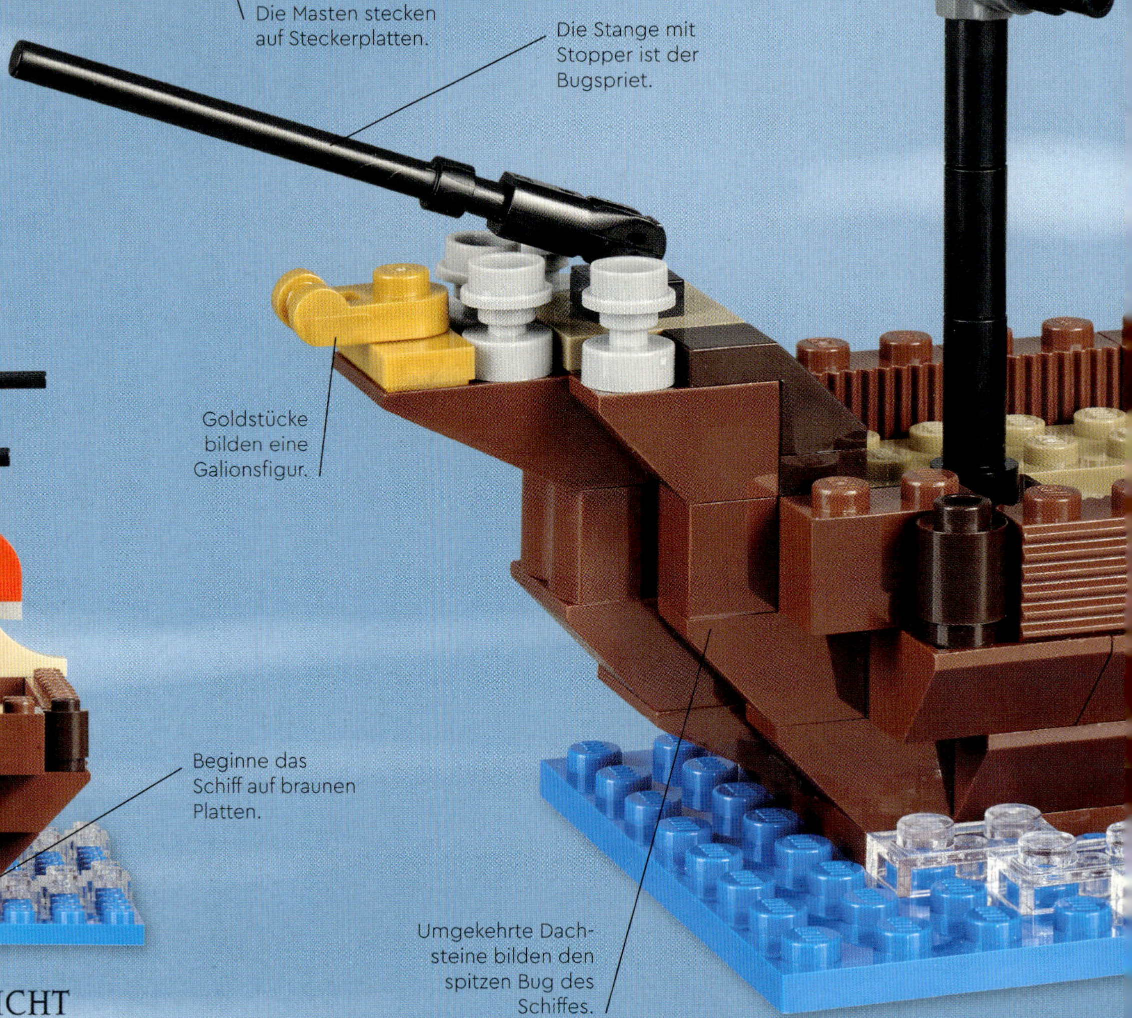

LEGO® Technic Achsverbinder trägt zu beiden Seiten eine Stange.

Die Stange mit Stopper ist der Bugspriet.

Goldstücke bilden eine Galionsfigur.

Umgekehrte Dachsteine bilden den spitzen Bug des Schiffes.

BAUTIPP

Wenn du bei dieser Größe Segel an das Schiff baust, fallen womöglich die Masten um, weil sie zu schwer sind. Bei einem größeren Schiff kannst du es mit Segeln versuchen.

UNTER DECK

Das Achterdeck ist aus drei Schichten aufgebaut. Darin befinden sich Fenster aus Lampensteinen mit glatter Einrahmung. Goldene Laternen und ein Segel schmücken die oberste Ebene.

DIE GROSSE HALLE

Von feierlichen Festmahlen bis hin zu Fechtkämpfen des Duellierclubs – in der großen Halle von Hogwarts spielen sich zahlreiche dramatische Momente ab. Du brauchst dafür nicht die gesamte Halle zu bauen. Schon mit kleinen Bereichen erschaffst du eine magische Atmosphäre. Hier sind ein paar tolle Ideen, die eine festliche Bühne für deine Lieblingsmomente bereiten.

BAUTIPP

Achte auf die Höhe und Breite deiner Minifiguren, bevor du Türen und Möbel baust. Sie sind vier Steine hoch (minus die Haare) und nicht ganz vier Noppen breit.

Türen öffnen sich mit Verbindungen aus Klemme und Stange.

RÜCKANSICHT

SCHWERE HOLZTÜR

Braune LEGO Teile für die schwere Tür der Halle und die Wandvertäfelung wirken wie dunkles Eichenholz. Die Steinwände sind ein wenig uneben, wie echte Schlosswände. Warum hängst du nicht ein paar Schulbanner oder Porträts ehemaliger Schüler auf?

Steinerne Verzierung über den beiden Türflügeln

SEITENANSICHT

Wandvertäfelung aus gestapelten 2×2×2-Containern

Eine Mischung verschiedenfarbiger Kacheln ergibt den alten Steinboden.

ADLER-ELEMENTE

Der Aufsatz des Pultes, auf dem Dumbledore seine Notizen ablegt, hat die Form eines Adlers mit ausgebreiteten Schwingen. Ein 1×1-Stein mit vier Seitennoppen trägt Kopf, Schwingen und Klauen des Adlers.

LEHRERTISCH

Bitte still sitzen! Von ihrem erhöhten Tisch auf der Empore aus haben die Lehrkräfte von Hogwarts einen guten Überblick über alle Schülerinnen und Schüler in der Halle. Baue einen Thron für den Schulleiter, Professor Dumbledore, und ein goldenes, geflügeltes Rednerpult für seine feierlichen Ansprachen.

WIE BENUTZE ICH DIE TREPPE?
ES GIBT EINE SCHRITT-FÜR-SCHRITT-ANLEITUNG!
Wände mit Porträts sind eine Noppe breiter.
Zwei 1×3×3-Bogen ergeben spitz zulaufende Durchgänge.
Umgekehrte Dachsteine stützen die oberen Torbogen.
Laternen beleuchten den Weg ins oberste Stockwerk.
Ein beliebiger Minifigur-Kopf auf einer Steckerplatte ergibt ein bewegliches Porträt.
Diese Ebene hat eine 8×8-Grundplatte.

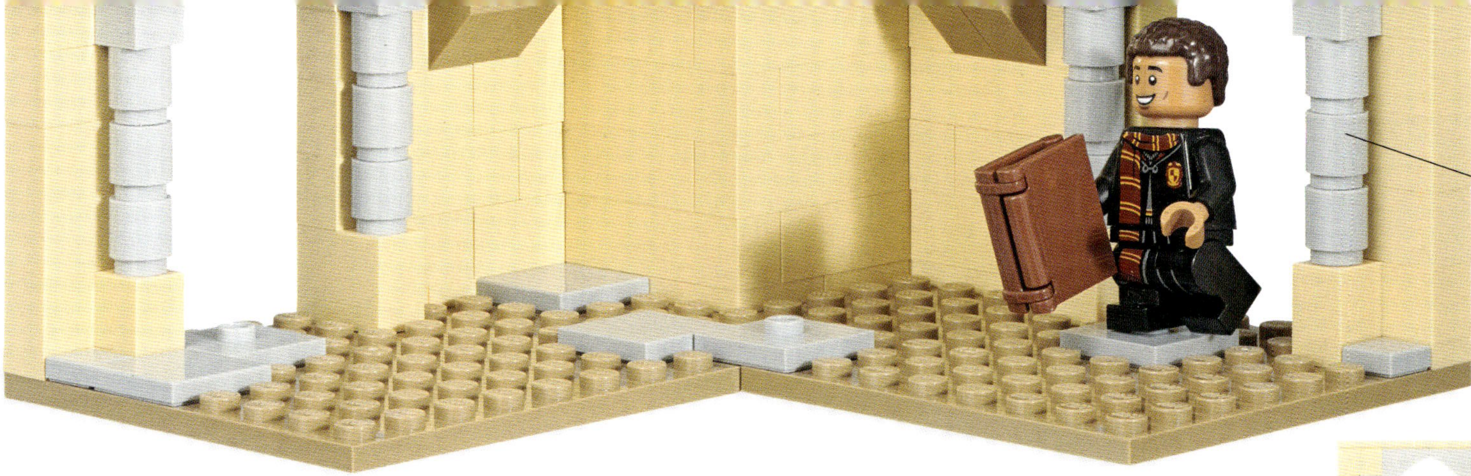

Steinerne Säulen fassen die Torbogen ein.

DIE GROSSE TREPPE

Diese LEGO Version der Haupttreppe in Hogwarts ist beweglich! Führt die Treppe deine Minifiguren an den gewünschten Ort oder ins falsche Stockwerk? Soll es noch mehr drunter und drüber gehen? Dann baue noch weitere zusätzliche Treppen ein!

SPRING EINFACH!

Die Treppen sind an Platten am Boden und in den Stockwerken befestigt und lässt sich neu positionieren. Sorge nur dafür, dass deine Minifiguren immer einen Ausweg haben, und lass sie nicht in einem Flur direkt neben dem Porträt eines grummeligen Zauberers im Stich.

DREHBEWEGUNG

Die mittlere Etage hat drehbare Teile, auf die du die Unterseite der Treppe setzen kannst. So kannst du die Treppe von einem Torbogen im oberen Stockwerk zum anderen schwingen. Minifiguren, haltet euch fest!

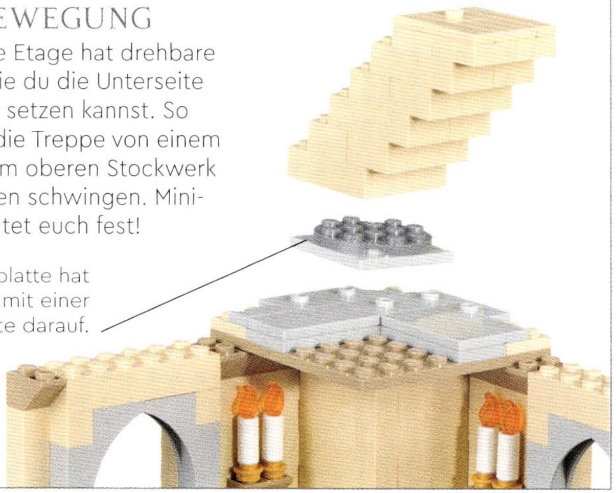

4×4-Drehplatte hat eine Basis mit einer runden Platte darauf.

SEITENANSICHT

Die Treppe besteht aus gestapelten Steinen. Platten und Kacheln bilden die oberste Schicht.

Geh der „Großinquisitorin" Dolores Umbridge lieber aus dem Weg!

Baue kleine Kerzenhalter in die Wände ein.

WANDPORTRÄTS

Der Boden des darüberliegenden Stockwerks

Modischer Rahmen aus zusammensteckbaren goldenen Teilen

Porträts stecken eine Noppe tief in der Wand.

GEMEINSCHAFTS-RÄUME

Wenn die Schüler und Schülerinnen eines Hauses Zeit miteinander verbringen wollen, gehen sie in den Gemeinschaftsraum. Hier siehst du die Räume von Gryffindor und Slytherin, aber du kannst auch einen für Ravenclaw oder Hufflepuff bauen. Oder sogar für alle vier Häuser!

SPEZIAL-STEIN

Der doppelt gebogene 1×4-Dachstein eignet sich gut für Möbel. Die Rückenlehnen der Sessel im Gryffindor-Raum schließen oben mit diesem Teil ab.

Die steinerne Fenstereinfassung ist typisch für ein altes Schloss.

Im Gryffindor-Gemeinschaftsraum ist es unordentlicher als in dem von Slytherin!

Die Fackel sitzt auf einer 1×1-Platte mit Klemme in der Wand.

Braune runde 1×1-Platten als brennende Holzscheite

Hedwigs Sitzplatz besteht aus nur drei Teilen.

Das Schachspiel hat Mikrofiguren.

Dunkelroter Teppich passt zur Wandfarbe.

Das Schachbrett aus 1×1-Kacheln wird direkt auf die Tischplatte gesteckt.

GEMÜTLICH IM HAUS GRYFFINDOR

Der Gryffindor-Gemeinschaftsraum ist in warmen, roten Farben gehalten. Er hat ein Sprossenfenster, viele Bücher und ein gemütliches Kaminfeuer, neben dem Hedwig döst. Möchten deine Minifiguren eine Partie Zauberschach mit Ron spielen?

PROTZIG IM HAUS SLYTHERIN

In dem in Grüntönen gehaltenen Gemeinschaftsraum hängen Porträts von berühmten Slytherins gut sichtbar über dem großen, reich verzierten Kamin. Halte für deine Minifiguren einen Platz auf dem schwarzen Ledersofa frei, bevor Crabbe und Goyle alle Donuts allein verdrückt haben.

KAMINPLATTE

Manchmal erkennt man an der Rückseite eines Teils mehr als an der Vorderseite. Die hintere Wand des Kamins, also die Kaminplatte, ist die Rückseite einer 4×12-Platte. Sie wird seitlich an die Außenwand gesteckt.

GEHEIMNISVOLLES MÄDCHENKLO

Vergiss ächzende Rohre ... In dieser Toilette ist die Maulende Myrte am lautesten. Doch das Gespenst ist auch der Schlüssel zu einem gut gehüteten Geheimnis. Irgendwo hier befindet sich der verborgene Eingang zur legendären Kammer des Schreckens! Baue das Modell so, dass es Harry und Ron gelingt, ihn zu öffnen.

Symmetrische Säule mit Waschbecken

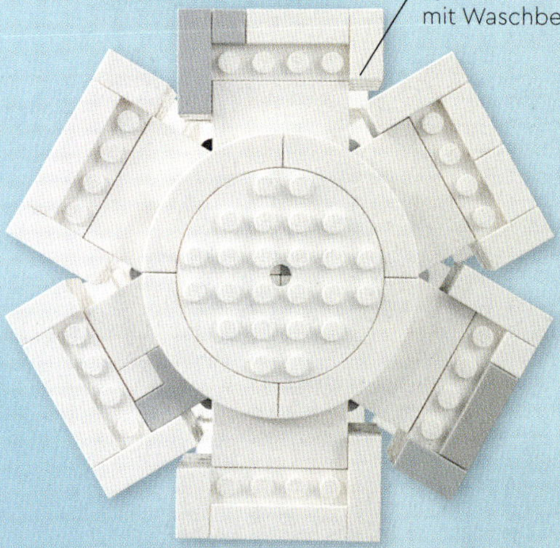

DRAUFSICHT

AUSGEFEILTE KONSTRUKTION

Enthält diese wuchtige Säule etwa mehr als nur Wasserrohre? Versuche, eine große Version im Minifiguren-Maßstab zu bauen – mit Details, die wie Steinreliefs und tropfende Wasserhähne wirken, welche ein großes Geheimnis verbergen.

Runde 6×6-Platten und 4×4-Makkaronikacheln schließen die Säule ab.

Viele kleine Teile ergeben den Effekt von Verzierungen.

BAUTIPP

Das alte Mädchenklo ist seit Jahren kaputt. Verwende weiße und graue Teile, sodass die Ausstattung wie lange nicht polierter, abgenutzter Marmor aussieht.

Freie Noppen sind Verzierungen im Mikromaßstab.

1×1-Dachstein als Waschbecken

Die Stange an der Tür ist mit Klemmen in der Kabine befestigt.

Umgekehrte 2×2-Dachsteine lassen den Säulenkranz hervorstehen.

Graue 2×4-Kacheln als alte, verstaubte Spiegel

Drei gebogene Dachsteine bilden die Form der Waschbecken.

KLEINE KABINEN

Bevor Schülerinnen diese Toiletten im Mikromaßstab benutzen, sollten sie prüfen, ob die Maulende Myrte im Abflussrohr lauert. Wenn sie fertig sind, können sie ihre Hände an der Waschbeckensäule waschen, die ebenfalls im Mikromaßstab gebaut ist.

Die Minifigur-Tasse ist ein Klo im Mikromaßstab!

DRAUFSICHT

WASCHBECKEN MIT PFIFF

Die sechs Becken mit Wasserhähnen sind seitlich an der Hauptsäule befestigt, denn sie enthält versteckte Steine mit Seitennoppen. Die Aufsätze der Wasserhahn-Teile passen jeweils exakt in einen Stein mit Loch.

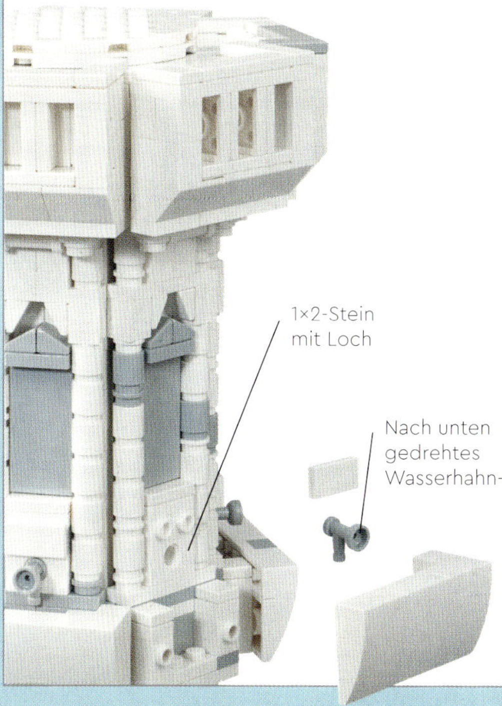

1×2-Stein mit Loch

Nach unten gedrehtes Wasserhahn-Teil

QUIDDITCH-WELT-MEISTERSCHAFT

Stell dir vor, du wirst als Nationalspielerin für die Quidditch-Weltmeisterschaft ausgewählt. Deinem Besen würden sich vor Stolz die Borsten sträuben! Fast genauso stolz kannst du sein, sobald du dieses tolle Quidditch-Set gebaut hast – mit allem, was man für ein Weltklasse-Match braucht. Als Ergänzung kannst du auch ein Mini-Quidditch-Stadion bauen.

GOLDENER SCHNATZ

ALLES DRIN!

Im Zentrum dieser Box liegt der rote Quaffel. Die Klatscher sind sicher festgezurrt, aber das Schlagholz ist griffbereit, wenn sie freigelassen werden. Was den Goldenen Schnatz betrifft: Er flitzt bereits durch die Luft.

SEITENANSICHT

Runde 1×1-Platten stellen Zuschauende in Mannschaftsfarben dar.

Minifigur-Essstäbchen als fliegende Spieler

1×2-Steine mit Seitennoppen stützen die Tribünen.

Versetzt gestapelte Platten bilden die Zuschauertribünen.

GROSSES MINI-EVENT

Dieses großartige Quidditch-Stadion im Mikromaßstab steckt voller Action. Kleine runde 1×1-Platten stellen die Zuschauenden dar. Es gibt Torstangen mit Ringen, Spieler auf Besen und die bunten Flaggen der teilnehmenden Länder.

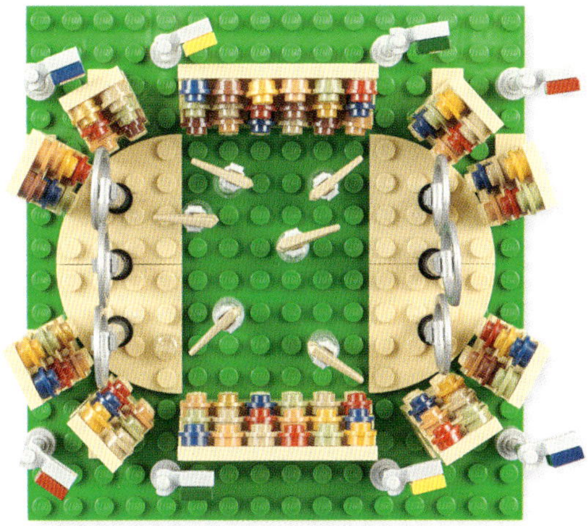

DRAUFSICHT

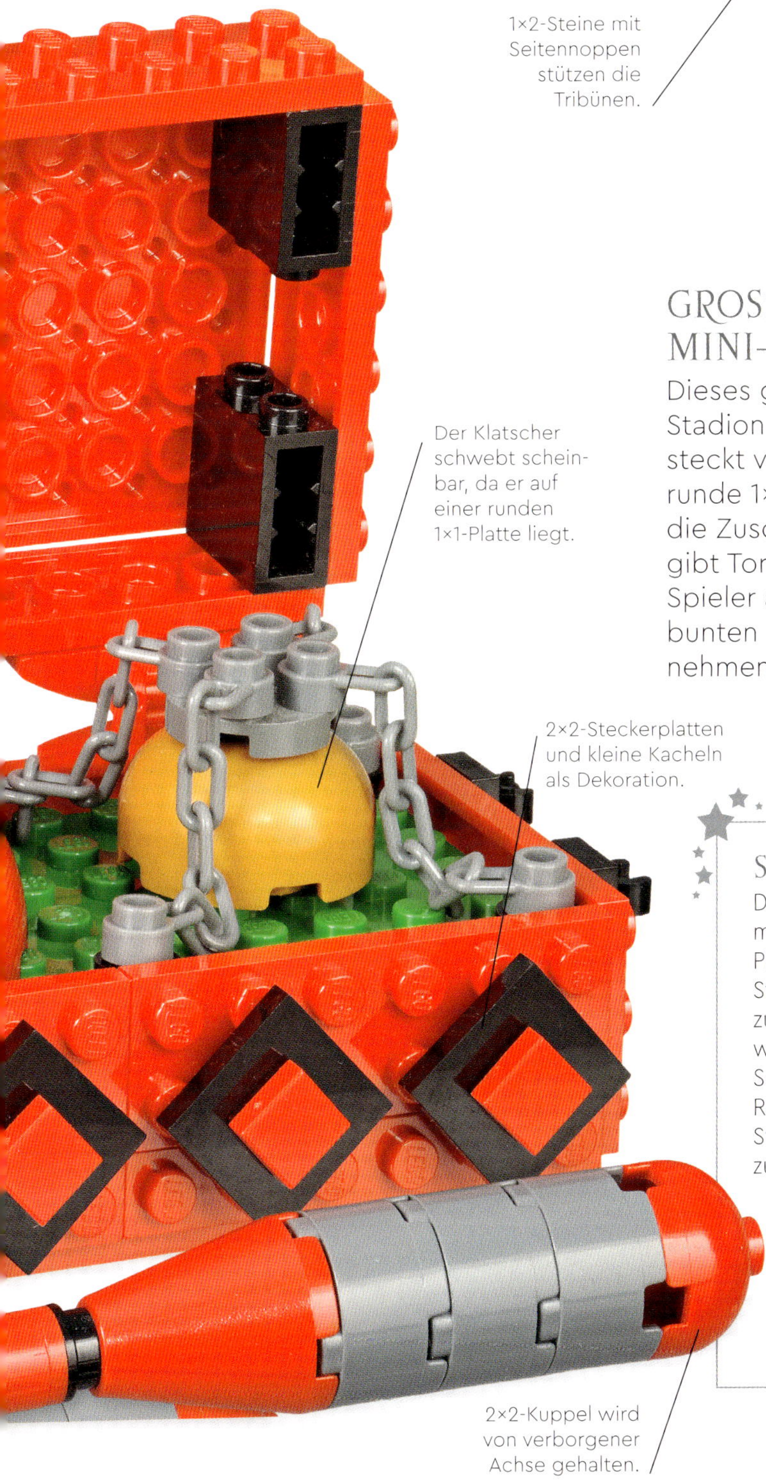

Der Klatscher schwebt scheinbar, da er auf einer runden 1×1-Platte liegt.

2×2-Steckerplatten und kleine Kacheln als Dekoration.

2×2-Kuppel wird von verborgener Achse gehalten.

SCHLAU GEBAUT

Die leuchtend rote Kiste mit Deckel hat außen Platten, die innen von Steinen mit Seitennoppen zusammengehalten werden. Deckel und Schachtel hängen an der Rückseite mit Klemme-Stange-Verbindungen zusammen.

1×6-Platte

1×2×1⅓-Stein mit acht Noppen

SCHWEDISCHER KURZSCHNÄUZLER

Drachen sind schwer zu zähmen, aber gar nicht so schwer zu bauen. Suche dir deinen Lieblings-Feuerspeier aus den Harry-Potter-Filmen aus und baue ihn mit deiner LEGO Sammlung. Hier siehst du einen Schwedischen Kurzschnäuzler. Blättere vorsichtig um: Auf der nächsten Seite lauert ein Chinesischer Feuerball.

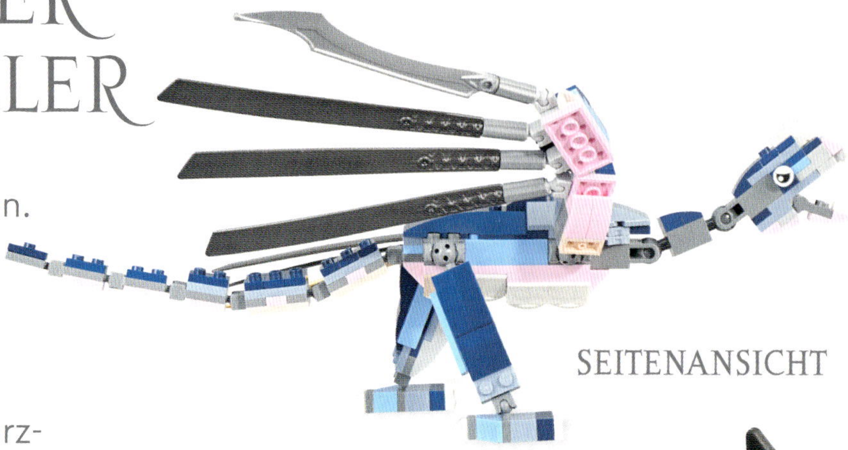

SEITENANSICHT

SCHWEDISCHER KURZSCHNÄUZLER

Cedric Diggory trat beim Trimagischen Turnier einem Schwedischen Kurzschnäuzler gegenüber und wurde dabei leicht versengt. Der Drache speit blaue Flammen.

Ninja-Schwertklingen bilden die gestreckten Flügel.

Der bewegliche Schwanz ist aus Abschnitten gebaut, die mit Kugelgelenken verbunden sind.

BAUTIPP

Im Film hat der Drache silbrig-blaue Schuppen, aber bei LEGO Modellen kannst du mit den Farben spielen. Dieser Drache hat pinkfarbene Teile, in denen sich das Licht spiegelt.

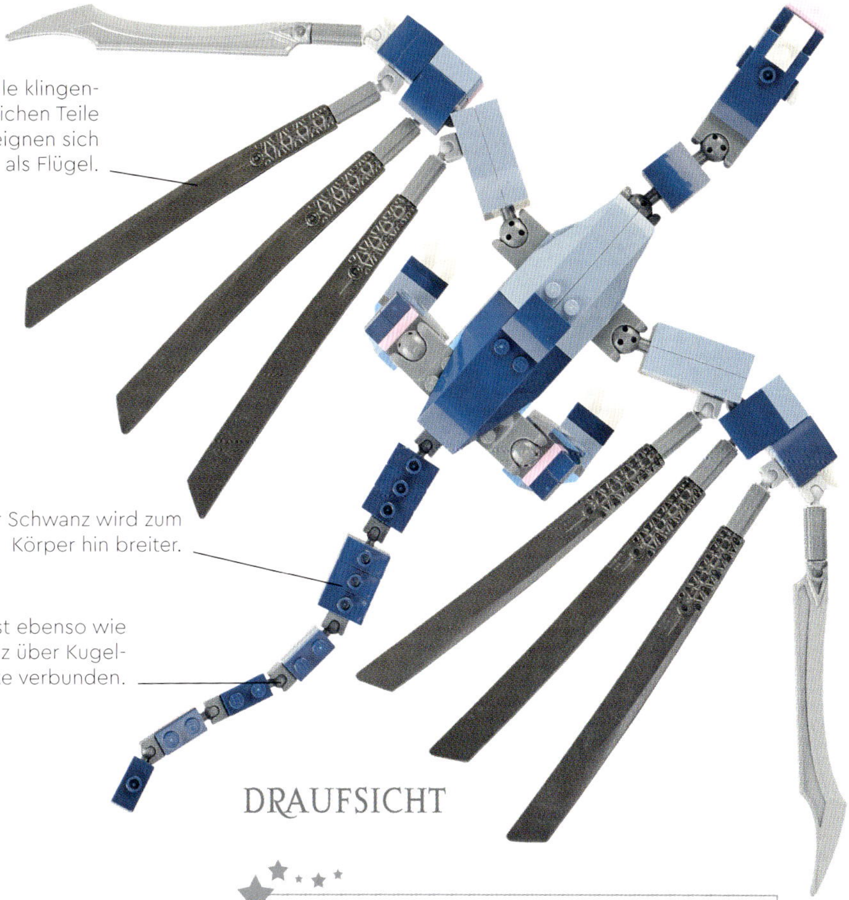

DRAUFSICHT

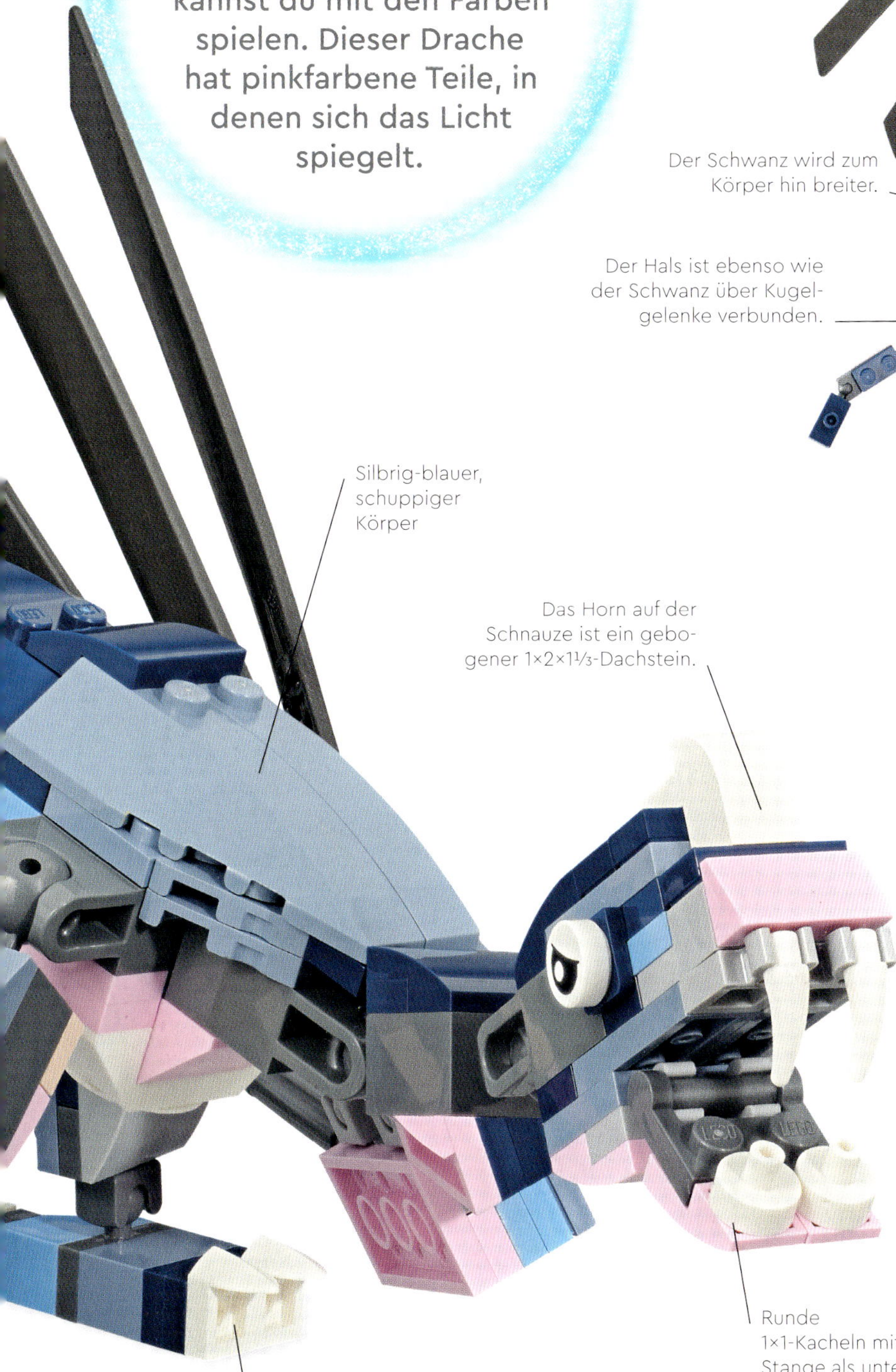

FLATTERNDE FLÜGEL

Gestalte die Drachenflügel möglichst verstellbar, indem du sie mit vielfältigen Scharnieren und Gelenken versiehst. Diese Ansicht einer Flügelunterseite zeigt die fünf verwendeten Kugelgelenke ebenso wie Scharnierplatten.

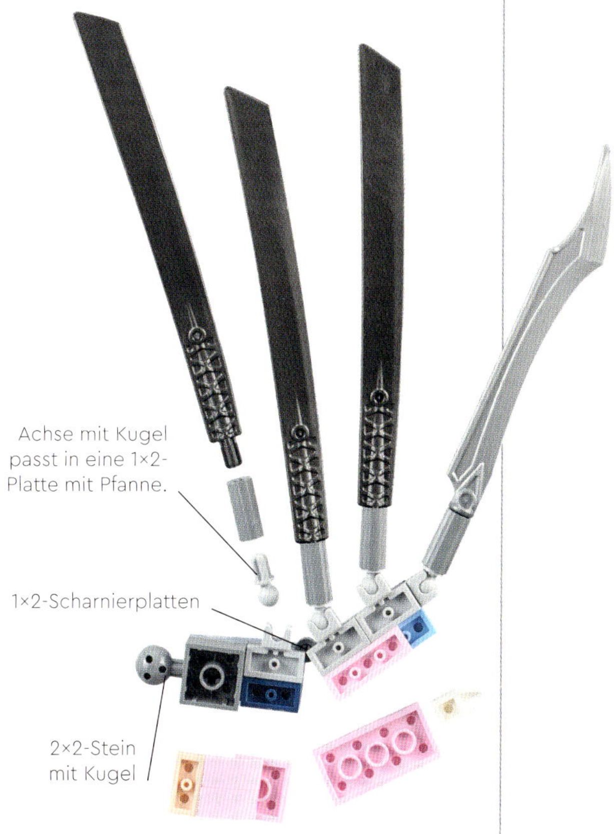

CHINESISCHER FEUERBALL

Nimm deine LEGO Teile und verleihe deiner Fantasie Flügel: Hier ist ein weiteres Drachen-Modell des Trimagischen Turniers. Lass dich davon inspirieren oder sieh dir noch mehr Drachen aus der Zaubererwelt an. Du könntest auch einen Ungarischen Hornschwanz, einen Walisischen Grünling oder Hagrids Norwegisches Stachelbuckel-Baby Norberta bauen.

SPEZIAL-STEIN

Das winzige Horn, das die Zähne und Stacheln bildet, hat unendlich viele Verwendungsmöglichkeiten. Mit der kleinen Stange am Ende passt es in offene Noppen.

CHINESISCHER FEUERBALL

Der schnaubende, feuerrote Drache wurde beim Trimagischen Turnier in Hogwarts als erste Aufgabe von Viktor Krum gezogen. Woher der Name kommt? Na, von den Flammen, die aus seinen Nüstern strömen. Nimm dich in Acht!

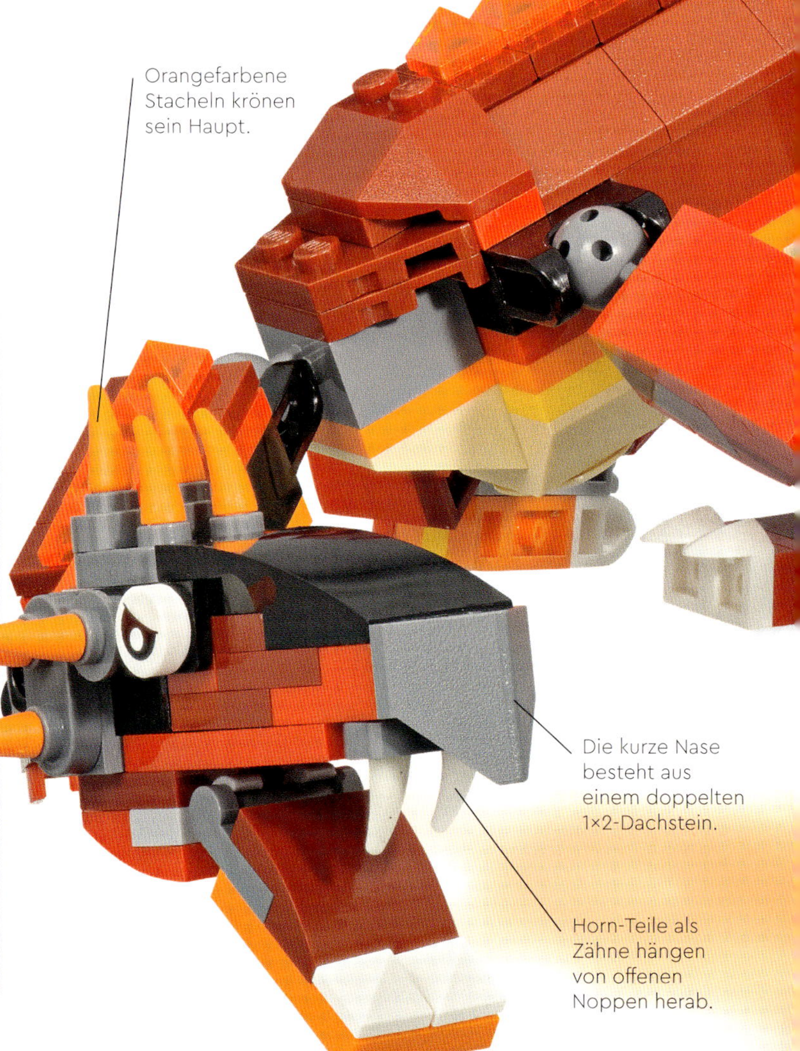

Orangefarbene Stacheln krönen sein Haupt.

Die kurze Nase besteht aus einem doppelten 1×2-Dachstein.

Horn-Teile als Zähne hängen von offenen Noppen herab.

GEFÄHRLICHES GEBISS

Die Kiefer öffnen und schließen sich durch eine Klemme-Stange-Verbindung. Zwei Klemmen halten die Zunge und die unteren Zähne angewinkelt, wenn der Drache faucht.

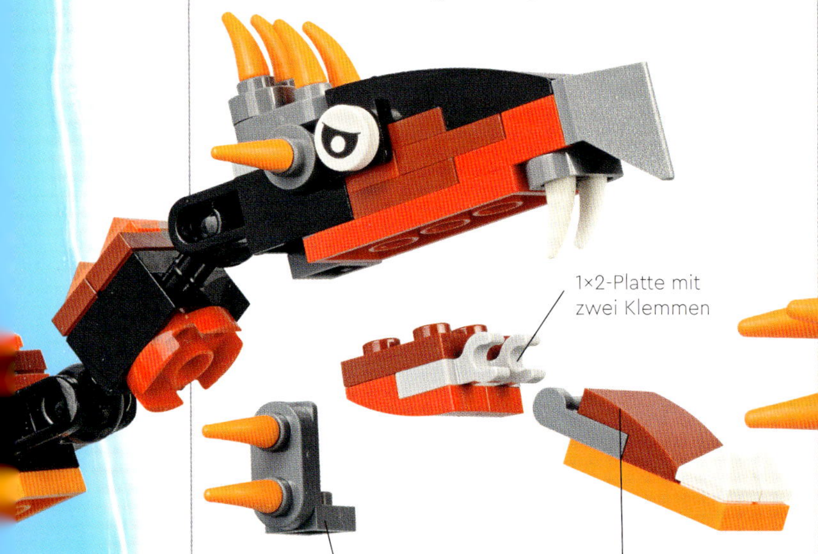

1×2-Platte mit zwei Klemmen

Das Teil mit Stacheln passt direkt hinter den Kiefer.

Gebogener 2×2-Dachstein als Zunge

1×1-Pyramidensteine verlaufen entlang des Halses, Körpers und Schwanzes.

Auch die Beine haben Stacheln.

SEITENANSICHT

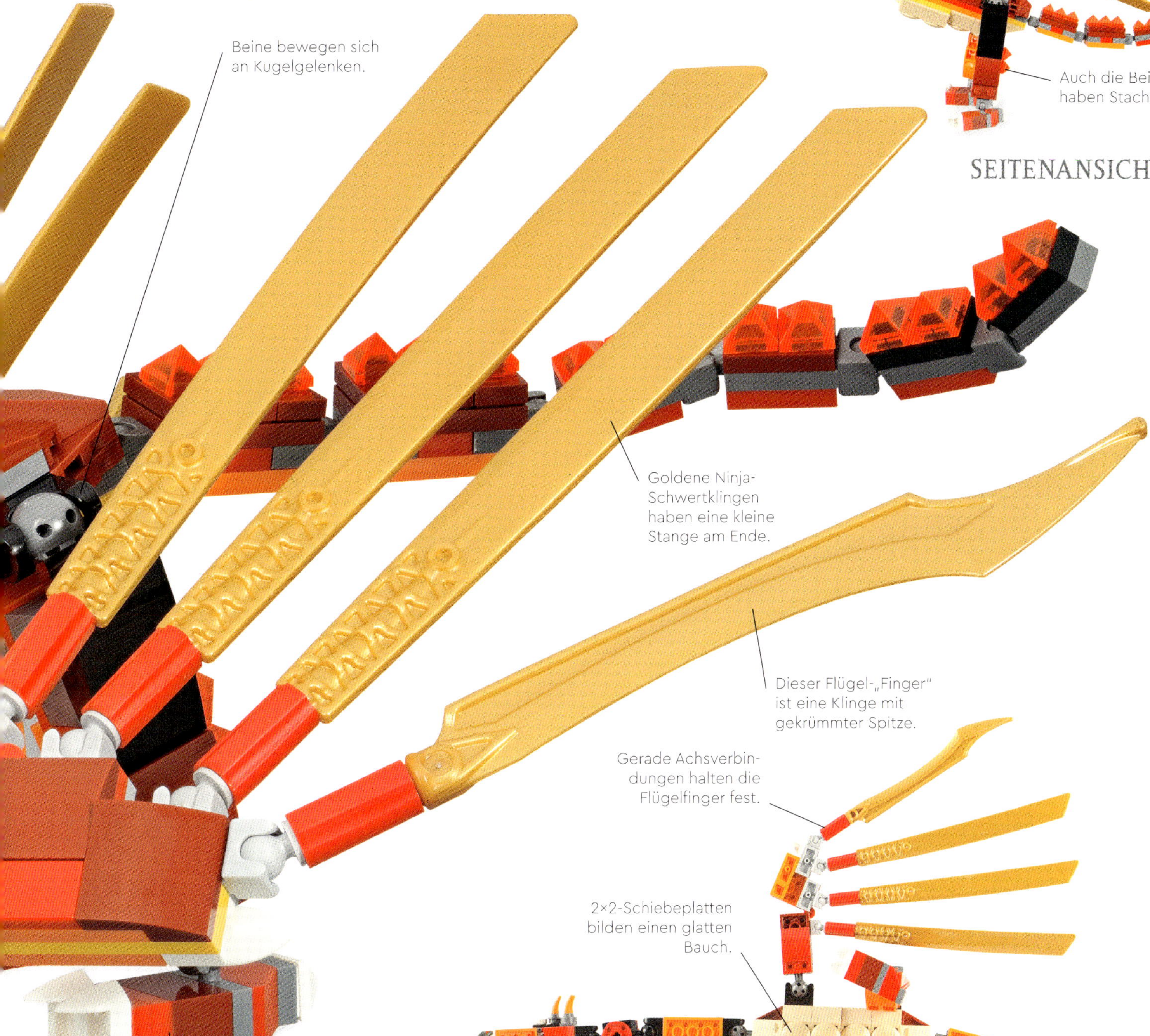

Beine bewegen sich an Kugelgelenken.

Goldene Ninja-Schwertklingen haben eine kleine Stange am Ende.

Dieser Flügel-„Finger" ist eine Klinge mit gekrümmter Spitze.

Die großen Füße werden seitwärts aufgebaut.

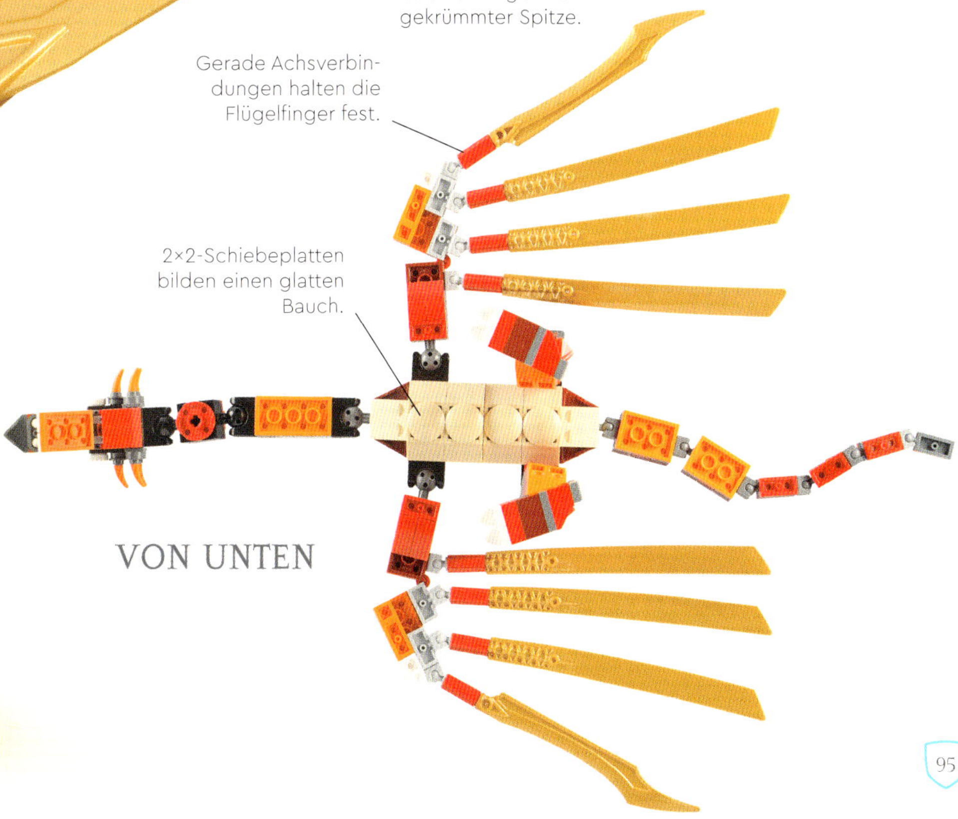

Gerade Achsverbindungen halten die Flügelfinger fest.

2×2-Schiebeplatten bilden einen glatten Bauch.

VON UNTEN

HOCHZEIT BEI DEN WEASLEYS

Bill Weasley und Fleur Delacour haben sich getraut! Wünsche dem Zauber-Ehepaar mit diesem Modell alles Gute. Es stellt eine romantische, violett geschmückte Gartenlaube dar. Wenn du mehr Gäste einladen willst, kannst du die Szenerie auch größer bauen. Aber achte darauf, dass du nicht aus Versehen auch Todesser hinzubittest!

BAUTIPP

Etwas so Großes wie ein Hochzeitspavillon erscheint zunächst schwer umsetzbar, aber wie du hier siehst, entsteht aus vielen Einzelteilen am Ende die richtige Atmosphäre.

Umgekehrte, gebogene 1×2-Dachsteine als drapierter Stoff

Gestapelte 1×1-Steine als Säulen der Gartenlaube

Der Kuchenständer ist um die Stange drehbar.

Das Modell lässt sich erweitern, indem du weitere Grundplatten zusammensteckst.

TOLLE TISCHE

Baue lauter gleiche Tische und Stühle für die Hochzeit. Wenn du die violette Tischdecke lüftest, siehst du, dass der Tisch aus fünf Platten und vier Kerzenfüßen gebaut ist. Auch die Stühle bestehen aus nur wenigen Teilen.

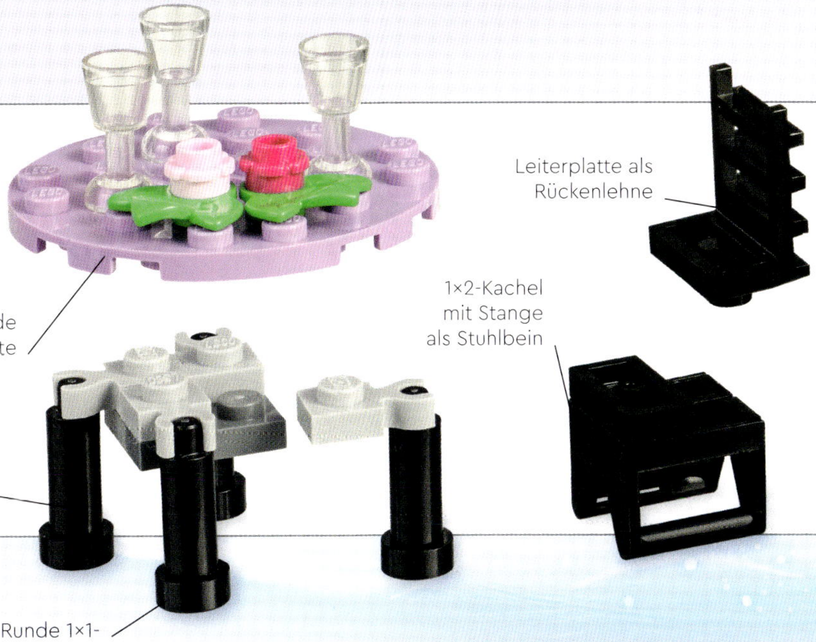

GARTENFEST

Für die Hochzeitsfeier haben die Weasleys im Garten eigens ein Partyzelt aufgebaut. Dort gibt es ein Buffet, Gläser zum Anstoßen und eine Tanzfläche für all die verrückten Zauberertänze. Hast du deinen Minifiguren die richtigen Tanzschritte beigebracht?

ZAUBERERAPOTHEKE

Brauchen deine Minifiguren spezielle Zutaten für Zaubertränke? Dann baue ihnen doch die Apotheke in der Winkelgasse, damit sie zum Einkaufen gehen können. In den Schaufenstern mit den lilafarbenen Rahmen gibt es wundersame Dinge zu bestaunen, aber vielleicht sollten sich die Hexen und Zauberer die Nase zuhalten, bevor sie eintreten. Hat jemand Bedarf an eingelegten Schmeißfliegeneiern?

SCHAUFENSTER

Die großen, unteren Erkerfenster sind seitwärts aus Platten aufgebaut, die eine Noppe breit sind. Mit einer zwei Noppen breiten Platte ist das Ganze an den Seitenteilen des Gebäudes befestigt.

UNENDLICHE VORRÄTE

In diesem Laden gehen die Zutaten weg wie warme Dungkuchen. Baue einige Stockwerke über dem Laden als Lagerräume aus. Sie werden bis zum Bersten gefüllt! Laternen weisen den Kunden auch im Dunkeln den Weg.

SEITENANSICHT

Graue Grundplatte als Straßenpflaster

Das gebogene Teil dient an LEGO Fahrzeugen oft als Schutzblech.

Abgefallene Eulenfedern dienen auch als Zutat für Zaubertränke.

Kleiner Tiegel aus 1×1-Kachel und runder 1×1-Platte

1×1-Platte mit Blütenblättern als geschnitzter Regalfuß

REGAL FÜR ZAUBERTRÄNKE

Stecke Pflanzen- und Rankenteile zusammen, dann sieht es schön üppig aus.

Baby-Alraune unter schalldichter Glaskuppel

Sogar im Regal wachsen Pflanzen!

Grüne Pfeilspitzen als hängende Pflanzen

KRÄUTER-REGAL

IM REGAL

Im Laden herrscht großes Durcheinander. Gestalte die Regale verschieden groß und in vielen Formen. Darin stehen Fläschchen und Flakons und es hängen Pflanzen herab. Warum bietest du nicht auch Federn, Pilze und Einhorn-Hörner an?

Kleine Bretter für winzige Zutaten

Breite Steine ergeben belastbare Holzregale.

1×1-Dachstein dient als ein Stück einer Zutat.

REGAL MIT ZUTATEN

BAUTIPP

Die Waren in diesem Laden kannst du dir frei ausdenken. Fantasievolle Flakons und geheimnisvolle Zutaten lassen sich aus beliebigen Teilen zusammenstecken.

Mehrere Brauntöne wirken wie altes Holz.

BRÜCKENENDE

ÜBERDACHTE BRÜCKE

Auf der überdachten Brücke müssen deine Minifiguren vorsichtig sein. Man weiß nie, wem man begegnet – es könnte sogar Du-weißt-schon-wer sein. Das uralte Bauwerk überspannt eine Schlucht zwischen dem Uhrenturm von Hogwarts und dem Steinkreis auf dem Schulgelände. Es ist alt und wackelig, aber das ist nicht die größte Gefahr. Die Brücke war Schauplatz von explosiven Ereignissen!

Das kaputte Dach ist mit Moos bewachsen.

Die Holzvertäfelung besteht aus 2×2-Fensterrahmen mit beigefarbenem „Glas".

1×8-Kacheln dienen als lange Holzbalken.

WACKELIGER WEG

Je länger deine Holzbrücke ist, desto mehr Minifiguren passen darauf. Mach sie so lang wie du willst. Vielleicht müssen die Minifiguren Voldemorts Greifer aufhalten. Wenn du einen Abschnitt so gestaltest, dass er einbrechen kann, könntest du die böse Bande sogar in die Schlucht stürzen lassen.

Drei LEGO Technic Pins verbinden die Abschnitte.

BRÜCKEN-ABSCHNITT

SCHLAFSAAL-FENSTER

Kleine Fenster ragen aus der geneigten Dachfläche der Brücke. Baue sie direkt auf die Grundplatte des Dachs aus einem 1×4-Bogen, 1×1-Steinen und Dachsteinen.

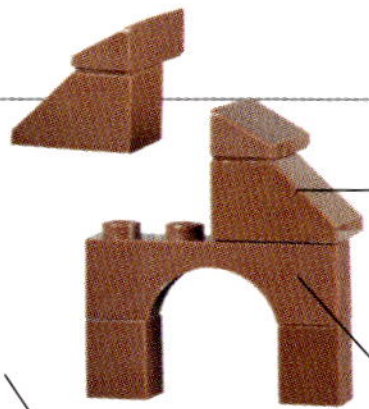

1×2-Dachstein

1×4-Bogen

Schwarze Steine sehen aus wie Schatten auf dem Dach.

Beigefarbene Platten bilden die erste Lage.

BAUTIPP

Die Brücke ist modular aufgebaut, das heißt, sie besteht aus lauter Abschnitten, die sich verbinden lassen. Eine modulare Bauweise eignet sich gut für lange oder hohe Modelle.

2×2-Steckerplatten und schmale Kacheln als Dachziegeln

Dachsteine bilden die Dachziegel.

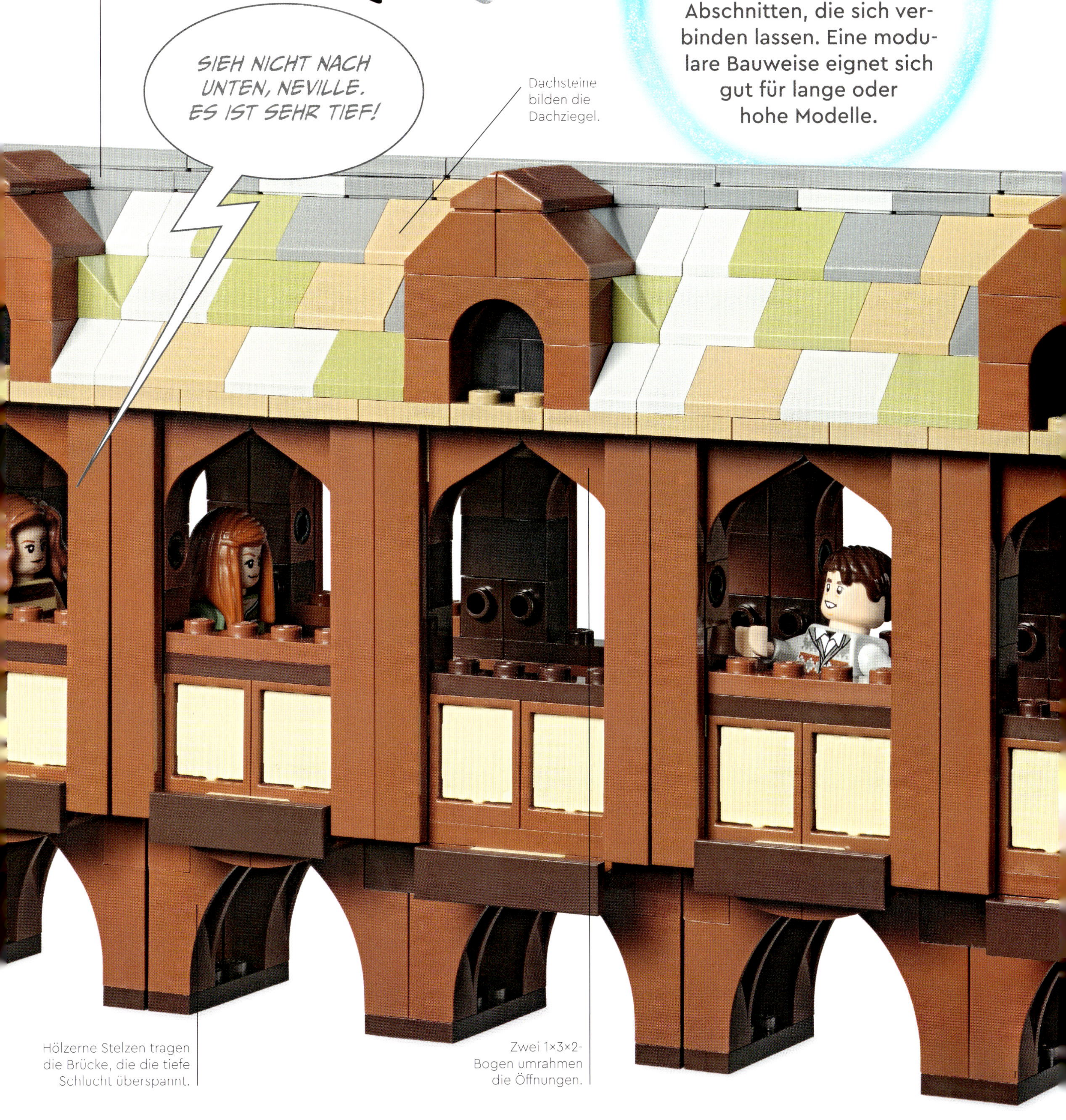

Hölzerne Stelzen tragen die Brücke, die die tiefe Schlucht überspannt.

Zwei 1×3×2-Bogen umrahmen die Öffnungen.

GEHEIMGÄNGE

Was führt Harry im Schilde? Er schleicht sich durch einen Geheimgang, den er auf der Karte des Rumtreibers findet, ins Dorf Hogsmeade. Hilf ihm dabei, indem du für ihn den Gang baust, aber sei vorsichtig … lass nicht zu, dass der Hausmeister Filch Harry erwischt. Versuche, noch weitere Geheimgänge zu bauen. Vielleicht gibt es ja einen, der direkt in die Schulküche führt!

SPEZIAL-STEIN

Die Wand enthält einige klug platzierte 1×1-Steine mit offenen Seitennoppen. An derartigen Elementen kannst du Kerzen, Ungeziefer oder Pflanzen anbringen.

WO IST DER EINGANG?

Die Nische auf der linken Seite sieht in dem dunklen, nur von Kerzen beleuchteten Gang aus wie jede andere. Lass dich nicht täuschen! Auf Druck öffnet sich eine versteckte Tür in den Geheimgang.

RÜCKANSICHT (EINGANG)

Diese Spinne hat den Geheimgang als Erste entdeckt!

Mit der Kerze sieht dieser aufschwingende Abschnitt genauso aus wie alle anderen Wände.

BEWEGLICHE WÄNDE

Die Wand des Flurs ist zwei Noppen tief. An der Rückseite werden auf einer Seite Scharnierplatten eingebaut, damit ein Abschnitt wie eine Tür aufschwingen kann.

Runde 1×1-Platte mit Stange als Kerzenhalter.

1×2-Scharnierplatten

Das Netz steckt mit Klemmen an 1×1-Steinen mit Stange.

RÜCKANSICHT (GANG)

Mische verschiedene Grautöne, um die uralten Steine darzustellen.

Pflanzen wachsen aus der Wand.

Breite Platten dienen als feste Grundlage.

HINTER DEN SPINNWEBEN

Hinter der Tür verdeckt ein großes Spinnennetz den Gang. Liegt Hogsmeade direkt dahinter oder ist dies nur der Anfang des Geheimgangs? Baue einen langen Gang mit einer Reihe von Türen und Tunneln, durch die deine Minifiguren schleichen können.

VERBOTENER WALD

Auf Hagrids Rat, den Spinnen zu folgen, betreten Harry und Ron den Verbotenen Wald, aber zumindest einer von ihnen bereut es schnell. Baue eine LEGO Version des unheimlichen Waldes neben dem Schulgelände und bevölkere ihn mit Spinnen und uralten, knorrigen Bäumen.

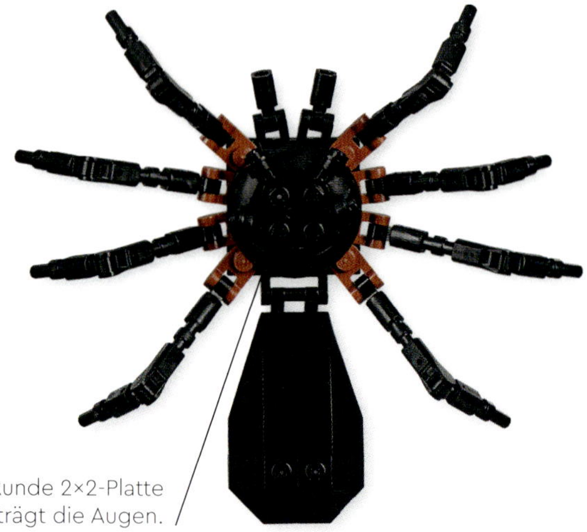

DRAUFSICHT

ARAGOG

Die Riesenspinne oder Acromantula ist Hagrids Freund, aber Harry und Ron finden sie nicht sehr vertrauenerweckend! Gib deinem Aragog bewegliche Scheren, damit er Minifiguren schnappen kann, die ihm zu nahe kommen.

BEINGELENKE

Wenn du Aragogs runden Kopf und Vorderkörper anhebst, siehst du, dass er auf einer 4×4-Grundplatte aufgebaut ist. Jedes Bein ist mit einer Klemme an einer abgerundeten 1×1-Platte mit Stange auf dieser Grundplatte befestigt.

BAUTIPP

Sammle viele Blattelemente, damit der Wald schön dicht belaubt ist. Für einfache Zweige kannst du Blattteile zwischen runde Baumstamm-Steine stecken.

WER VERSTECKT SICH HIER?

Hohe, dicht belaubte Bäume überragen den Waldboden, auf dem Aragogs hungrige Kinder umherkrabbeln. Du könntest noch weitere Waldbewohner hinzufügen, von denen gerüchteweise erzählt wird: Werwölfe, Thestrale – sogar Todesser soll es hier geben.

RÜCKANSICHT

HOGWARTS IN MIKROGRÖSSE

Ein Modell im Mikromaßstab ist noch kleiner als eins für Minifiguren. Diese winzigen Modelle von Hogwarts sind gute Beispiele, aber du kannst auch alle anderen Harry-Potter-Orte in dieser Größe nachbauen. Da du nicht viel Platz für Details hast, musst du sie klug auswählen. Der Verkleinerungs-Zauberspruch – Reducto! – würde die Aufgabe sehr erleichtern!

VON HIER OBEN SIEHT ALLES SO KLEIN AUS!

SPEZIAL-STEIN

Das Einhorn-Hornteil lässt sich sehr vielseitig einsetzen! In der Mikroarchitektur ist es eine tolle Turmspitze. Was ginge noch? Die kleine Stange am Ende passt in offene Noppen.

DAS ALLERKLEINSTE?

Dieses wirklich winzige Modell besteht aus nur wenigen Teilen. Trotzdem erkennt man es aufgrund der Seitenflügel und Türme sofort als Hogwarts. Was meinst du? Könntest du eine noch kleinere Version der Schule für Zauberei und Hexenkunst bauen?

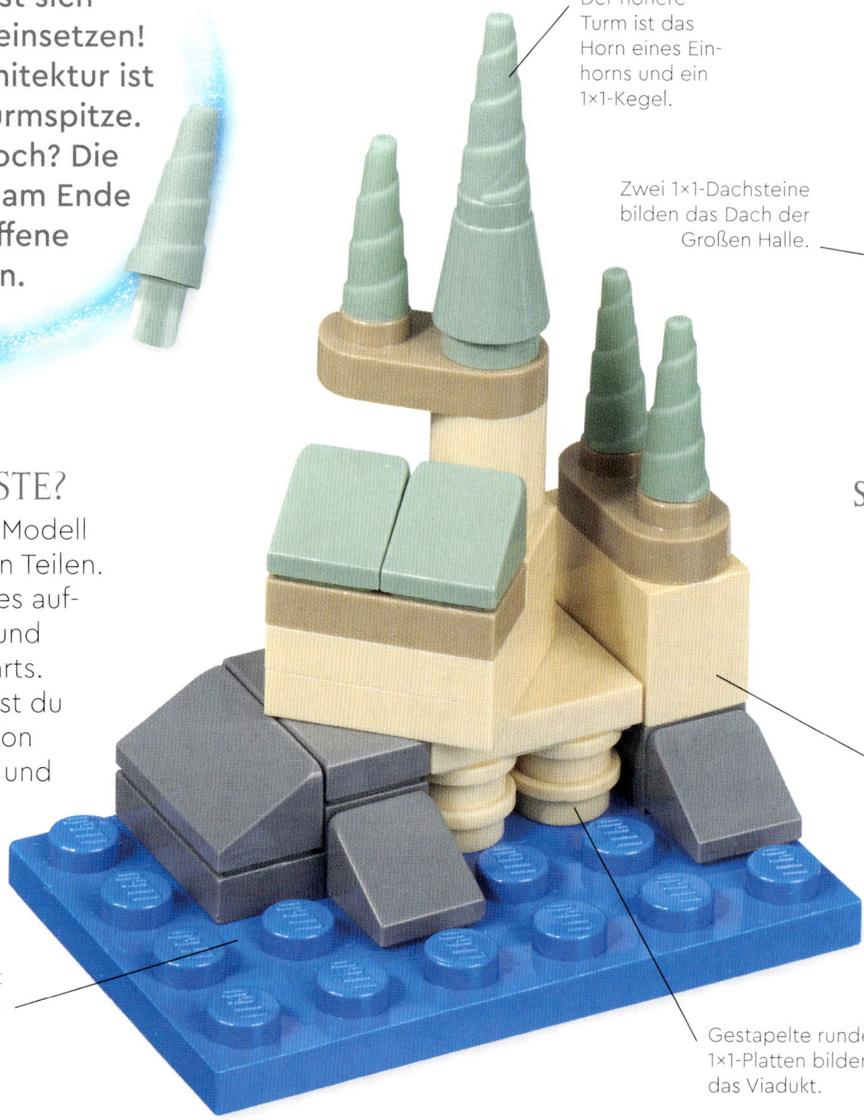

Der höhere Turm ist das Horn eines Einhorns und ein 1×1-Kegel.

Der 1×2-Stein ist das Gebäude des Uhrenturms.

Der Große See ist eine blaue 4×6-Platte.

Gestapelte runde 1×1-Platten bilden das Viadukt.

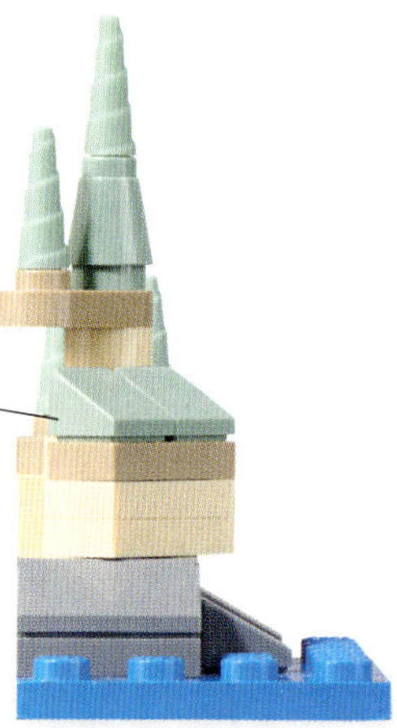

Zwei 1×1-Dachsteine bilden das Dach der Großen Halle.

SEITENANSICHT

SEITENANSICHT

DETAILTREUE

In dieser Größe hat die Große Halle verzierte Säulen. Sie werden seitlich an Platten mit Stangen angebaut und liegen zwischen grauen Platten. Eine der grauen Platten hat eine Klemme, die an einer Stange des Gryffindor-Turms befestigt ist.

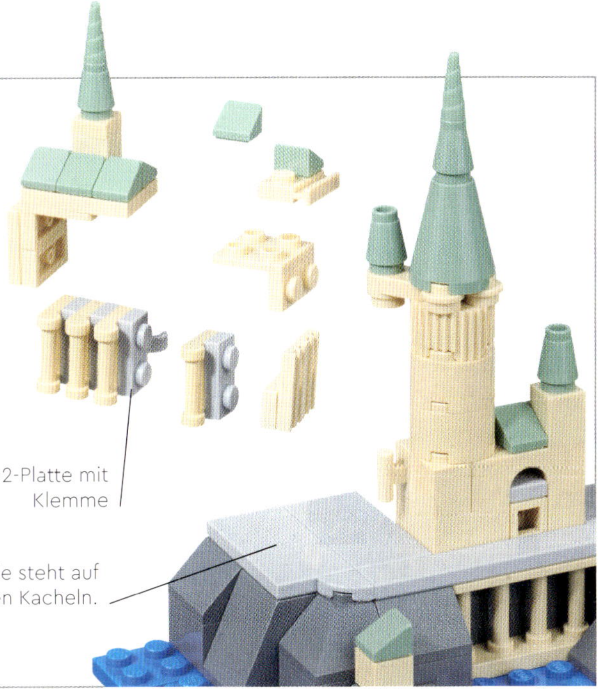

MEHR EINZELHEITEN

Bei einem etwas größeren Mikromodell kannst du mehr Details hinzufügen: Türen, Fenster, Säulen, Gänge, Rasenflächen und weitere Türme. Auch die Felsen und den See kannst du genauer und größer gestalten.

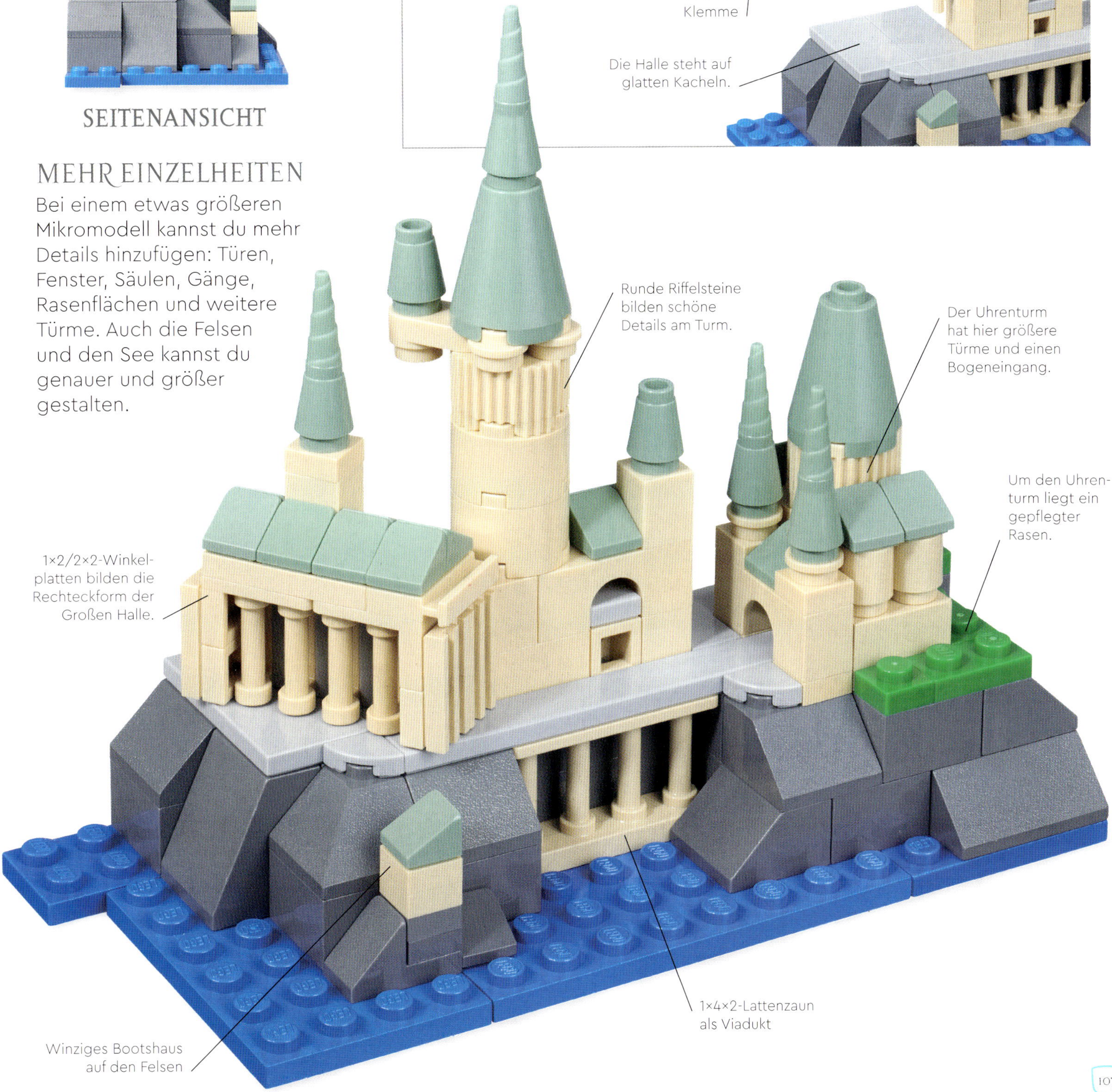

SZENEN IN MIKROGRÖSSE

Modelle im Mikromaßstab müssen schlicht, aber unverkennbar sein. Hier kommen Formen und Farben ins Spiel: Die Ringe im Quidditch-Stadion fallen ins Auge und wer könnte den knallroten Hogwarts-Express für einen normalen Pendlerzug halten? Baue auch andere Szenen, Dinge und Personen aus der Welt von Harry Potter.

HAGRID MIT FREUNDEN

Der große, bärtige Kerl ist natürlich Hagrid, aber wer sind die drei Kinder, die ihn begleiten? Eines hat schwarze Haare, das Zweite braune und eines hat leuchtend rote Haare. Hmmm ...

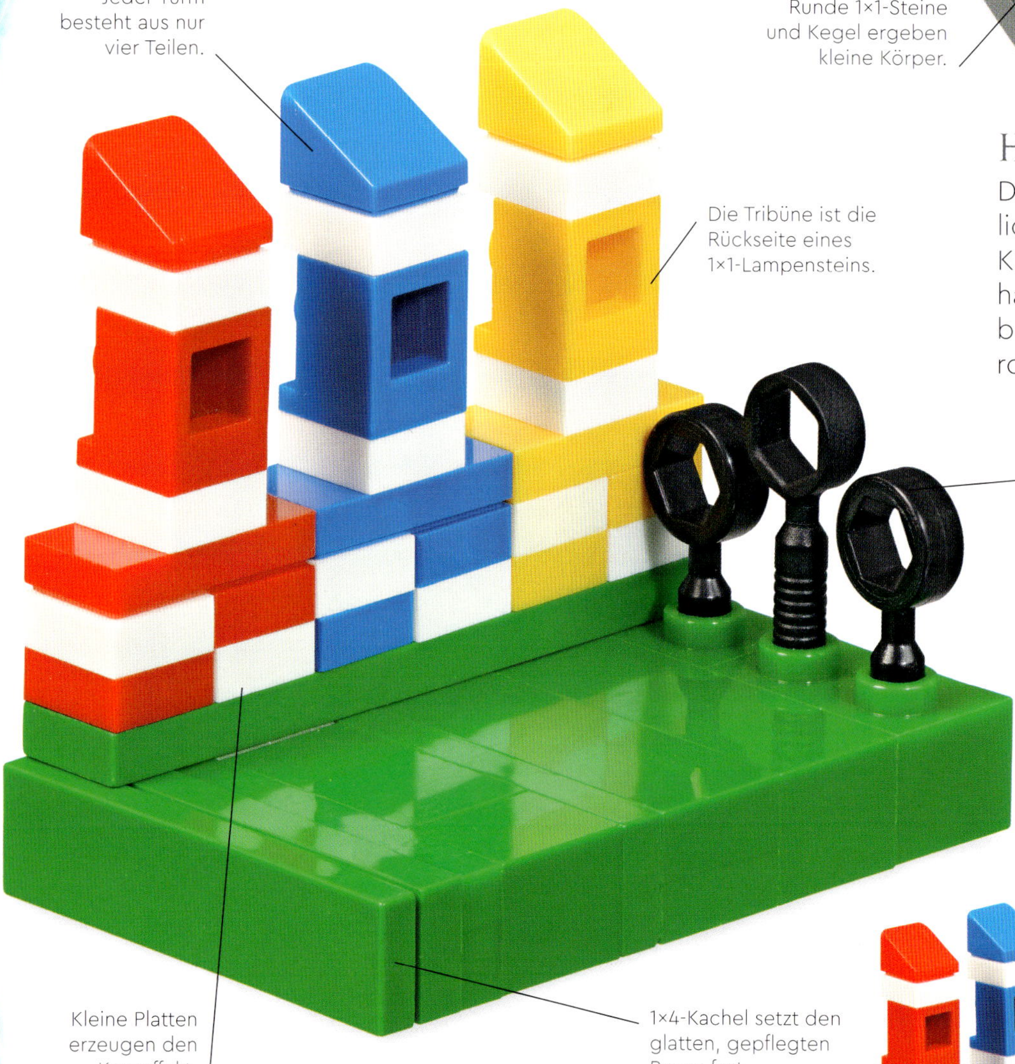

FANTASTISCHES SPIELFELD

Ein glattes, grünes Spielfeld, hohe Tribünen in den Hausfarben von Hogwarts, drei Torringe: Das kann nur das Quidditch-Stadion von Hogwarts sein, das hier in Mikrogröße perfekt präsentiert wird.

GEPFLEGTER RASEN

Das kleine Quidditch-Feld wurde seitwärts gebaut. Baue eine kleine Mauer aus Steinen und Platten und kippe sie. An Steine mit Seitennoppen baust du weitere Teile der Szene an.

ZUG IM BAHNHOF

Hier wartet der Hogwarts-Express neben den unverkennbaren Bogen des Bahnsteigs 9¾ im Bahnhof Kings Cross in London. Ein wenig Hintergrund verleiht deinen Mikromodellen mehr Kontext.

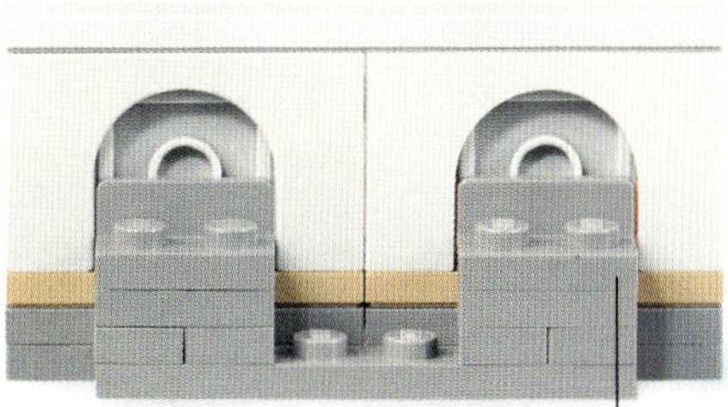

RÜCKANSICHT

BAUTIPP

Mikromodelle bestehen aus wenigen Teilen, sind aber dennoch schwer zu bauen. Merkmale wie diese Bögen in der Wand erfordern großes Geschick. Sieh dir die Bilder genau an!

TÜFTELIGE LOK

Die Lokomotive mit dem Antrieb besteht aus drei umgekippten Lampensteinen. Die Räder werden an die Unterseiten gesteckt und an den einzelnen Noppen an den Seiten werden Platten und Kacheln befestigt.

AM ZELTPLATZ

Zeltest du gern? Dann hilf Harry und seinen Freunden bei der Quidditch-Weltmeisterschaft auf dem Campingplatz beim Aufbauen. Fans kommen in Scharen zu dieser wichtigen Sportveranstaltung. Wenn du also willst, kannst du viele Zelte bauen. Deine Minifiguren dürfen die anderen Campenden nicht stören. Keine Gespräche oder Zaubersprüche im Dunkeln!

BAUTIPP

Die Zeltplanen sind oben nicht verbunden. Klemme-Stange-Verbindungen winkeln die Seitenteile so an, dass sie oben zusammentreffen.

GUTE AUSSTATTUNG

Mit einem Lagerfeuer vor dem Zelt halten sich Zauberer und Hexen warm. Was könnten sie sonst noch brauchen? Verzauberte Heringe und ein magischer Hammer wären nicht schlecht. Und ein kleiner Kessel, den man ins Feuer stellen kann.

Umgekehrte 4×8-Kacheln bilden die Zeltwände.

1×2-Platte mit Stange passt in eine 1×1-Kachel mit Klemme.

Blätter und grüne Platten stellen die ungemähte Wiese dar.

2×8-Platten stützen die Zeltwände.

Zwei 1×3-Dachsteine sehen aus wie eine offene Zelttür.

SEITENANSICHT

ZAUBER-ZELT

Verzauberte Zelte sind innen größer. Harry und Ron können sich ausbreiten und neben dem Holzofen eine leckere Mahlzeit genießen. Es ist sogar Platz für eine Topfpflanze im Zelt. Keine Sorge! Es ist garantiert keine Venemosa Tentacula.

Ein Eiscremeteil bildet den Rauch.

2×2-Fahrersitze auf runden 2×2-Platten ergeben die Stühle.

Stelle leckeren Tee und Kuchen auf den Tisch.

Umgekehrte 2×2-Kuppel als Blumentopf

INNENRAUM

PRASSELNDES FEUER

Der gemütliche Holzofen wird auf einer runden 2×2-Platte aufwärts gebaut. Die große Flamme liegt hinter einem Fensterteil und der Rauch dringt aus einem Kamin, der aus vier winzigen schwarzen Elementen besteht.

1×2×2-Fenster

Halbpin trägt die Flamme.

Feuerfester Boden aus Platten und Kacheln.

Das Lagerfeuer ist einfach ein LEGO Technic Achsverbinder mit Stangen.

SPEZIAL-STEIN

Steine mit Löchern nehmen Pin-, Halbpin- und Stangenteile auf. Diese Elemente helfen dir, seitwärts zu bauen oder auch bewegliche Teile einzubauen.

KAPITEL DREI

DINGE FÜR MUGGEL

Sei nicht traurig, wenn du nicht zaubern kannst. Erschaffe lieber einige wirklich nützliche Dinge aus der Harry-Potter-Themenwelt, die ganz viel Magie in deine Welt bringen. Sie sind stylish, witzig – und für den Muggel-Gebrauch zugelassen!

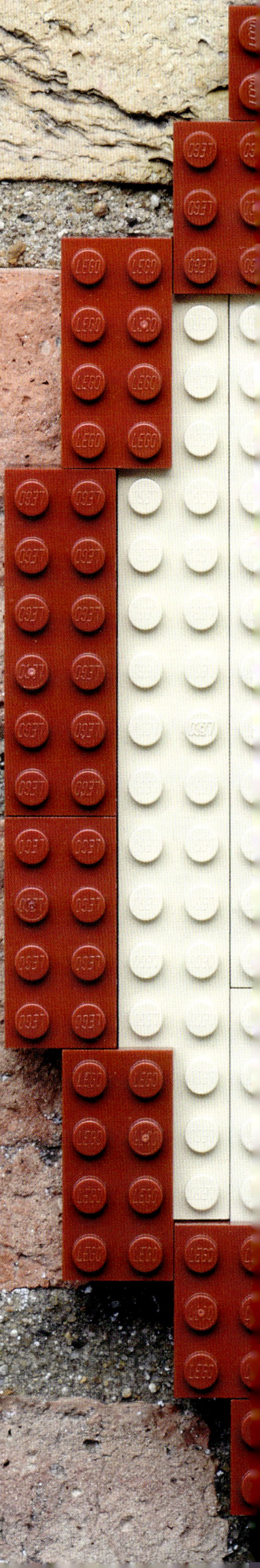

9¾

BAUE DIR EINEN ZAUBERSTAB

Kannst du nicht zu Ollivanders Zauberstabladen kommen? Macht nichts! Baue dir einfach selbst einen LEGO® Zauberstab. Lass dich von den Harry-Potter-Filmen inspirieren oder entwirf selbst einen, der zu dir passt, aber denke daran ... der Zauberstab wählt dich und nicht umgekehrt. Die LEGO Teile, die du hast, sagen dir vielleicht, wie er aussehen soll.

BEKANNTE ZAUBERSTÄBE

Hier siehst du die Zauberstäbe einiger berühmter und berüchtigter Zauberer. Erkennst du Voldemorts blassen, knochenartigen Stab oder Dumbledores Stab mit den vielen Kerben?

AUGE UM AUGE

Lucius Malfoys Zauberstab hat einen silbernen Griff in Form eines Schlangenkopfes mit leuchtend smaragdgrünen Augen. Eine versteckte Stange verbindet den Stab mit dem unheimlichen Griff.

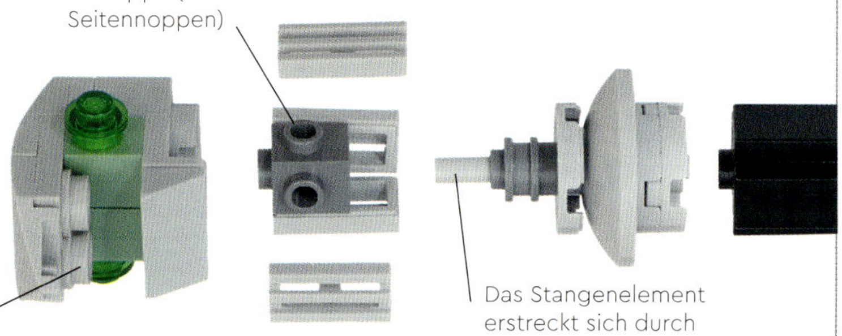

BAUTIPP

Die schwarzen und goldenen runden Platten an Dumbledores Stab stellen rätselhafte Symbole dar. Solche kleinen Details sind oft schon ein Erkennungsmerkmal.

DAS PASSENDE ETUI

Du willst doch nicht, dass Crabbe, Goyle oder Malfoy deinen Zauberstab benutzen (außer du bist Crabbe, Goyle oder Malfoy). Baue eine unauffällige Schachtel, in der du deinen Stab verstauen kannst, wenn du ihn nicht brauchst.

DEIN FREUND, DAS HAUSTIER

In Hogwarts sind Haustiere wirklich treue Freunde und Begleiter mit eigener magischer Weisheit. Neue Schülerinnen und Schüler dürfen Katzen, Kröten oder Eulen mitbringen, aber es gibt dort noch viele andere Tiere. Warum baust du dir nicht eine Magische Menagerie, die den Vergleich mit dem Laden in der Winkelgasse nicht zu scheuen braucht?

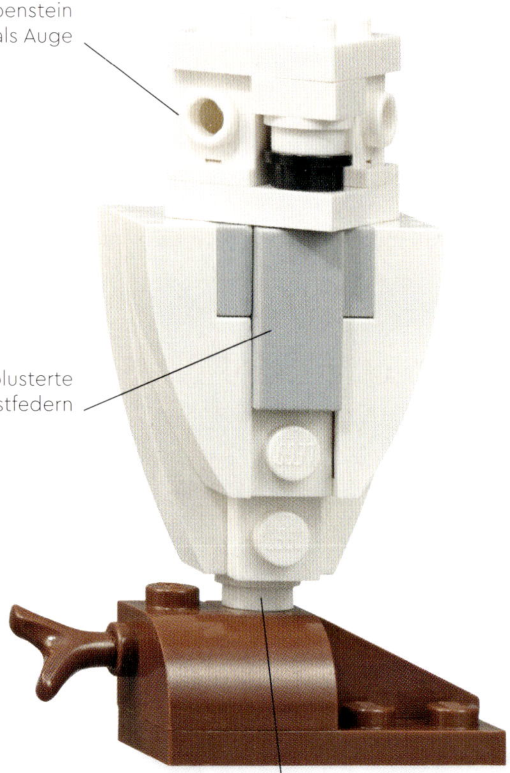

EULENPOST

Eulen wie Harrys Hedwig sind in der Zaubererwelt sehr wichtig. Als Haustiere sind sie treue Begleiter und als Postboten überbringen sie Briefe, Päckchen und auch wütende Sprachnachrichten, die Heuler.

MAGISCHE MÄUSE

In den Ritzen und Spalten der Wände in den Hallen und Klassenzimmern von Hogwarts leben zahlreiche Mäuse. Nur in der Eulerei findet man sie niemals, denn sie wollen nicht als Hedwigs Abendmahlzeit enden!

KLUGE KATZEN

Katzen und Kater wie Hermines Krummbein sind meist freundlich und hilfsbereit. Die einzige unfreundliche Katze ist Mrs. Norris. Sie macht den übellaunigen Hausmeister Argus Filch auf Schüler aufmerksam, die in Hogwarts die Regeln verletzen.

SPEZIAL-STEINE

Der Rattenschwanz besteht aus zwei Elementen, die man sonst an LEGO Dinosauriern findet: die Schwanzspitze und das Mittelteil mit Pin an einem Ende.

INTERESSANTE RATTE

Ron wollte eigentlich ein anderes Haustier, aber er erbte den zerzausten, alten Krätze von seinem älteren Bruder. Von Krätzes großem Geheimnis, das er unter seinem Fell verbirgt, hat Ron keine Ahnung!

WO SIND DIE NOPPEN?

Viele der Tiere auf dieser Seite haben verborgene Seitennoppen im Körper. Kannst du sie erkennen? Die Augen und das Hinterteil der Kröte sind daran befestigt.

GELIEBTE KRÖTE

Kröten sind zwar bei heutigen Schülern nicht mehr sehr beliebt, aber die ruhigen, entspannten Amphibien sind in Hogwarts weiterhin erlaubt. Obwohl sie sich recht langsam bewegen, hat Neville seine Kröte Trevor schon häufig verloren.

FAMILIENUHR DER WEASLEYS

Wo ist Arthur Weasley? Fährt er mit seinem Ford Anglia herum oder ist er in tödlicher Gefahr? Die Zeiger der Familienuhr der Weasleys sind Minifiguren, die in jedem Augenblick zeigen, wo die Familienmitglieder gerade sind. Da es neun Weasleys gibt, kannst du auch eine größere Uhr bauen. Wie wäre es mit meiner Uhr für deine Familie oder Freunde?

SPEZIAL-STEIN

Das goldene, geschwungene Pflanzenelement kann jedes Modell verzieren. Mit der kleinen Stange am Ende passt es seitlich in Klemmen oder gerade in offene Noppen.

WO SIND SIE NUR ALLE?

Die magische Uhr zeigt die Orte oder Tätigkeiten „zu Hause", „unterwegs", „in der Schule", „beim Quidditch", „in der Eulerei" und „in tödlicher Gefahr". Baue jeweils ein Symbol dafür und ordne die Weasleys dann so an, wie es dir gerade passt.

ZIEHENDE ZEIGER

Das Zifferblatt ist so raffiniert gestaltet, dass du die Minifigur-Zeiger einzeln drehen kannst. Beginne mit einer quadratischen 4×4-Drehplatte und setze einen runden 4×4-Stein darauf. Füge die Plattenschichten für einen Zeiger hinzu und setze erst dann die nächste Drehplatte darauf.

EINE UHR FÜR DICH

Versuche doch, eine Uhr mit den Orten zu bauen, an denen deine Familienmitglieder oft sind. Wenn du ein Muggel bist, sind die Orte zwar vielleicht nicht so magisch, aber trotzdem interessant. Wie wäre es mit Hobbys oder deinem Lieblingsrestaurant?

Ein Minifigur-Totenkopf bedeutet große Gefahr!

1×1-Lampenstein als Sitzplatz der Eule

Goldene Stangen trennen die einzelnen Orte.

Quidditch-Besen

MUSIK MACHEN

Mit Pizza bedruckte, runde 2×2-Kachel

ESSEN GEHEN

1×1-Kachel mit Klemme hält den Pinsel.

KUNSTUNTERRICHT

Baue seitwärts ebenso wie aufwärts.

IM GARTEN

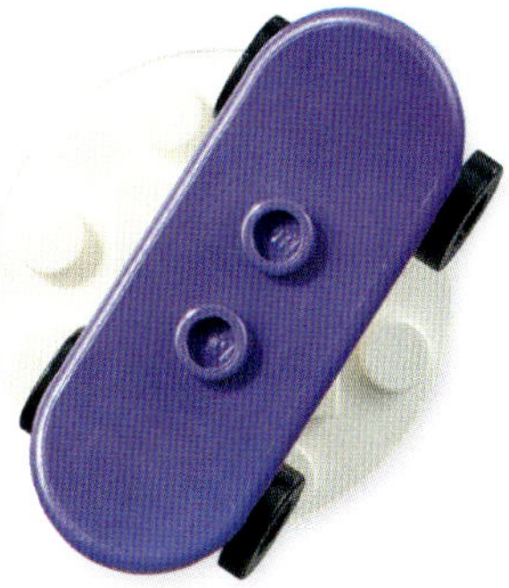

SKATEBOARD FAHREN

STAMMBAUM

Ehre alle Generationen mit einem LEGO Familienstammbaum. Hier zeigen wir zwei für Zaubererfamilien, aber vergiss deine Muggel-Verwandtschaft nicht. Auch wenn dein Opa kein Zauberer ist und deine Tante kein Animagus – sie werden stolz sein, wenn du sie als Minifiguren in deinen Stammbaum aufnimmst.

BAUTIPP

Damit dein Stammbaum möglichst stabil wird, baue in regelmäßigen Abständen runde Platten in den Stamm ein. Sie verhindern, dass die Teile dazwischen einstürzen.

HARRYS WURZELN

Der Stammbaum der Potters zeigt Harry als Erwachsenen. Er steht mit seiner Frau Ginny auf dem mittleren Ast. Seine Eltern stehen über ihnen und die Kinder James, Albus und Lily stehen unter ihnen.

DIE BAUMKRONE

Jeder Generationenast des Baums wird von einer neuen Steinschicht im Stamm gestützt. Der oberste Ast hat Holzblocksteine und einen runden 2×2-Stein unter dem Sockel für die Minifiguren.

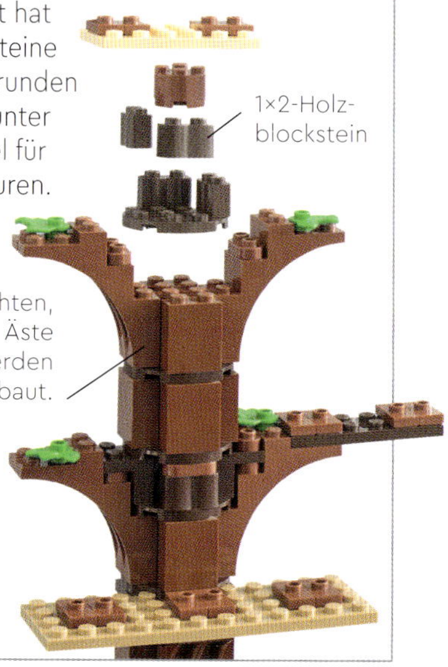

DEIN STAMMBAUM

Gehörst du zu einer großen Familie? Die Weasleys schon! Für ihren Stammbaum brauchst du viel Platz auf den Ästen. Baue Sockel aus Steckerplatten für jedes Familienmitglied, damit du auf keinen Fall jemanden vergisst.

SEITENANSICHT

ZAUBERSTAB-GESTELL

Zauberstäbe gehen leicht verloren – nicht, weil sie verzaubert wären, sondern weil sie so schmal sind und daher oft irgendwohin rollen, wo du sie nicht wiederfindest. Mit diesem LEGO Gestell wird das allerdings nicht mehr vorkommen.

SPEZIAL-STEIN

Die A-förmige Keilplatte ist in diesem Modell sehr wichtig. Vier pro Seite schaffen Platz für die Fächer und befestigen zudem die Seitenplatten.

RÜCKANSICHT

AUFGEFÄCHERT

Das Gestell hat eine elegante Fächerform, ähnlich dem Wizarding-World-Logo. Wie viele Zauberstäbe sollen hineinpassen? Du könntest die Fächer in unterschiedlichen Farben bauen: für Zauberstäbe aus den Häusern Gryffindor, Slytherin, Ravenclaw und Hufflepuff.

DIE UNSICHTBAREN BLÖCKE

Die Keilplatten in den klassischen Hogwarts-Farben verbergen fünf Blöcke, die aus Steinen, Platten und Kacheln gebaut sind. Diese Blöcke trennen die vier Fächer für die Zauberstäbe.

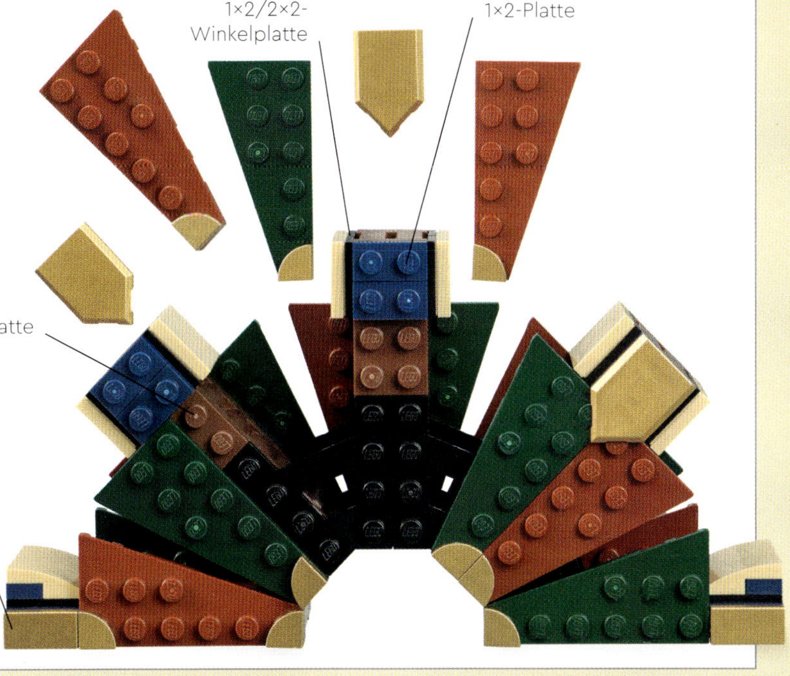

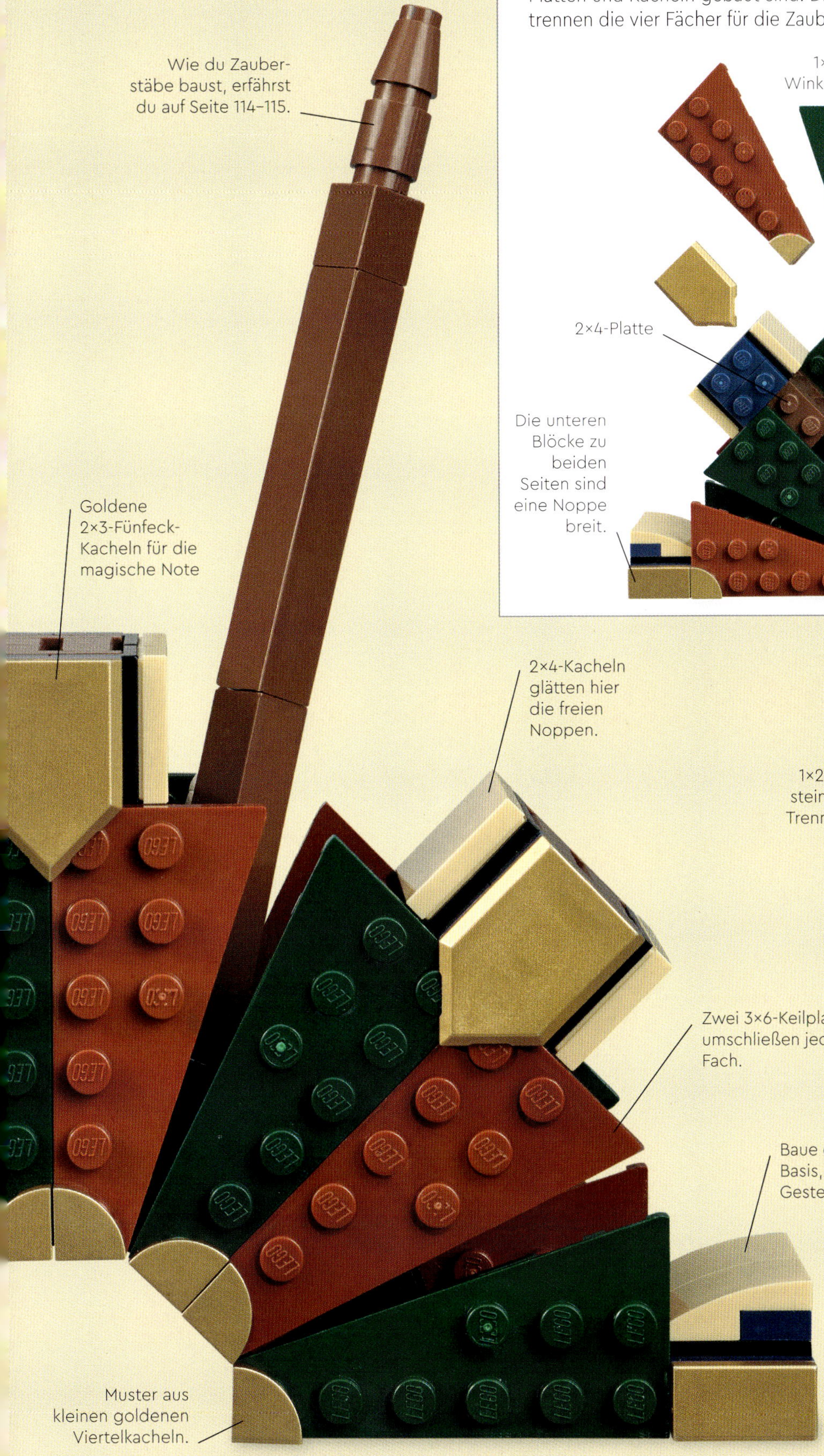

SEITENANSICHT

WEIHNACHTS-BAUMSCHMUCK

Schmücke den Christbaum mit Anhängern im Stil von Hogwarts. Neben den hier gezeigten kannst du dir eigene ausdenken: einen weihnachtlichen Sprechenden Hut, die Acromantula Aragog oder den Einladungsbrief aus Hogwarts. Sind deine Freunde Fans von Gryffindor, Slytherin, Ravenclaw oder Hufflepuff und würden sich über Geschenke in ihren Hausfarben freuen?

SPEZIAL-STEIN

Diese besondere 2×2-Kachel hat oben ein Loch. Wenn du eine hast, kannst du sie oben in der Mitte deines Deko-Artikels befestigen, damit er am Baum gerade hängt.

FELIX FELICIS

Was hier wie ein Eiszapfen aussieht, ist in Wirklichkeit ein Flakon mit Felix Felicis – dem mächtigen Glückstrank. Mach dir bloß keine Sorgen, wenn er vom Baum fällt! Dein Glück verlässt dich nicht.

FLIEGENDES AUTO

Wer braucht den Schlitten des Weihnachtsmanns, wenn es einen fliegenden Ford Anglia gibt? Mr. Weasleys Auto sieht am Weihnachtsbaum besser aus als auf der Peitschenden Weide.

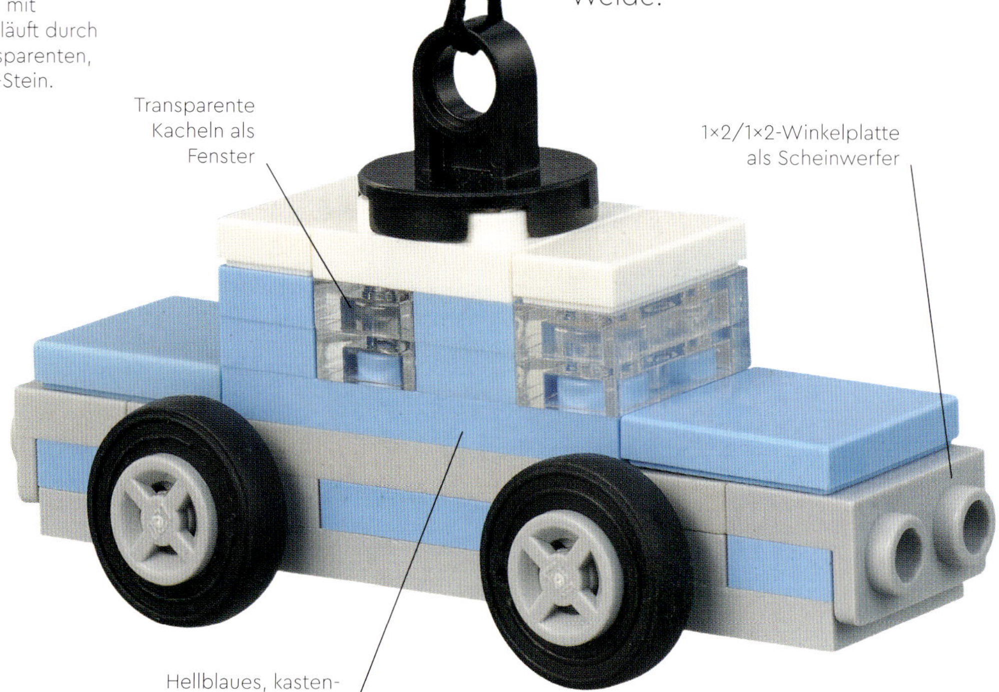

NÄCHSTER HALT, WEIHNACHTEN!

Alle einsteigen, wir fahren auf den Weihnachtsbaum! Rot ist eine weihnachtliche Farbe – und zufällig ist der Hogwarts-Express rot. Der Mini-Zug vereint den Zauber von Hogwarts mit dem von Weihnachten.

VERBORGENES LOCH

Der Zug hängt an einer Schnur, die durch das Loch an einer roten gebogenen 2×3-Platte gezogen wird. Die Platte wird in der Mitte der Lokomotive seitlich eingebaut und passt perfekt ins Zugmodell.

SEIDENSCHNABEL

Halb Adler, halb Pferd ... das ist der Hippogreif Seidenschnabel. Wenn er dekorativ an deinem Baum hängt, sieht es aus, als würde er fliegen.

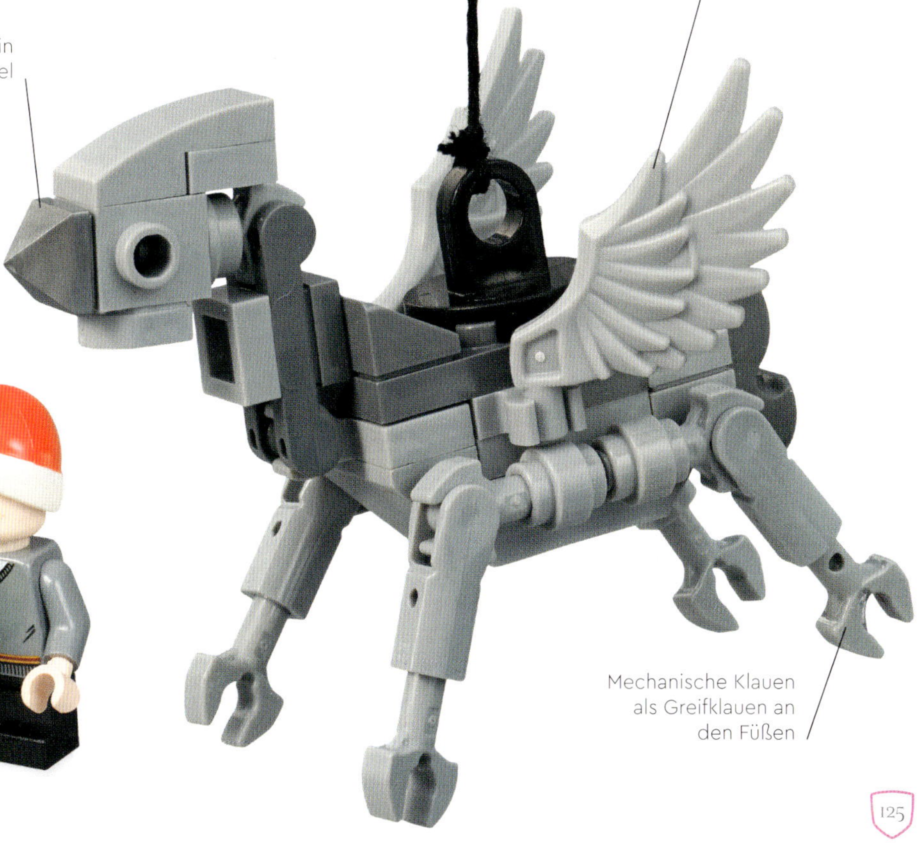

HOGWARTS-BUCHSTÜTZEN

Mit Buchstützen stehen alle deine Bücher ganz ohne Zauberei ordentlich im Regal. Hier sind es zwei Hälften von Schloss Hogwarts mit einem Dementor auf der einen und einem Quidditch-Stadion auf der anderen Seite. Aber baue ruhig auch andere Stützen wie zwei Läden aus der Winkelgasse oder Lokomotive und Waggons des Hogwarts-Express.

BAUTIPP

Buchstützen sollten niedrig und breit sein, damit sie auch bei dicken Büchern nicht umkippen. Der Rücken sollte flach sein, damit du die Bücher leicht herausziehen kannst.

ERWEITERBAR

Die erweiterbare Basis passt in eine zwei Platten breite Lücke am Boden der beiden Buchstützen. Sie besteht aus einer Schicht Platten und einer Schicht Kacheln und hat an jedem Ende eine 2×2-Platte, auf der die Buchstützen befestigt werden können.

Die Lücke ist so breit und hoch wie die Basis.

2×2-Platte

Drei unterschiedlich große Kegel bilden den höchsten Turm.

Ein Mikro-Dementor umkreist die Schule.

Dachsteine und kleine runde Kacheln bilden zerklüftete Felsen.

LANG UND LÄNGER …

LEGO Buchstützen sind leicht. Stecke sie auf die Basis, damit sie nicht wegrutschen. Wenn du mehr Bücher bekommst, kannst du die Basis leicht verlängern. Wer weiß: Vielleicht schenkt der Zauberer Gilderoy Lockhart auch deinen Minifiguren seine berühmte Autobiografie *Zaubrisches Ich*?

IM BÜCHERREGAL

Minifigur-Flossen als Dementor-Schwingen

Hoher Bogen ist das Wahrzeichen des Uhrenturms.

Offene Noppen als winzige Fenster

UHRENTURM-ANSICHT

Baue viele Türme, denn sie sind typisch für das Zauberschloss Hogwarts.

STADION-ANSICHT

Grüne Platten als ordentlich gemähter Rasen

Die Dachsteine sollten gleichfarbig sein, damit es passend aussieht.

Struktursteine machen das Modell realistischer.

Die Quidditch-Türme bestehen aus Stapeln von 1×1-Platten mit einer Kachel am oberen Ende.

REGAL-DEKO

Wie wäre es mit etwas Deko im Hogwarts-Stil für dein Bücherregal? Das Modell hier zeigt Harry im Schlafsaal und Professor McGonagall in der Großen Halle darunter. Vielleicht prüft sie vor dem Schlafengehen, ob sich dort ein Irrwicht versteckt! Was soll bei dir zu sehen sein? Wie wäre es mit Hermine in der Eulerei und einem Troll, der unter ihr in den Kerkern wütet?

BAUTIPP

Willst du die Zimmer immer wieder verändern, wähle eine modulare Bauweise, damit du alles leicht neu kombinieren kannst. Du kannst auch mehr Etagen bauen!

KLEINE WELT

Ein solches Deko-Teil ist eher schmal, aber es kann voller kleiner Details stecken, die eine tolle Atmosphäre schaffen. Hier siehst du warme, helle Kerzen, Holzboden und kleine Möbelstücke.

Mit Hogwarts-Wappen bedruckte Kachel an Seitennoppe

BETTEN MACHEN

Harrys Schlafsaal-Bett hat eine 2×4-Platte als Holzrahmen. Runde 1×1-Platten sind die Füße. Die Karodecke besteht aus einer 2×4-Platte mit 1×1-Kacheln darauf. Eine weitere Kachel dient als Kissen.

HARRYS SCHLAFSAAL

SEITENANSICHT

GROSSE HALLE

SCHAUKASTEN FÜR MINIFIGUREN

Dieser Hogwarts-Schaukasten bietet Platz für 14 Minifiguren, die du darin ausstellen kannst. (Nein, tut uns leid, Voldemort ... du nicht!) Der Dunkle Lord und seine Todesser könnten einen eigenen Schaukasten bekommen – vielleicht an der Rückseite von diesem hier! Fallen dir noch andere Gebäude oder Orte ein, in denen Minifiguren gut zur Geltung kämen?

SEITENANSICHT

Wenn du keine Bogenfenster hast, verwende einfach eckige Fenster.

RÜCKANSICHT

STOLZER ANBLICK

Baue kleine Nischen mit Sockeln, auf denen die Minifiguren stehen können. Wenn du viele Minifiguren zeigen willst, baue den Kasten breiter oder höher. Weil große Minifiguren wie Hagrid mehr Platz brauchen, sollte mindestens eine Ebene höher sein.

2×4×3-Halbkegel bilden die unteren Teile der Turmspitzen.

Diese Ebene ist höher als die anderen.

Jede Minifigur steht auf zwei 1×2-Steckerplatten.

GENEIGTES DACH

Das lange, aus Platten und Kacheln gebaute Schlossdach ist an drei paarweise angebrachten Scharniersteinen und -platten befestigt. Daher kann man es beim Einbau schräg stellen.

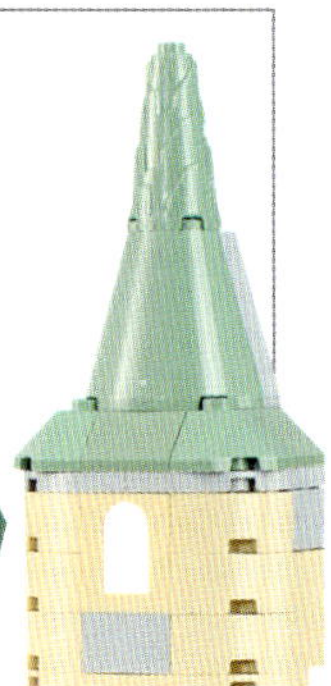

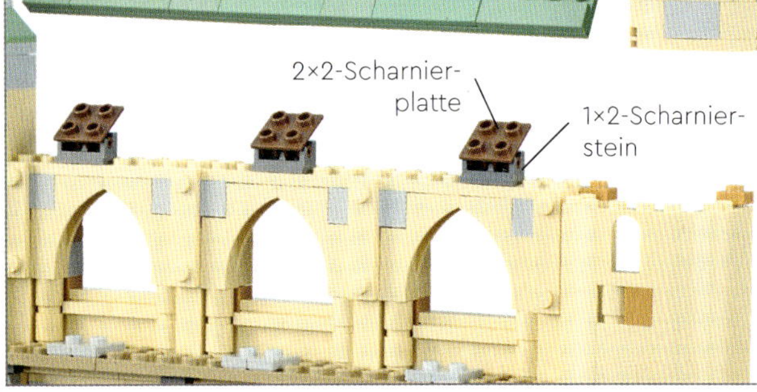

2×2-Scharnierplatte

1×2-Scharnierstein

SPEZIAL-STEIN

Mit vielen Makkaronisteinen, die du stapeln kannst, sind runde Türme leicht zu bauen. Ihr Name kommt von ihrer Ähnlichkeit mit den beliebten italienischen Nudeln.

Raue 2×2×3-Kegel sehen aus wie wettergegerbte Turmdächer.

Verbinde zwei 1×3×3-Bogen zu einer spitzen Nische.

2×2-Makkaronisteine runden den oberen Teil des Turms ab.

Dieser glatte Teil der Turmwand ist ein 2×2×5-Viertelzylinder.

Eine Mischung aus Grau, Beige und Nougat schafft den Eindruck von altem Mauerwerk.

Befestige auch Blätter und Ranken an den uralten Wänden.

ORDNUNGSHÜTER

Anders als in den Harry-Potter-Filmen kannst du im echten Leben nicht einfach mit einem Wink des Zauberstabs aufräumen. Allerdings kannst du diese Hogwarts-Ordnungshüter bauen und alle deine winzigen Kleinteile darin aufbewahren. Fallen dir noch weitere Formen ein? Wie wäre es mit einer Schlange oder einer kesselförmigen Schale?

BAUTIPP

Für ein abnehmbares Dach wie dieses musst du den oberen Rand des Fachs, auf dem es sitzt, mit glatten Kacheln bestücken. Lass aber ein paar Noppen frei, damit du das Dach lose schließen kannst.

SCHREIBTISCHSTÄNDER

Füller, Bleistifte, Radiergummi und Klebezettel – alles passt in diesen Schreibtischständer. Für wertvolle Dinge könntest du sogar noch ein Geheimfach einbauen.

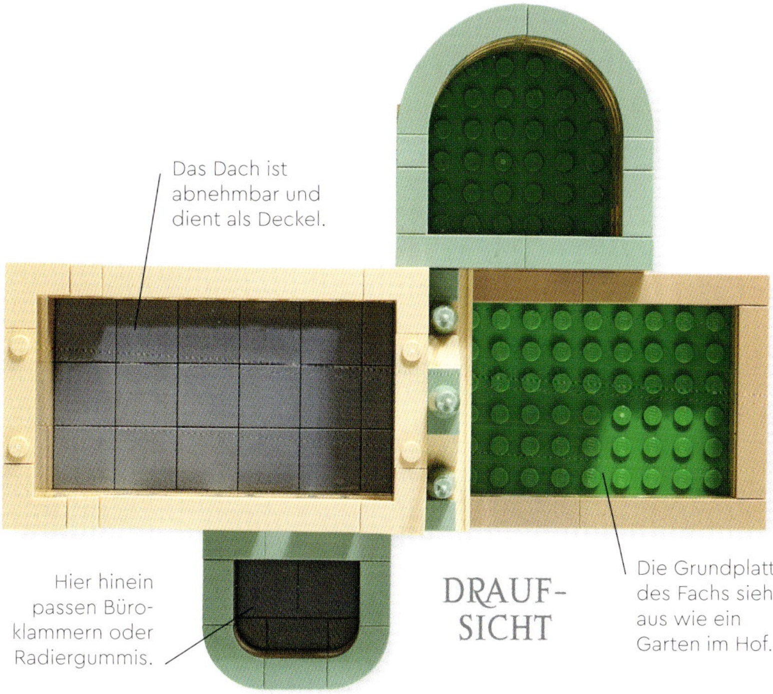

Das Dach ist abnehmbar und dient als Deckel.

Hier hinein passen Büroklammern oder Radiergummis.

DRAUFSICHT

Die Grundplatte des Fachs sieht aus wie ein Garten im Hof.

KRÖNUNG DER PERFEKTION

Das Dach hat eine verdeckte Basis aus Reihen von 1×8-Steinen. Sie bieten nicht nur eine stabile Grundlage für die Dachsteine. Wenn du die Ecken freilässt, kannst du kleine Türmchen auf sie setzen. Sie sind typisch für den Architekturstil der Gotik.

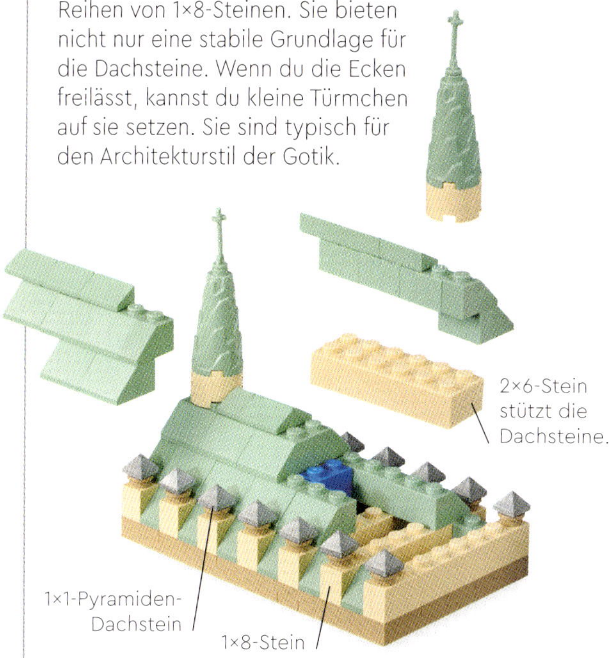

2×6-Stein stützt die Dachsteine.

1×1-Pyramiden-Dachstein

1×8-Stein

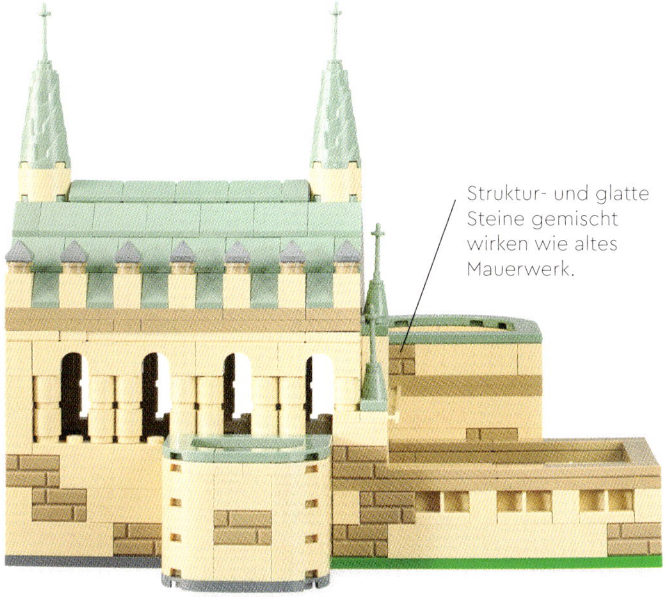

Struktur- und glatte Steine gemischt wirken wie altes Mauerwerk.

SEITENANSICHT

Runde 2×2-Steckerplatte als Iris.

SEITENANSICHT

Baue glatte Wände aus Steinen.

SAMMELSURIUM

Die Eule mit den großen Augen dient als Schale für Schmuck, Kleinigkeiten, Spielzeug oder auch Kopfhörer. Du könntest sie als Hedwig oder Errol gestalten. Und wenn Eulen deine Fantasie nicht anregen, wie wäre es mit Katze, Ratte oder Breitmaulfrosch?

1×6-Kacheln bilden den glatten Rand.

Umgekehrte 1×2-Bogen als Ohrpinsel.

Schwarzer Hakenschnabel aus zwei Dachsteinen

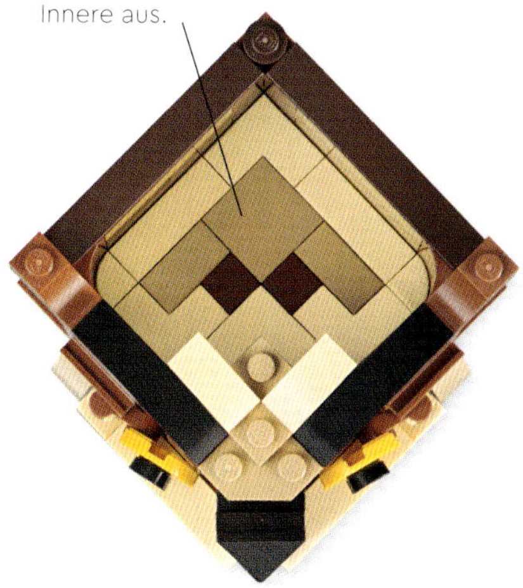

Kleine Kacheln kleiden das Innere aus.

DRAUFSICHT

ZEITUNG DER ZAUBERWELT

Der Tagesprophet wird nicht an normalen Kiosken verkauft, aber mach dir nichts daraus: Bei dieser LEGO Version der Zauberzeitung kannst du selbst die magische Schlagzeile bestimmen und eigene bewegliche Fotos einbauen. Was gibt es diese Woche Neues?

SPEZIAL-STEINE

Die Schlagzeilen kannst du aus den runden 1×1-Kacheln der LEGO® Dots Sets zusammenstellen, die mit Buchstaben bedruckt sind. Es gibt das ganze Alphabet.

RÜCKANSICHT

DIE NEUSTEN NEUIGKEITEN!

Deine Titelseite sollte die aufsehenerregendste Nachricht der Woche präsentieren. Hier geht es um ein fliegendes Auto, das in der Muggelwelt Bestürzung und Bewunderung hervorrief. Klatsch und Skandalgeschichten gehören auf die hinteren Seiten.

FORD ANGLIA IN DER LUFT

Das Bild mit dem fliegenden Auto wird auf einer separaten Platte gebaut, die du dann auf Steine im Zeitungstext steckst. Lass auf einer Seite eine Lücke für die transparente Stange, auf der das Auto sitzt. Damit kannst du das Auto durchs Bild fliegen lassen!

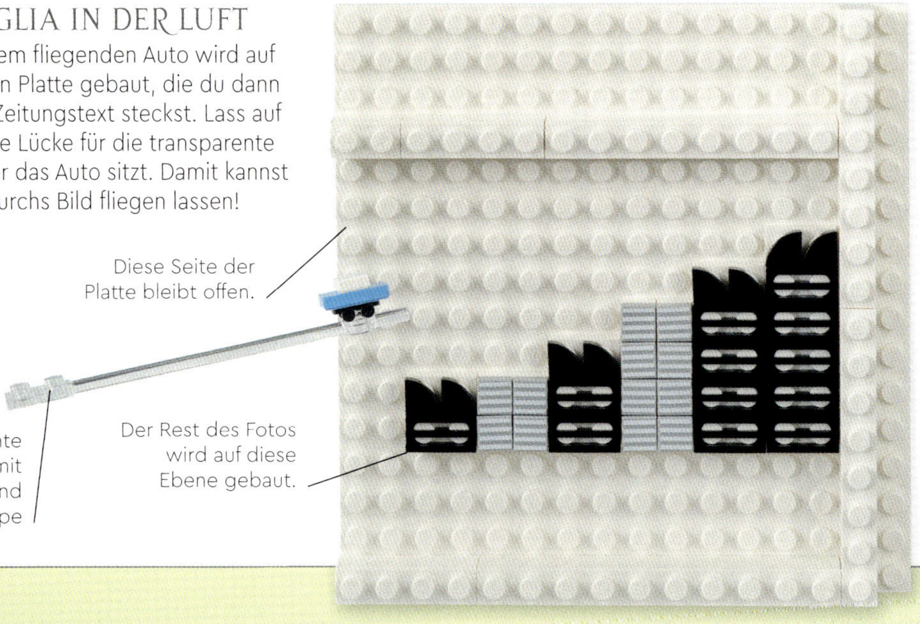

SEITEN-ANSICHT

Oft wird der erste Buchstabe größer gedruckt.

Einfache runde 1×1-Kacheln oder freie Noppen als Leerstellen.

Zeitungsname wird von einem Muster umringt.

Schmale Kacheln stellen kleingedruckten Text dar.

In Zauberzeitungen müssen Schlagzeilen nicht immer gerade verlaufen.

1×2-Gitterkacheln und gestreifte 1×1-Kacheln als Wolkenkratzer im Foto.

BAUE DEIN WAPPEN

Lass dich vom Hogwarts-Wappen inspirieren und gestalte mit bunten LEGO Steinen auch Wappen für andere Schulen. Wie wäre es mit einer Schule für LEGO Baumeister, einer Sport- oder Kunstschule, einer Schule für Zauberer, die nicht nach Hogwarts gehen, oder auch mit deiner Schule?

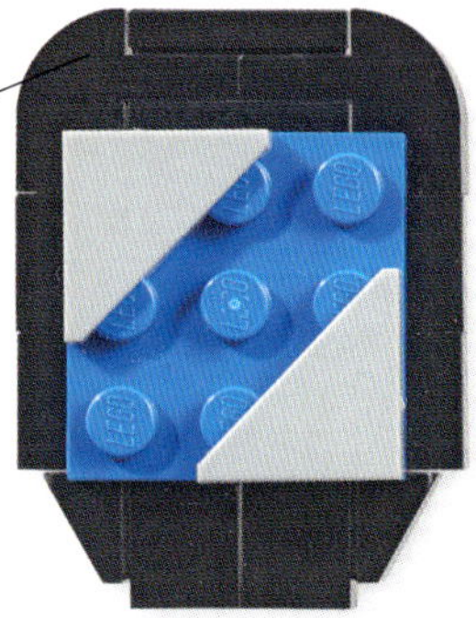

Gebogene 1×2×1⅓-Dachsteine als abgerundete Ecken

Weiße Platten bilden einen guten Kontrast zu den schwarzen Kacheln.

Seite eines 1×2×3-Dachsteins

Umgekehrte 1×2-Dachsteine formen den Hintergrund.

HOGWARTS-WAPPEN

Wie viele verschiedene Formen für Wappen fallen dir ein?

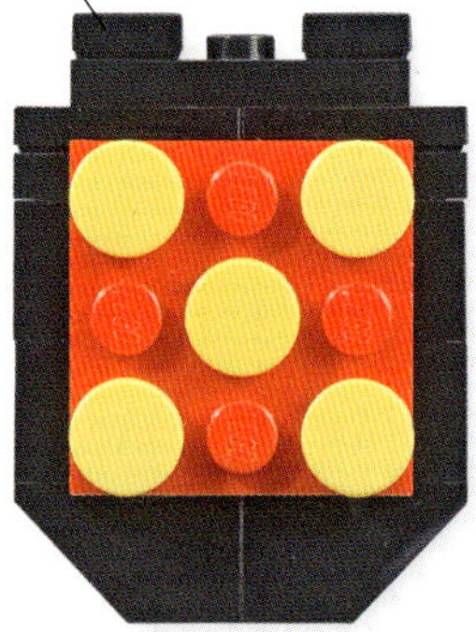

HAUSFARBEN

Dieses Hogwarts-Wappen mit den leuchtenden, kontraststarken Hausfarben auf einem Hintergrund aus Dachsteinen kann dir als Vorlage dienen. In der Mitte siehst du ein „H“ für Hogwarts.

WAPPEN

Dies wäre ein gutes Wappen für einen Schachclub.

Diese Form besteht hauptsächlich aus 1×1-Viertelkacheln.

1×2-Stein mit zwei Seitennoppen

GUT HAUSHALTEN

Jede Hausfarbe im Hogwarts-Wappen wird durch eine oder zwei Platten dargestellt. Sie sind an Steinen mit Seitennoppen befestigt, die in die gebogene Hintergrundform eingebaut sind.

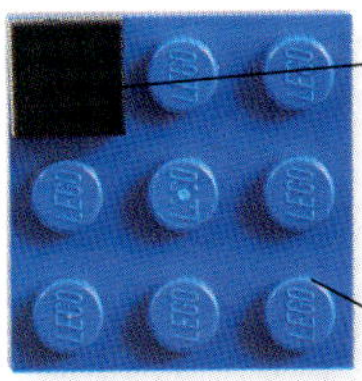

Die 1×1-Kachel ist ein Teil des „H“ für Hogwarts.

3×3-Platte

Großbuchstabe aus Kacheln

Herzkacheln machen einen freundlichen Eindruck.

WAPPEN UND BANNER

Zusätzlich zu den Schulwappen kannst du Familienwappen für dich oder deine Freunde bauen. Auch einige Banner oder Flaggen könntest du stolz zu Hause aufhängen.

Abwechselnde Farben ergeben einen Schachbrett-Effekt.

2×2-Eckkacheln mit Ausschnitt ergeben eine eckige Form.

Die Banner werden auf eine Plattenschicht gebaut.

BANNER

Diese Banner hängen an 1×1-Platten mit Klemmen.

Spiele mit allen Formen und Farben.

Kleine Kacheln bilden eine Schleife, die wie eine Schlange aussieht.

STRICKPULLIS

Jedes Jahr strickt Mrs. Weasley viele Wollpullis als Weihnachtsgeschenke. Sie eignen sich für Hexen und Zauberer ebenso wie für Muggel ... Selbst Harrys Cousin Dudley mag sie. Für diese Pullis brauchst du nicht einmal Stricknadeln – nur LEGO Teile. Vorne kannst du den Anfangsbuchstaben des Namens, die Glückszahl oder auch ein Porträt einarbeiten.

BAUTIPP

Wenn du mehrere Pullis baust, füge am Kragen gebogene Haken aus braunen, schwarzen oder grauen Steinen hinzu. Dann lassen sie sich gut aufbewahren!

2×2-Makkaronikacheln bilden das geschwungene „S".

PASST PERFEKT

Wähle zwei Kontrastfarben, die der Beschenkte mag (kein Braun für Ron, danke sehr!), für Pulli und Buchstaben. Du kannst die Bündchen gestreift machen und auch den Pulli mit Karo- oder Pünktchenmuster gestalten. Die Pullis haben Gelenke an den Ellbogen und Schultern, sodass du sie ausstellen kannst.

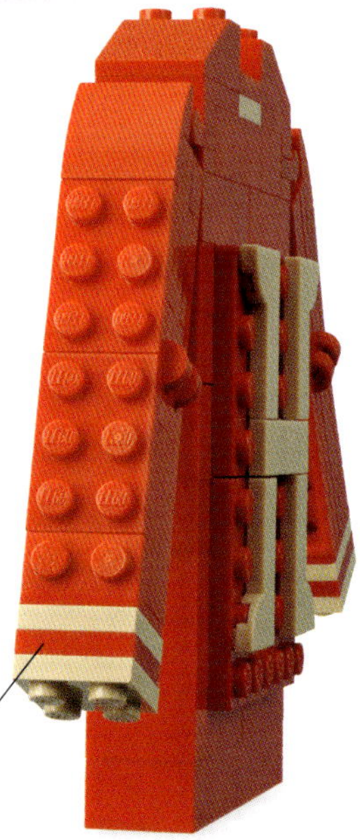

Gestreifter Bund aus 2×2-Platten

SEITENANSICHT

Ellbogengelenke aus Scharnierplatten

1×1-Viertelkacheln als Schnörkel am Buchstaben

DIE RICHTIGE MASCHE

Die Initiale auf den Pullis besteht aus lauter kleinen Kacheln in verschiedenen Formen und Größen. Sie stecken auf einer 6×8-Platte, die seitlich an verborgenen Steinen mit Seitennoppen befestigt wird.

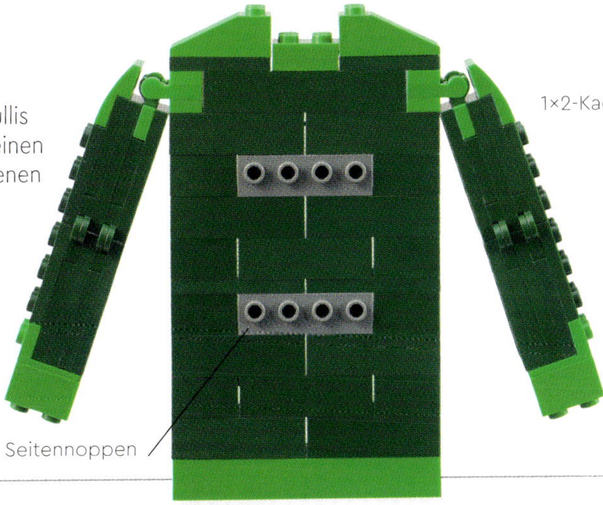

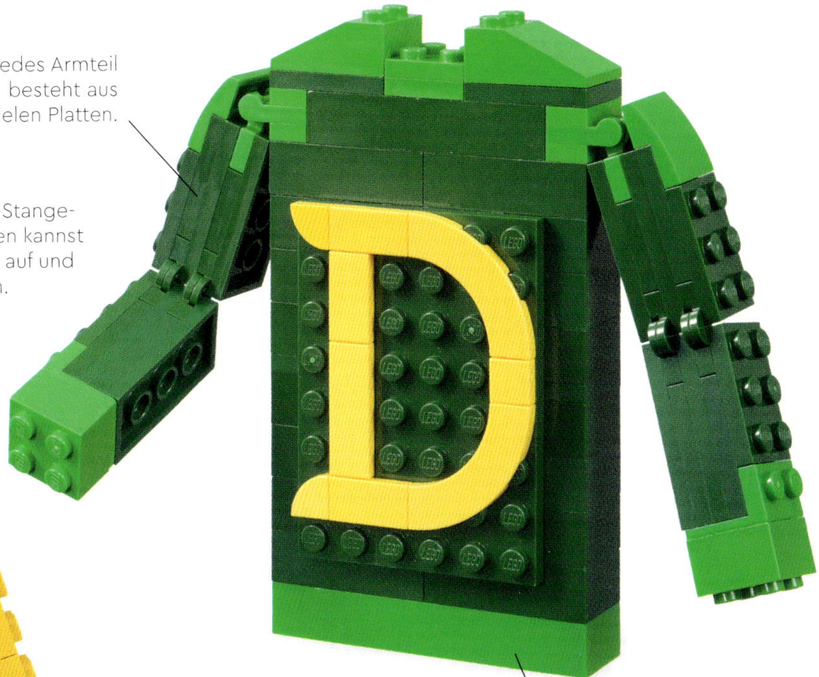

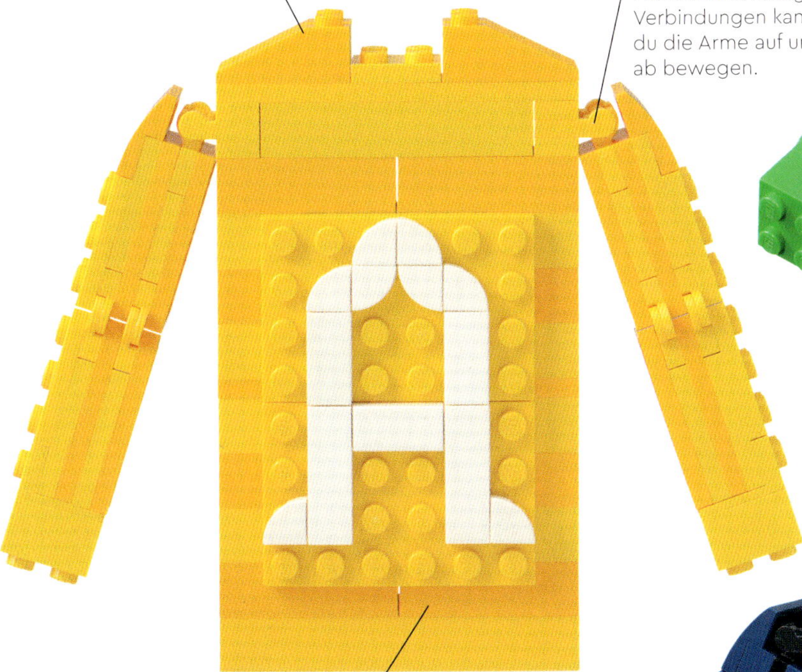

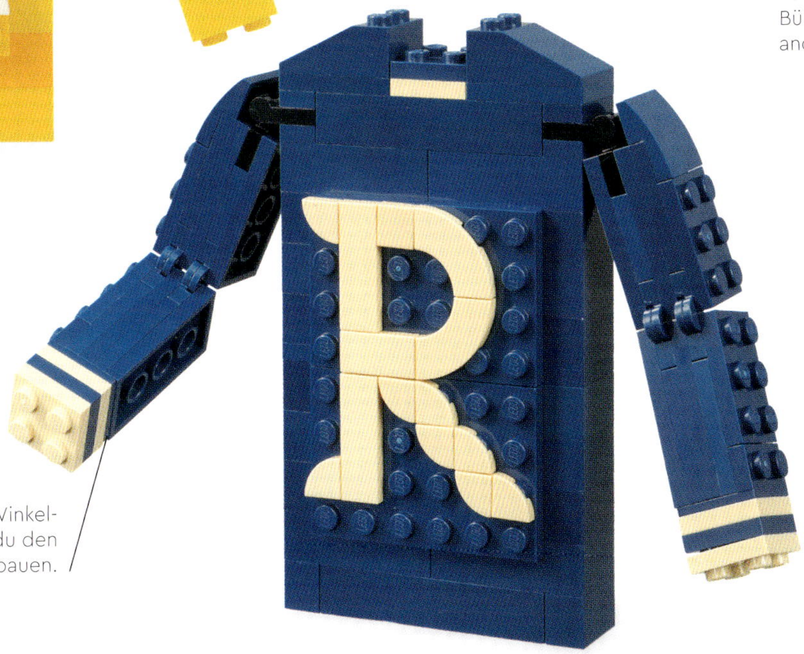

BESCHILDERUNG

Du brauchst nicht eigens zum Bahnhof Kings Cross in London zu fahren. Wenn du diese Schilder baust, kommt die Magie des Hogwarts-Expresses direkt zu dir nach Hause. Die Schilder kannst du gut ins Regal stellen oder an eine Wand oder Tür hängen. Sieht toll aus!

BAUTIPP

Versieh die Schilder, so wie hier, mit kleinen Ständern am Rücken, damit sie frei stehen können. An Platten mit Löchern kannst du sie auch aufhängen.

SCHICHT FÜR SCHICHT

Jeder Buchstabe im Schild „Hogwarts Express" wird seitwärts gebaut – wie dieses „H". Beigefarbene Platten und Steine bilden die Buchstaben, dunkelrote Platten und Steine füllen die Zwischenräume aus.

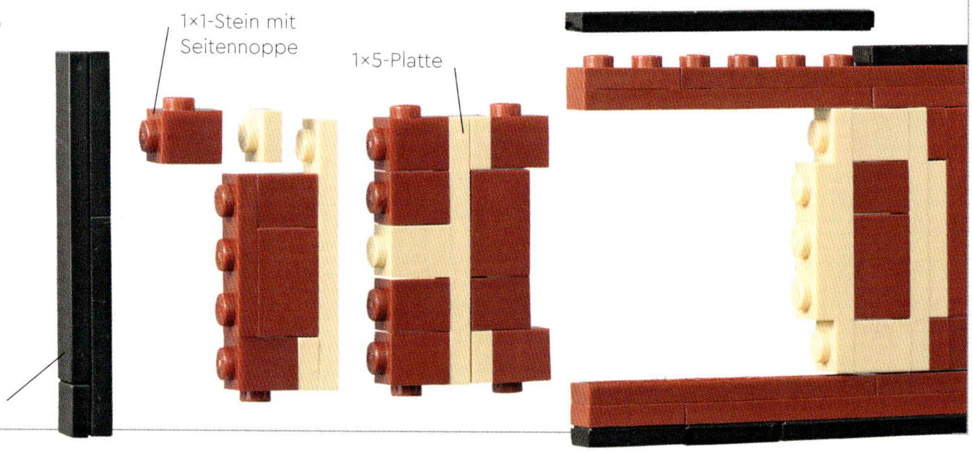

DIE BUCHSTABEN

Entwirf eine gut lesbare Schrift für dein Schild. Es kann neben dem Zug stehen oder über dem Bahnsteig hängen. (Wir wollen doch nicht, dass die Leute aus Versehen um 8.25 Uhr nach Hamburg fahren!) Dachsteine an der Rückseite halten es aufrecht.

RÜCKANSICHT

Versuche, die Schriftart des Original-Schildes zu treffen, oder gestalte eine schöne Schrift.

MAGISCHER BAHNSTEIG

Die Hogwarts-Schülerinnen und -Schüler laufen durch eine Ziegelmauer auf den Bahnsteig 9¾. Bitte versuche nicht, wie sie durch das LEGO Bahnsteigschild zu laufen, sonst musst du es wieder ganz neu aufbauen.

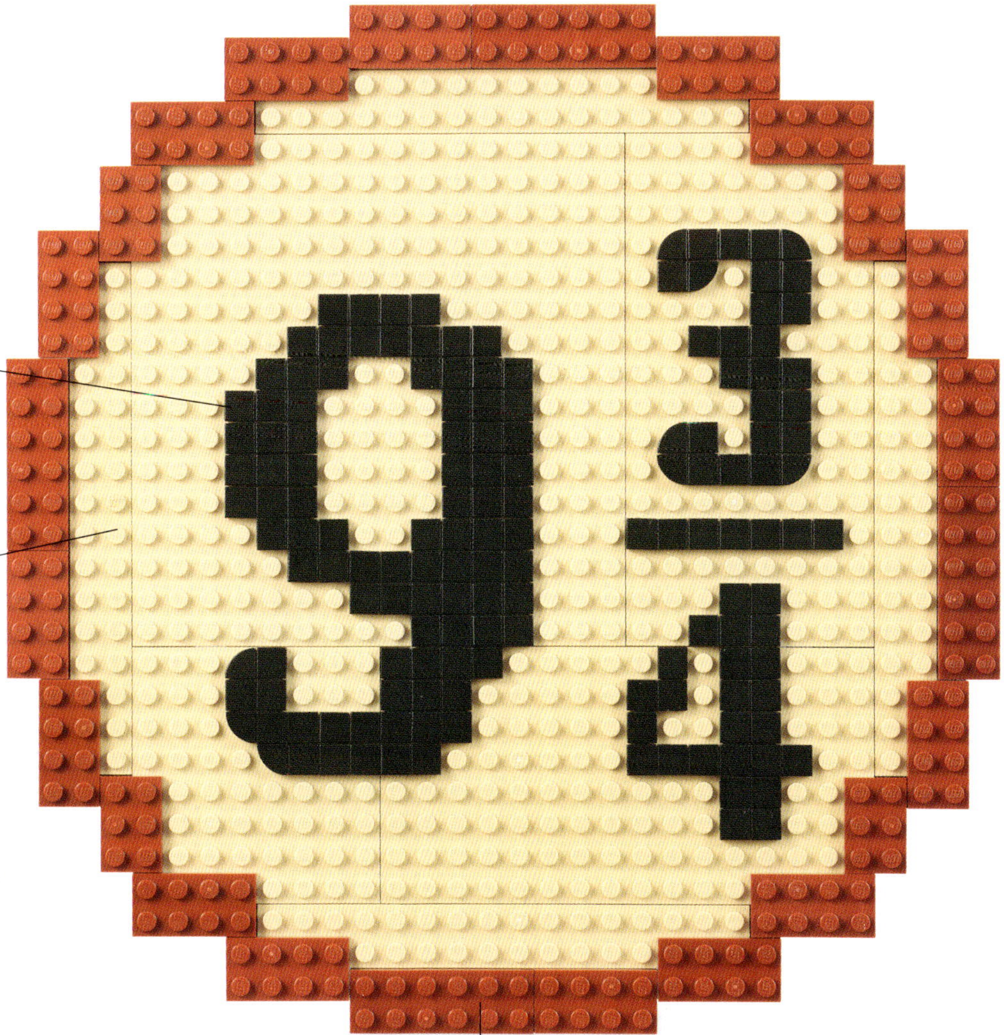

Kleine schwarze Kacheln bilden die Zahlen.

Das „runde" beigefarbene Schild besteht aus acht quadratischen und rechteckigen Platten.

Der Rand hat dasselbe Burgunderrot wie der Hogwarts-Express.

2×16-Platte als Ständer

2×4-Scharnierplatten verbinden Schild und Ständer.

RÜCKANSICHT

Das „X" besteht aus vierzehn 1×1-Platten.

Um das Schild verläuft ein Rahmen aus schwarzen Kacheln.

KAPITEL VIER

SPIELE UND RÄTSEL

Bist du bereit für eine Herausforderung? Stelle dich selbst und deine Freunde mit diesen lustigen (und manchmal nervenaufreibenden) Spielen auf die Probe. Statt eines Zauberstabs brauchst du Kreativität, strategisches Denken, eine ruhige Hand, deine LEGO® Sammlung und einen winzigen Funken Glück!

TRIMAGISCHE DRACHENAUFGABE

Das Trimagische Turnier ist ein aufregender Wettstreit dreier Zaubererschulen und du hast jetzt die Chance, an einer LEGO® Version teilzunehmen! In dieser ersten Aufgabe musst du ein goldenes Ei erringen. Wird deine Minifigur es sich schnappen, bevor der Drache kommt? Es wird Zeit, dich der Aufgabe zu stellen.

Fledermausflügel wirken an diesen Mikrodrachen riesig.

Cedrics Teil des Spielfelds hat die Hufflepuff-Farben.

Befestige den Drachenständer mit einem gebogenen 2×2-Dachstein.

2×2-Steckerplatten markieren die Felder.

Je länger diese bunten Stege, desto schwieriger das Spiel.

TAPFERE TEILNEHMER

Dieses Spiel eignet sich für zwei bis vier Spielende, die hier durch die Minifiguren von Harry Potter, Viktor Krum, Fleur Delacour und Cedric Diggory vertreten sind. Wer erreicht zuerst das goldene Ei und schafft es gleichzeitig, dem Drachen auszuweichen?

Alle Kacheln müssen gleich groß sein.

WÜRFELKACHELN

DIE SPIELREGELN

1. Lege eine violette, zwei rote und drei grüne Würfelkacheln in ein Säckchen. Die Spielenden ziehen der Reihe nach je eine. Bei Grün darf die Minifigur ein Feld vorwärts ziehen. Rot bedeutet, sie muss stehenbleiben. Violett heißt, der Drache zieht ein Feld vorwärts.
2. Erreicht der Drache einer Spielerin oder eines Spielers das Ei vor der Minifigur, dreht er sich zu ihr hin und treibt sie zurück zum Ausgangspunkt.
3. Es gewinnt die Minifigur, die das Ei als Erste erreicht.

DRACHE IM ANFLUG

Jeder geflügelte Mikrodrache hat einen Körper aus einem Stein mit Seitennoppen. Eine runde 1×1-Platte steckt so am Bauch, dass sich die transparente Stange an der Unterseite befestigen lässt.

TRIMAGISCHE UNTERWASSER-AUFGABE

Die zweite Aufgabe des Trimagischen Turniers findet im Wasser statt. Taucht um die Wette und rettet eure Freunde, die unter Wasser angebunden sind. Dabei schiebt ihr Algen und Tang beiseite. Der erste Retter gewinnt das Spiel ... und vielleicht eine feuchte Umarmung. Igitt!

DIE SPIELREGELN

1. Beide Spielenden wählen zuerst eine Minifigur aus, die am Trimagischen Turnier teilnimmt: Fleur Delacour, Viktor Krum, Cedric Diggory oder Harry Potter.
2. Sie würfeln abwechselnd und bewegen sich die Strecke entlang. Spielerin 1 muss eine Vier oder höher würfeln, damit sie ein Feld vorrücken darf. Spieler 2 muss eine Drei oder niedriger würfeln.
3. Bei jedem Schritt vorwärts muss die Minifigur eine Wasserpflanze wegschieben. Es gewinnt, wer zuerst bei der angeketteten Minifigur ankommt.

6×6-Platte als hölzerner Steg für den Start.

VORWÄRTS!

Alle pflanzenähnlichen grünen LEGO Elemente eigenen sich als Tang und Algen. Schiebe sie zur Seite, dann erscheint eine kleine Plattform, auf die die Minifigur treten kann. In dem Modell dienen runde Kacheln als Plattformen.

Runde 2×2-Kachel als Trittstein.

Baue dir deinen eigenen Tang, wenn du dieses Teil nicht hast.

Befestige die Kette zwischen felsähnlichen Dachsteinen.

Setze Elemente wie Steine oder Fische in den See und auf den Seegrund.

LEICHT ZU KIPPEN

Jede der kleinen Plattformen kippt dank einer beweglichen Pin-und-Loch-Verbindung augenblicklich nach hinten. Eine Platte mit Loch unter der Wasserpflanze dreht sich an den Pins zu beiden Seiten um 90 Grad.

Das Tang-Element passt auf eine 2×2-Steckerplatte.

Die blaue Grundplatte sorgt für die Unterwasser-Atmosphäre.

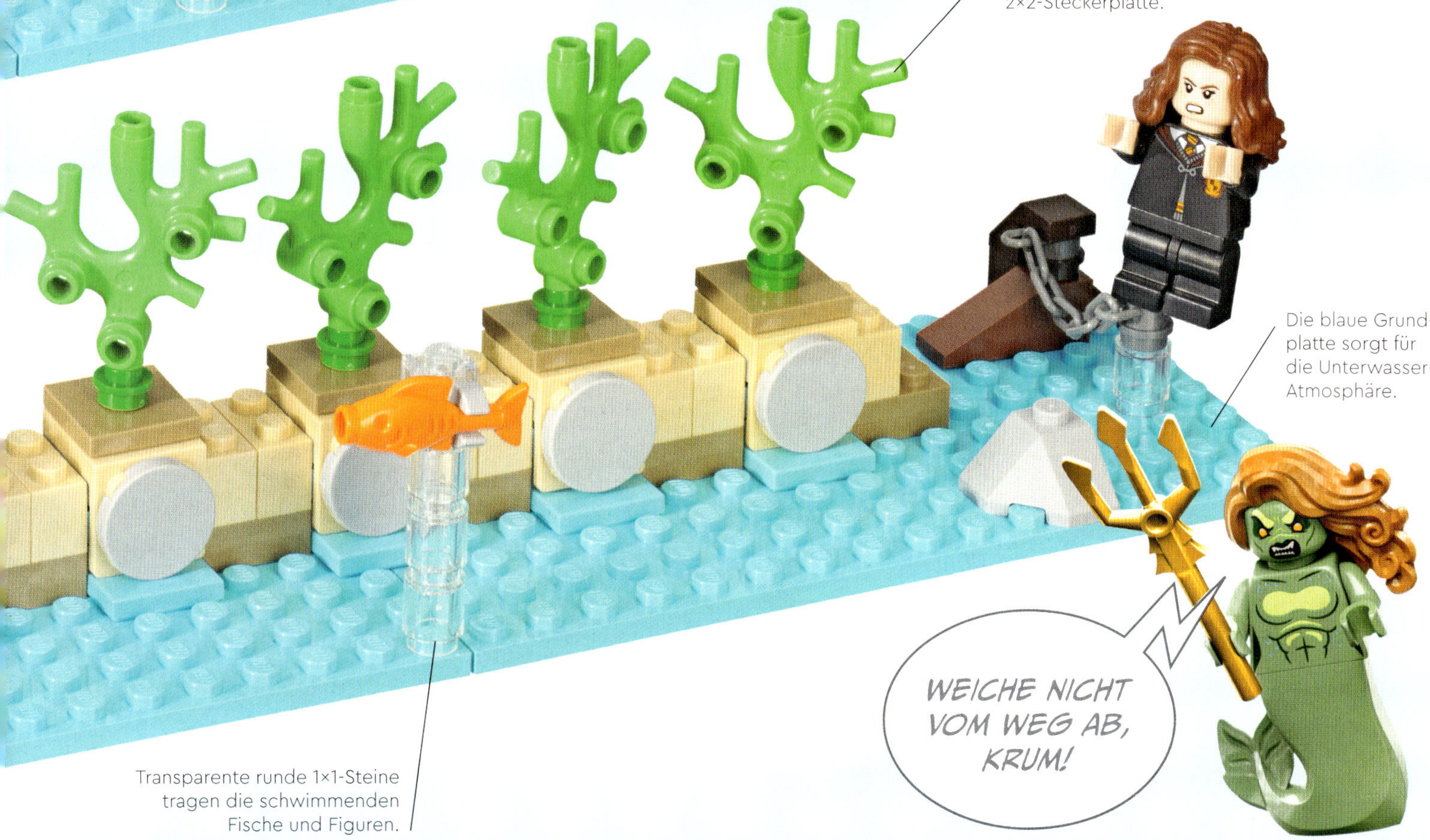

Transparente runde 1×1-Steine tragen die schwimmenden Fische und Figuren.

TRIMAGISCHES LABYRINTH

In diesem Spiel rollt eine Person eine Kugel durch die mit Fallgruben gespickten Gänge des Labyrinths, bis sie den Trimagischen Pokal in der Hand hält. Wirst du siegen wie Harry? Eine falsche Abzweigung kann das Ende bedeuten. Der Trick ist, das Feld so zu neigen, dass die Kugel an den Gruben vorbeirollt.

BAUTIPP

Suche eine LEGO Kugel (oder eine Murmel), die in das Labyrinth passt. Je kleiner die Kugel, desto schwieriger ist der Weg durch das Labyrinth zu bewältigen.

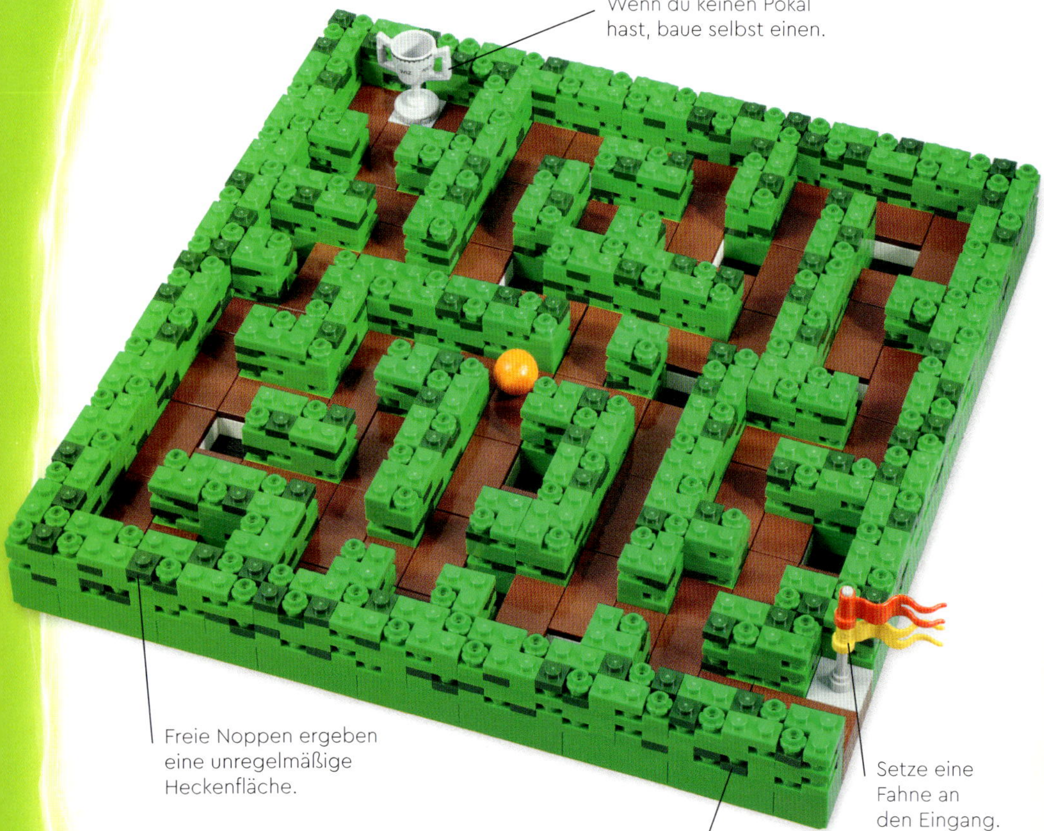

Wenn du keinen Pokal hast, baue selbst einen.

Freie Noppen ergeben eine unregelmäßige Heckenfläche.

Kleine normale und runde Platten ergeben überzeugende Büsche.

Setze eine Fahne an den Eingang.

WO SIND DIE GRUBEN?

Je nachdem, wie viele Gruben du wohin platzierst, wird das Spiel schwieriger oder leichter. Bei einigen Gruben muss es die Möglichkeit geben, vorbeizurollen. Die grünen Hecken verwirren das Auge, halten aber auch die Kugel auf Kurs.

DIE SPIELREGELN

1. Lege die Kugel in den Eingang. Halte das Labyrinth in beiden Händen und neige es jeweils so, dass die Kugel den richtigen Weg durch die wirren Gänge nimmt.
2. Erreicht die Kugel den Trimagischen Pokal, gewinnst du. Fällt sie in eine der Gruben, musst du von vorn beginnen.

EIN GUTER PLAN

Lege zuerst die Pfade durch dein Labyrinth mit weißen (oder andersfarbigen) Steinen fest und die Hecken mit grünen Steinen. Setze dann braune Kacheln auf die weißen Steine und baue dazwischen die Hecken auf.

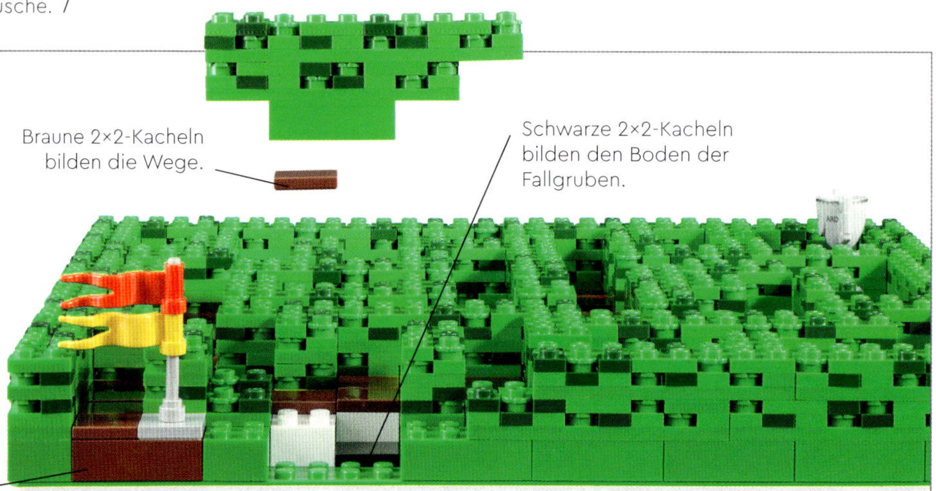

Braune 2×2-Kacheln bilden die Wege.

Schwarze 2×2-Kacheln bilden den Boden der Fallgruben.

Der braune Stein markiert den Eingang zusätzlich.

DRAUFSICHT

KUGELARTEN

TISCH-QUIDDITCH

Bei diesem Spiel vertrittst du eine ganze Quidditch-Mannschaft. Baue die folgenden drei Gegenstände für das Spiel und setze die Minifiguren auf ihre Besen. Schaffst du es, mit dem Quaffel Tore zu werfen, den Klatscher aus dem Weg zu schlagen und den Goldenen Schnatz zu fangen, bevor er die Tischplatte berührt? Wenn ja, dann bau dir doch gleich auch noch einen Siegerpokal!

DIE SPIELREGELN

1. Wirf zuerst den roten Quaffel durch die Ringe. Du musst jeden Ring einmal treffen, bevor du fortfahren darfst.
2. Nimm dann ein Schlagholz und lege den schwarzen Klatscher auf den Sockel. Ziele auf die Treiber-Minifigur und wirf sie mit dem Klatscher um.
3. Feuere nun mit dem Hebel den Goldenen Schnatz mitten durch den Turm in die Höhe und versuche, ihn zu fangen. Wenn du den Schnatz gefangen hast, gewinnst du das Spiel.

SCHLAG DEN KLATSCHER

Baue einen Miniturm in den Farben von Hogwarts und lege den Klatscher darauf. Dann baust du ein Schlagholz, mit dem du den Klatscher schlagen kannst. Du wirst wohl ein paar Versuche brauchen, bis du den Treiber so triffst, dass er vom Besen fällt.

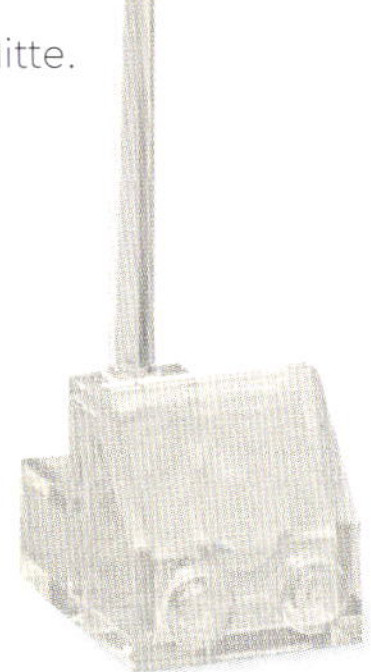

Das Bein der Minifigur steckt auf einer Noppe am Ende der Stange.

Transparente Teile lassen es aussehen, als würde die Treiber-Minifigur fliegen.

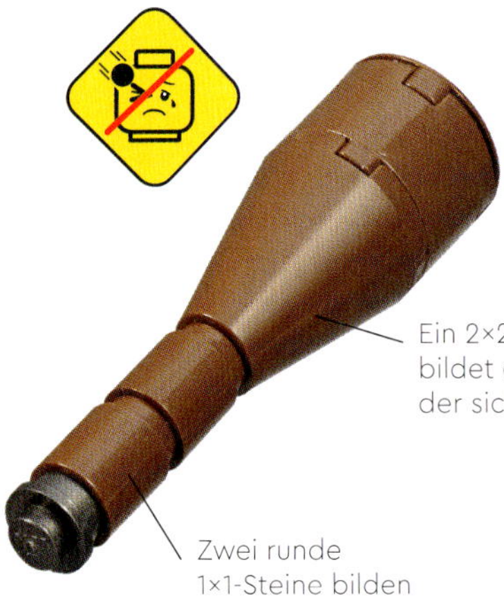

Ein 2×2×2-Kegel bildet diesen Teil, der sich verjüngt.

Zwei runde 1×1-Steine bilden den Griff.

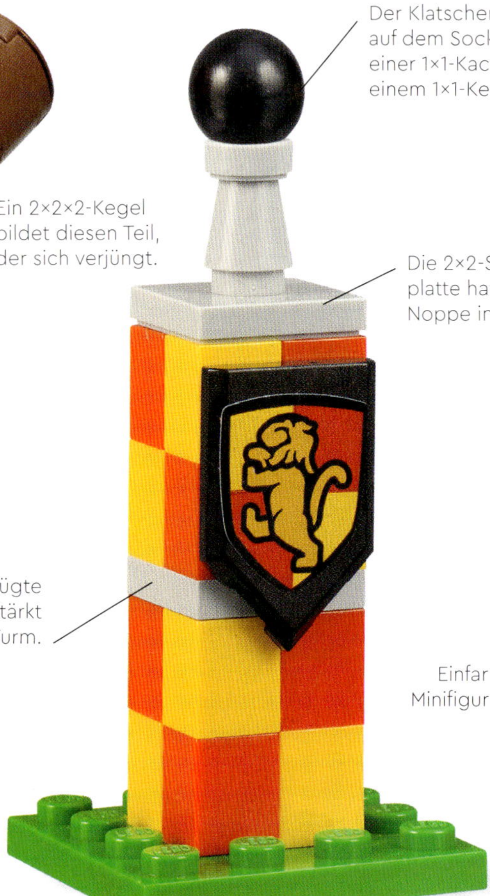

Der Klatscher liegt auf dem Sockel aus einer 1×1-Kachel und einem 1×1-Kegel.

Die 2×2-Steckerplatte hat eine Noppe in der Mitte.

Die eingefügte Platte verstärkt den Turm.

STÄNDER FÜR KLATSCHER

QUIDDITCH-KOFFER

Einfarbiger Minifigur-Kopf

QUAFFEL

LEGO Technic Kugel

KLATSCHER

Runde 1×1-Platte

GOLDENER SCHNATZ

DURCH DIE RINGE

Um den roten Quaffel vom Ende des Besenstiels abzuschießen, lass die Minifigur zuerst steil nach unten fliegen und schnippe den Ball mit dem Daumen vom Besenstiel und durch den Ring.

1×8-Torstange

Die Grundplatten deuten den Quidditch-Rasen an.

Verbundene 1×3-Platten bilden die Torringe.

TORRINGE

Quaffel passt ans Ende des Besenstiels.

SCHNAPP DEN SCHNATZ!

Lege den Goldenen Schnatz auf den Boden des großen Turms. Drücke den Hebel und pass auf, ob er oben herausfliegt. Manchmal kommt der Schnatz zwar gar nicht so weit, aber wenn er herausschießt, musst du schnell reagieren, denn du weißt nicht, in welche Richtung er fliegt.

Schnatz schießt hier aus der Öffnung.

Verziere den Turm mit Hogwarts-Wappen, wenn du welche hast.

2×8-Platte als Hebel

SCHNATZ-KATAPULT

ABSCHUSSHEBEL

Der Hebel wirkt wie ein Katapult, denn er dreht sich um Pin-Elemente in der Mitte. Wenn du auf die runde 2×2-Kachel am einen Ende drückst, schnellt das andere Ende hoch und der Schnatz fliegt nach oben.

Der 1×2-Dachstein hält den Schnatz in Position.

LEGO Technic Pin passt durch Teile mit Löchern.

ZIEHE EINEN TRANK

Wer hat bei diesem Glücksspiel zuerst alle Zutaten für einen Zaubertrank beisammen? Ziehst du sie zuerst oder haben deine Freunde mehr Glück? Du brauchst ein Säckchen voller Zutaten, einige Dinge, die Glück oder Pech verheißen, und ein paar Zaubertrank-Rezepte. Sammle die passenden Kräuter und Gegenstände!

Die Spielregeln

1. Schreibt verschiedene Rezepte für Zaubertränke auf einzelne Blätter Papier, faltet sie zusammen und mischt sie.
2. Wählt für jede Zutat ein bestimmtes LEGO Element aus und dann noch je ein Element für „nimm zwei Zutaten", „einmal aussetzen" und „klaue eine Zutat".
3. Legt die LEGO Elemente in ein Säckchen (oder einen Kessel). Dann ziehen alle je ein Rezept und lesen es.
4. Zieht in mehreren Runden Elemente aus dem Säckchen, denn ihr müsst Zutaten sammeln. Zieht eine Person das Element „klaue eine Zutat", darf sie einem Mitspielenden eine beliebige Zutat wegnehmen.
5. Wer zuerst alle Zutaten für den eigenen Zaubertrank gesammelt hat, gewinnt.

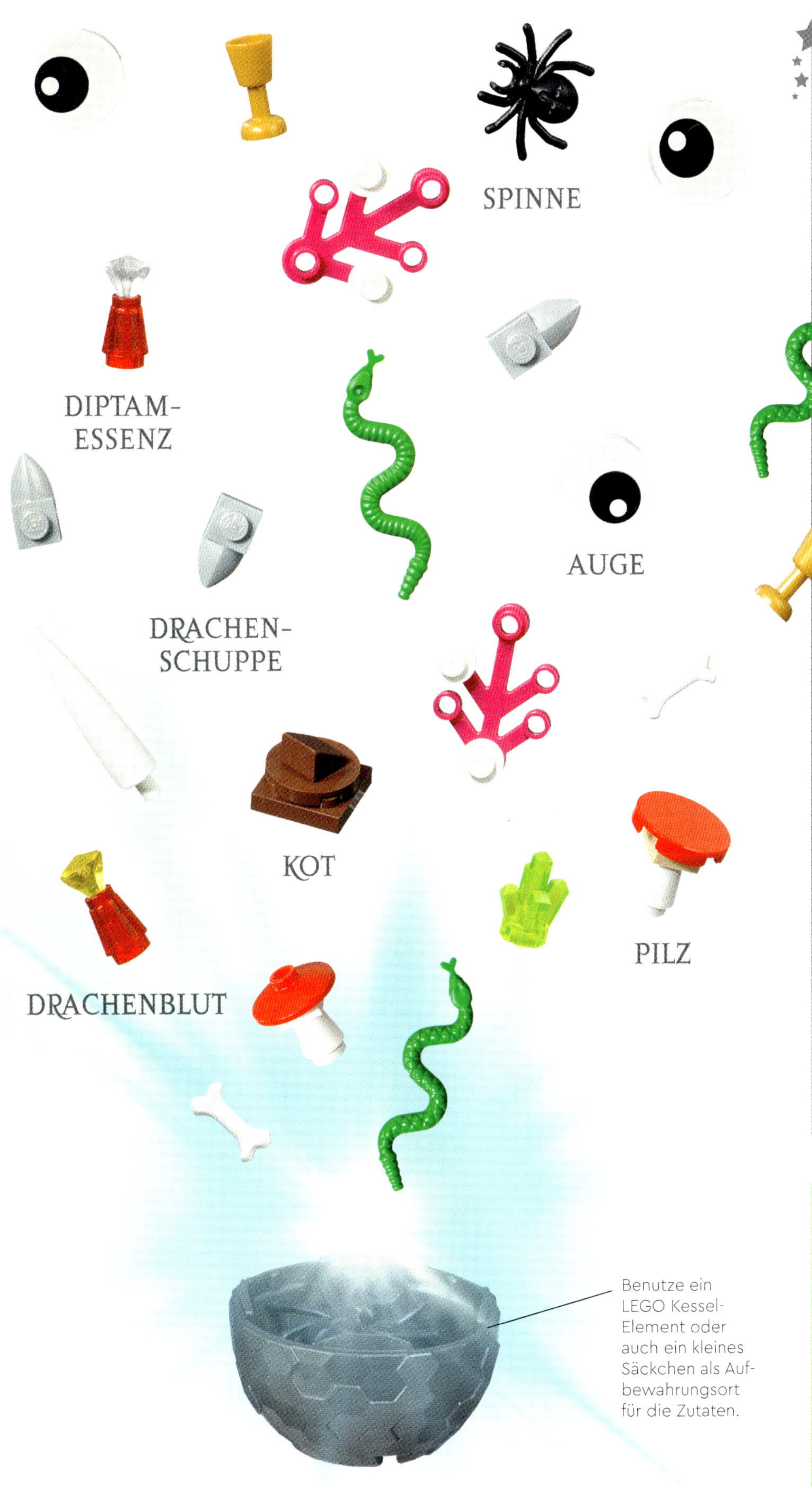

Benutze ein LEGO Kessel-Element oder auch ein kleines Säckchen als Aufbewahrungsort für die Zutaten.

ZAUBERTRANK-REZEPTE

Erfinde eigene Rezepte oder verwende diese Zutatenlisten als Anregung für deine Zauberei. Gerecht ist es, wenn alle Tränke aus gleich vielen Zutaten gebraut werden.

LIEBESTRANK

- 2 X BRUMMBEEREN
- 1 X DRACHENSCHUPPE
- 1 X SCHIERLING-ESSENZ
- 1 X PILZ

SUPERGIFT

- 1 X GRÜNE SCHLANGE
- 2 X DRACHENFANGZAHN
- 1 X KNOCHEN
- 1 X AUGE

VERWIRRUNGSELIXIR

- 1 X BRUMMBEEREN
- 1 X DRACHENSCHUPPE
- 1 X DIPTAMESSENZ
- 2 X PILZ

STÄRKUNGSTRANK

- 1 X GOLD
- 2 X KNOCHEN
- 1 X AUGE
- 1 X DRACHENSCHUPPE

KLAUE EINE ZUTAT

NIMM ZWEI ZUTATEN

EINMAL AUSSETZEN

DEMENTOR-KEGELN

Mit seinem Patronus vertrieb Harry Potter einen ganzen Schwarm seelenloser Dementoren. In diesem LEGO Kegelspiel versuchst du nun, es ihm gleichzutun. Stelle die schwarzen, schrecklichen Dementoren in Reihen auf und rolle einen starken, strahlenden Patronus auf sie zu, der sie umstößt. Wie viele erledigst du in einem Zug? Achtung ... zielen ... kegeln!

BAUTIPP

Baue so viele Dementoren wie du willst. Wenn du nicht genug schwarze Teile hast, mische sie mit weißen, grauen oder braunen. Die Gesamtwirkung bleibt genauso düster.

DAS GEHEIME QUADRAT

Der Patronus hat einen Kern aus weißen Steinen mit Seitennoppen. Daran kannst du an allen Seiten transparente blaue Platten befestigen, bis der ganze leuchtende Patronus-Körper fertig ist.

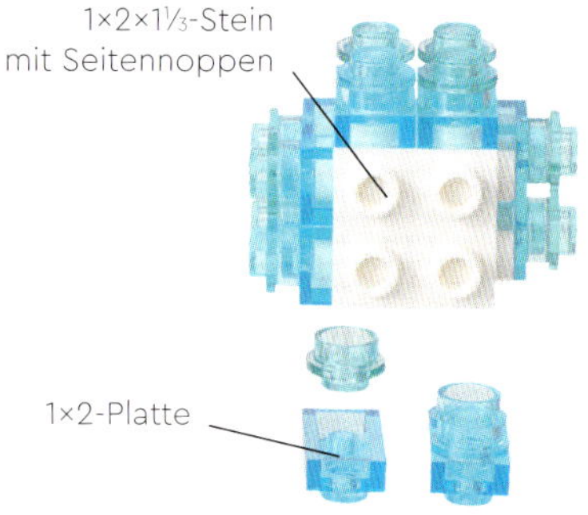

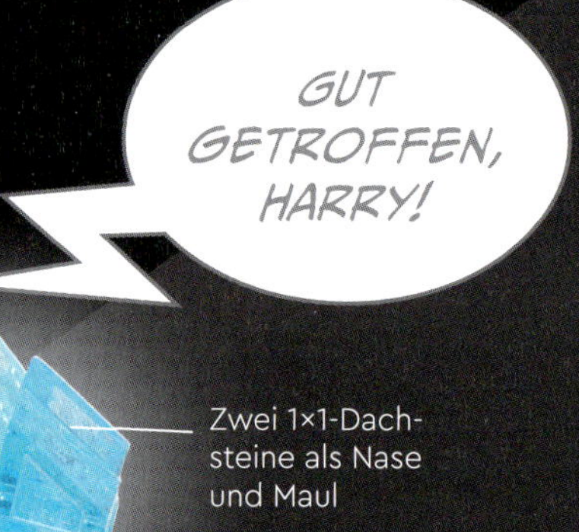

LASS IHN ROLLEN

Ein Patronus nimmt immer die Form eines Tieres an, also kann er keine exakte Kugel sein. Er muss aber rundlich sein, damit er gut rollt. Dieser Patronus sieht etwa so aus wie Harrys Hirsch, aber welche Form soll dein Patronus haben?

UMGEKEGELT

Die schwarzen Umhänge der schattenhaften Dementoren hängen an hohen Ständern: So sieht es aus, als würden sie schweben. Die Basis sollte eher schmal sein, denn wenn die Dementoren zu stabil stehen, fallen sie nicht so leicht um!

PATRONUS IN AKTION

Die Spielregeln

1. Stelle die Dementor-Kegel an das Ende einer Tischplatte oder auf den Boden. Sind es viele, ordne sie in Reihen an, die nach hinten immer breiter werden.
2. Nun rollen die Spielenden abwechselnd den Patronus auf die Dementoren zu. Jeder umgekegelte Dementor zählt einen Punkt. Fallen alle Dementoren auf einen Streich, gibt es zusätzlich fünf Punkte.
3. Bei jeder Runde werden die Punktzahlen der Spielenden notiert. Wer nach sechs Runden die meisten Punkte hat, gewinnt.

Versteckte Achse

Körper und Basis jedes Dementors werden mit einer langen Kreuzachse verbunden. Die Achse lässt sich durch Steine und Platten mit Achslöchern stecken, die du in beide Teile einbauen musst.

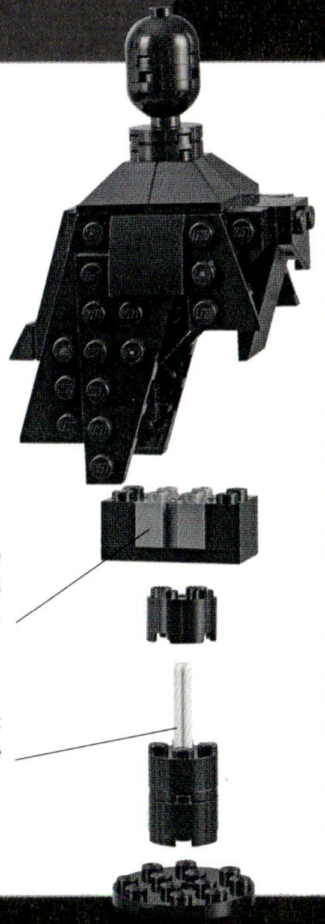

TORTENTURM

Dieses Spiel macht fast so viel Spaß wie ein Festmahl in der Großen Halle. Auf jeden Fall macht es weniger Dreck als mit echten Torten! Staple die LEGO Torten und Kuchen übereinander, aber sei behutsam ... Der Stapel wird immer wackeliger, je höher du kommst. Und versuche nicht, die Leckereien zu probieren. Sie sehen zwar einladend aus, aber sie sind nicht essbar!

DIE SPIELREGELN

1. Wählt je eine Person aus Hogwarts aus, die euch im Spiel darstellen soll, und setzt ihre Minifiguren an den Tisch.
2. Nun baut ihr der Reihe nach je eine Leckerei aufeinander. Ihr dürft sie nur an zwei Noppen feststecken, also müsst ihr es geschickt anstellen, damit der Turm nicht umfällt.
3. Verloren hat, wer den Turm einstürzen lässt. Die Person erhält einen Trostpreis – ihr könnt ihn zuvor noch bauen!

TORTEN UND KUCHEN

WILLST DU EIN STÜCK?

Dieses Kuchenstück besteht aus zwei gebogenen Elementen, die genau ineinanderpassen. Ein 1×1-Lampenstein in der Ecke hat je eine Noppe oben und an der Seite, an die du anbauen kannst.

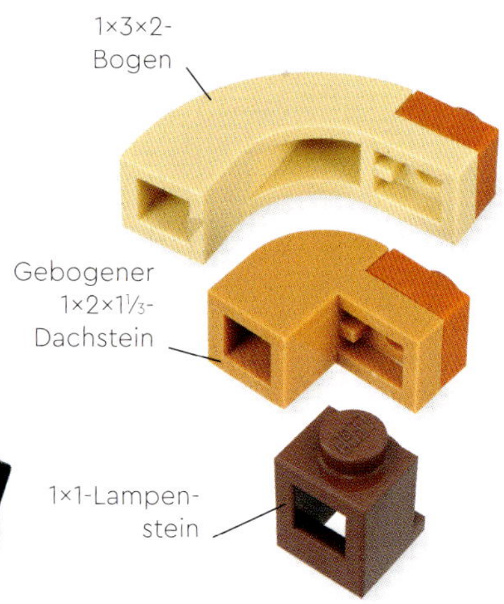

EINSTURZGEFÄHRDET!

Je vielfältiger die Formen und Größen der Leckereien, desto schwieriger das Spiel. Noch interessanter wird es, wenn du auch andere Dinge wie Pizza oder Schokoriegel dazunimmst. Die Teile müssen freie Noppen haben, damit ihr sie aufeinanderstecken könnt.

BAUTIPP

Je weniger freie Noppen ein Modell hat, desto schwerer ist es zu stapeln. Der Streuselkuchen hat nur eine Noppe – da kann man dem nächsten Spielenden nur viel Glück wünschen!

FESTLICHER TISCH

SCHMÜCKE DIE HALLE

Versuche mal, ob du in diesem Jahr die Große Halle von Hogwarts weihnachtlich schmücken kannst. Dekoriere sie mit festlichen Gegenständen. Wenn du fertig bist, kannst du weiter überlegen. Wie würden es die Weasleys im Fuchsbau machen? Wohin würde Hagrid in seiner Hütte wohl den Mistelzweig hängen? Oder schmücke ein LEGO Zimmer für ein anderes Fest wie Halloween.

BAUTIPP

Die Farben spielen eine wichtige Rolle für die Stimmung. Dieses kleine Modell erinnert an Hogwarts, weil es in dunkelroten und braunen Farbtönen gehalten ist.

FROHE WEIHNACHTEN

Kerzen, Geschenke, ein Festmahl und fröhliche Adventskränze schaffen in der Großen Halle eine festliche Atmosphäre. Vergiss auch den Baum mit den bunten Feenlichtern nicht!

STOLZER BAUM

Baue deinen Minifiguren einen festlichen Weihnachtsbaum aus einigen Schichten grüner Dachsteine. Die schmale, stachelige Spitze bilden 1×1-Dachsteine an einem Stein mit Seitennoppen.

Karotten passen in 1×1-Kacheln mit Klemme.

Füge 1×2-Steckerplatten in die Tischplatte ein, damit du Dinge darauf befestigen kannst.

FESTLICHE TAFEL VON OBEN

In Hogwarts sind immer Eulen in der Nähe.

Bastle einen Kranz aus einem grünen Rettungsring und einem Kirsch-Element.

1×4-Bogenelement bildet den Kaminsims.

Keine Hogwarts-Aufkleber? Wie könntest du bauen, was hier abgebildet ist?

Holzvertäfelung aus 1×2-Holzblocksteinen

Cremekuchen – tische deine Lieblingsgerichte auf!

Baue aus nur wenigen Teilen Geschenke in Minifigur-Größe.

Drehbare 1×1-Platten sind kunstvolle Tischbeine.

MACH MUGGEL-DINGE MAGISCH

Der extralange Toastständer sieht aus wie beim Frühstück in Hogwarts. Leider kann er aber nicht zur Küche schweben. Baue einen schwebenden Ständer für dich selbst und überlege dann, welche anderen Haushaltsdinge etwas Magie vertragen könnten. Was hältst du von einem selbstkehrenden Besen oder einem laufenden Wäschekorb?

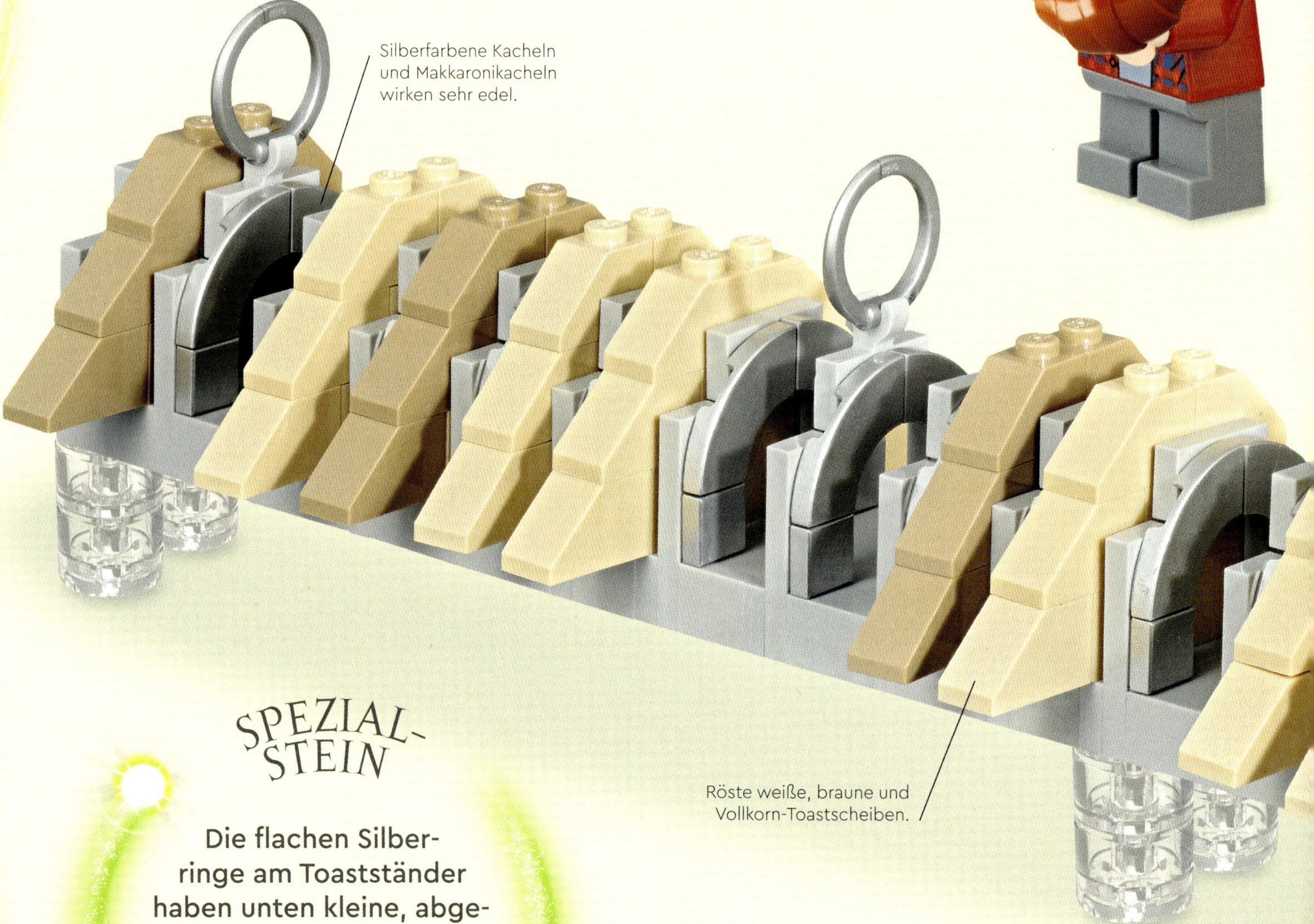

SPEZIAL-STEIN

Die flachen Silberringe am Toastständer haben unten kleine, abgerundete Stangen. Daran kann eine Klemme (oder die Hand einer LEGO Minifigur) das Element festhalten.

AUSGEDEHNTES FRÜHSTÜCK

Wie lang soll der Ständer sein? Die Länge wird nur von der Größe deiner LEGO Sammlung (und vielleicht der Tischplatte) begrenzt. Wenn du den Ständer auf transparente runde Steine setzt, sieht es aus, als würde er in der Luft schweben.

HELL ODER DUNKEL?

In dem Ständer sollen sicherlich einige LEGO Toastscheiben stecken. Baue leicht greifbare, halbe Scheiben mit einer glatten Kruste aus Dachsteinen. Die schlechte Nachricht ist: Du kannst sie nicht essen. Die gute: Es bleiben nach dem Spielen keine lästigen Krümel zurück.

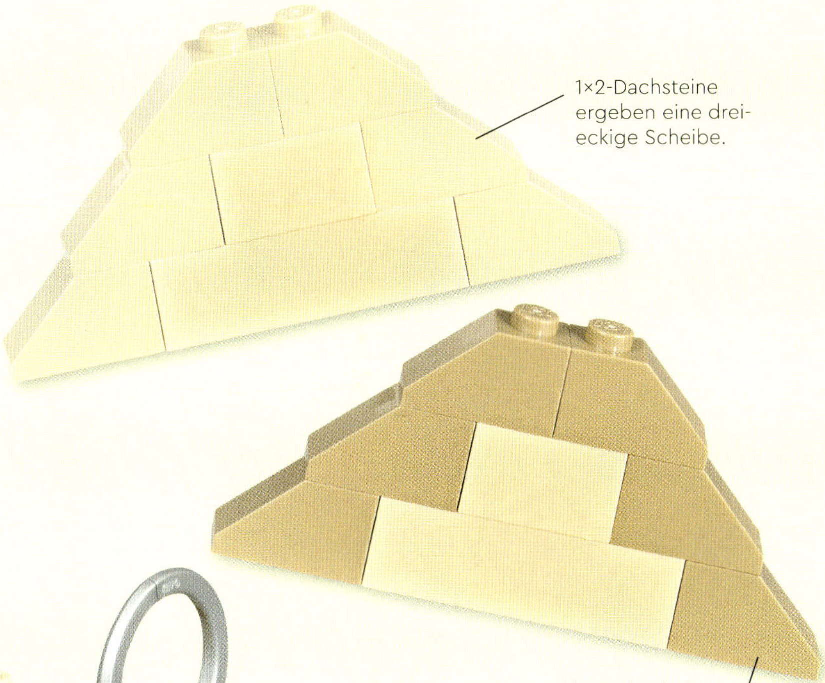

GLEICHE TEILE

Jedes Fach wird auf die gleiche Weise gebaut. Auf der Seite liegende Steine und Platten werden an aufrecht stehende Platten und Kacheln gesteckt. Füge in regelmäßigen Abständen Steine mit Seitennoppen ein, an denen du die Ständerfüße und die Ringe anbringen kannst.

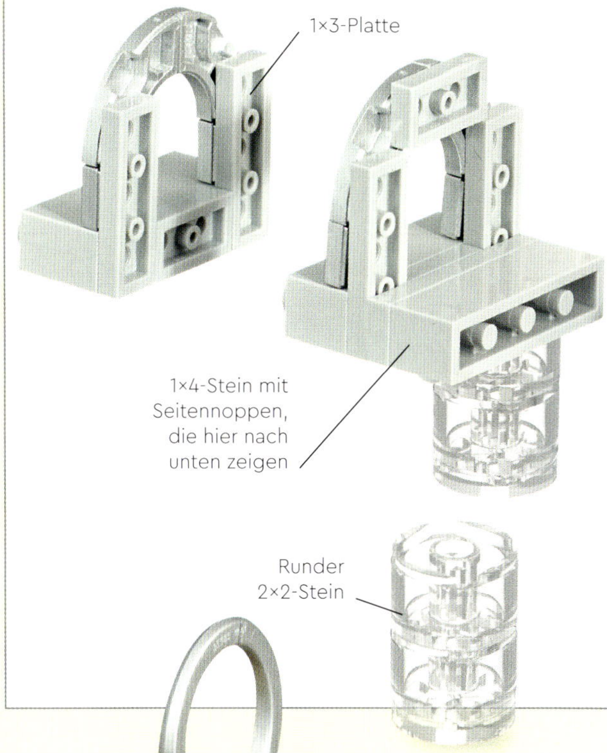

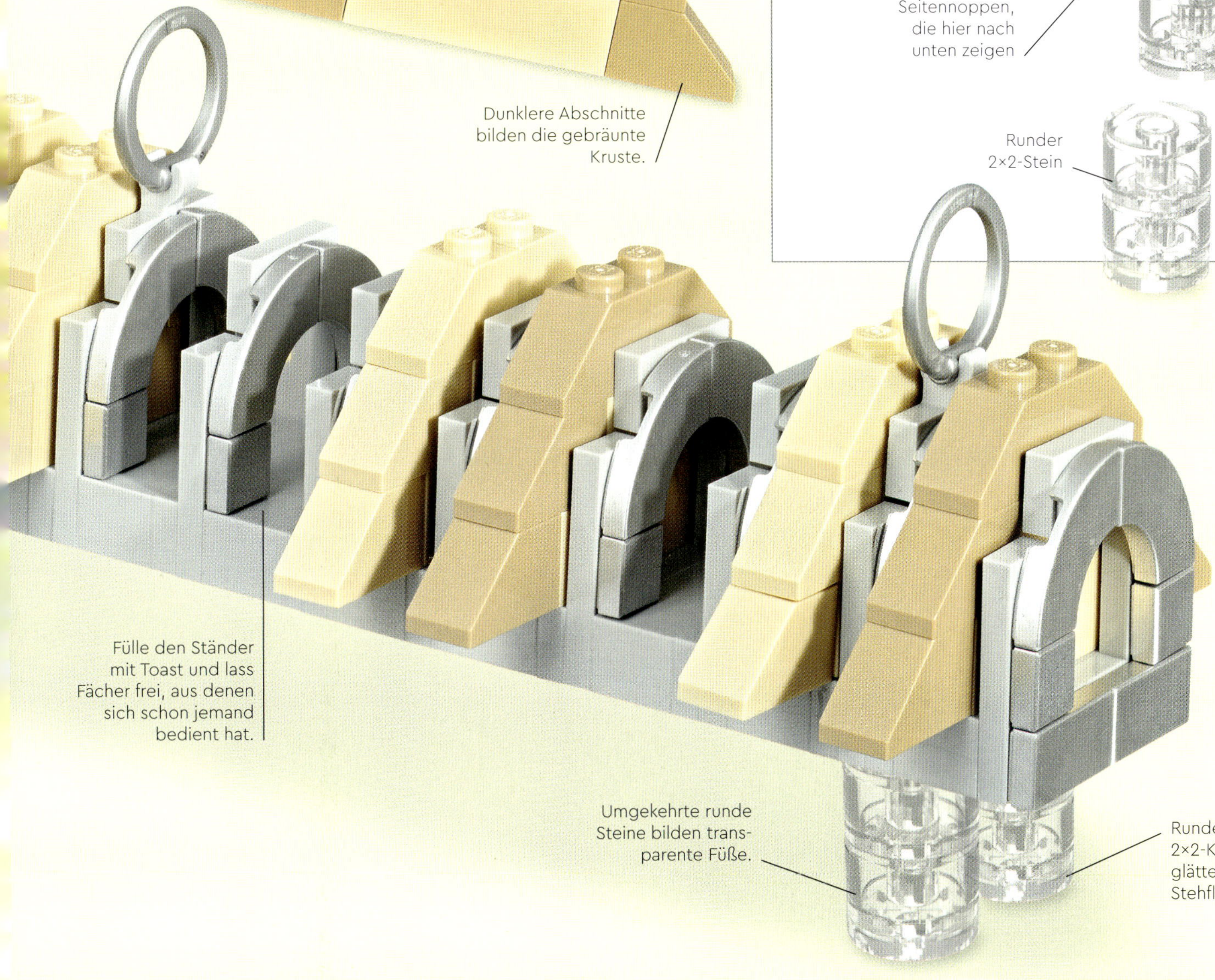

VERTREIBE DEN IRRWICHT

Irrwichte sind lästig. Sie nehmen die Form dessen an, was einer Person Angst macht. Aber keine Sorge – Gelächter vertreibt sie. Bei diesem Spiel verwandeln zwei Spielende jeweils die Irrwichte des anderen in etwas Witziges. Der eine baut einen Irrwicht und der andere fügt etwas hinzu, was ihn lächerlich aussehen lässt, zum Beispiel eine Clownsnase und einen Partyhut. Riddikulus!

DIE SPIELREGELN

1 Die erste Person hat fünf Minuten Zeit, um einen Irrwicht zu bauen und ihn in den Schrank zu sperren.

2 Wenn die zweite Person den Schrank öffnet, muss sie den Irrwicht in zwei Minuten in etwas Witziges verwandeln.

3 Wechselt euch beim Bauen und Verwandeln des Irrwichts immer wieder ab.

WER IST DA?

Irrwichte lauern im Schrank, bis sie herausgelassen werden und jemanden erschrecken (oder zum Kichern bringen). Baue den Schrank groß genug für furchterregende Modelle. Eine einfache Kiste oder Trennwand genügt auch.

Goldene Elemente sind typisch für Hogwarts.

Zuerst erscheinen scharfe, runde 1×1-Plattenzähne.

Die Schranktür ist eine 6×12-Platte.

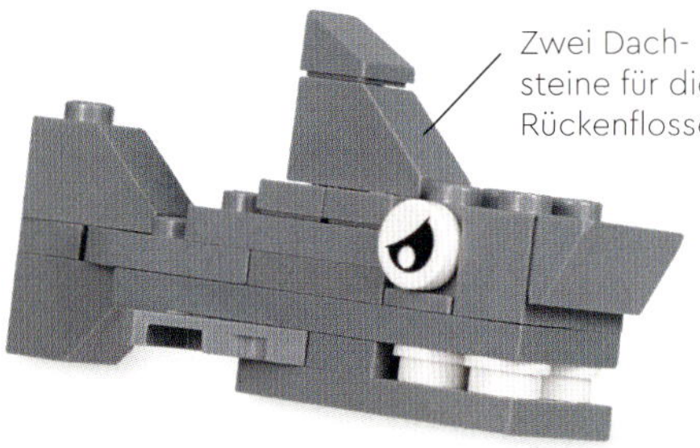

Zwei Dachsteine für die Rückenflosse

HAI-IRRWICHT

Ballons sehen an allem lustig aus.

Tausche das spitze Maul gegen eine 1×2 Steckerplatte mit Kugel aus.

CLOWN-HAI

WOVOR ZITTERST DU?

Menschen fürchten sich nicht nur vor Spinnen, Haien oder Gespenstern. Neville Longbottoms Irrwicht war der Zaubertränke-Lehrer Professor Snape. Wäre dein Irrwicht auch ein Lehrer oder etwas völlig anderes?

Pfeilelement als Griff steckt in Kacheln mit Klemmen.

GESCHLOSSENER SCHRANK

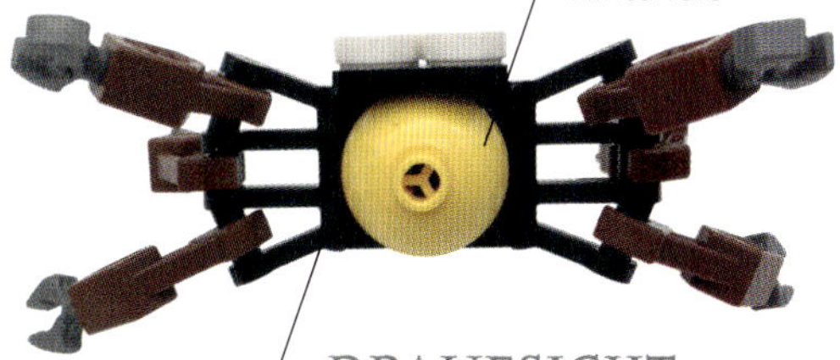

2×2-Kuppel als Hinterleib

1×2-Platte mit drei Stangen trägt drei Beine.

DRAUFSICHT

Staksige Beine aus mechanischen Klauen und Armen

Vier Kulleraugen stecken seitlich auf einer Winkelplatte.

SPINNEN-IRRWICHT

Schwarze Selfie-Stange

POPSTAR-SPINNE

Drei Steinschichten stecken seitlich auf einer großen schwarzen Platte.

Goldene Kegel als Schrankbeine

SEITENANSICHT

Versetzte Platten wirken wie Dornenzweige.

Beigefarbene Platten dienen als Sandboden.

KAKTUS-IRRWICHT

Juwelen an Platten mit Klemmen bilden die Kugeln.

Kettenelement als Lametta

WEIHNACHTS-KAKTUS

HUT-KARUSSELL

Gryffindor, Slytherin, Ravenclaw oder Hufflepuff ... Was meinst du, in welches Hogwarts-Haus würdest du wohl geschickt? Lass es den Sprechenden Hut bei diesem Kreiselspiel entscheiden. Schummeln ist nicht erlaubt! Auch wenn du nicht in dein Lieblingshaus kommst, gibt es keinen zweiten Versuch (zumindest, solange alle zusehen). Der Sprechende Hut irrt sich niemals!

ES GEHT RUND

Die Basis des Modells bilden vier quadratische Platten in den Hausfarben. Eine runde Platte ist die Krempe des Sprechenden Hutes, die auf einem runden Drehstein sitzt. An ihr wird der Zeiger befestigt.

GRYFFINDOR

Nach Gryffindor kommst du, wenn der Hut dich als mutig, abenteuerlustig und edelmütig einschätzt. Glückwunsch! Harry, Ron und Hermine könnten deine Freunde werden und du würdest das Hausgespenst kennenlernen: den Fast Kopflosen Nick.

SLYTHERIN

Der Sprechende Hut schickt dich nach Slytherin, wenn du ehrgeizig und raffiniert bist. Lass dich von dem zwielichtigen Ruf des Hauses nicht abschrecken. Denke nur: Dein bester Freund könnte Draco Malfoy sein und du lernst vielleicht, mit Schlangen zu sprechen. Ssssssuper!

HUFFLEPUFF

Bist du ehrlich, fleißig und treu? Dann teilt dich der Sprechende Hut wohl dem Haus Hufflepuff zu. Wahrscheinlich bist du auch sehr beliebt wie der berühmte Trimagische Champion Cedric Diggory. Alle mögen Menschen, denen sie vertrauen können.

RAVENCLAW

Volle Punktzahl, wenn der Hut dich dem Haus Ravenclaw zuordnet. Nur sehr intelligente Kinder gelangen in dieses Haus. Du solltest fleißig lernen, denn auch Luna Lovegood und Cho Chang strengen sich an.

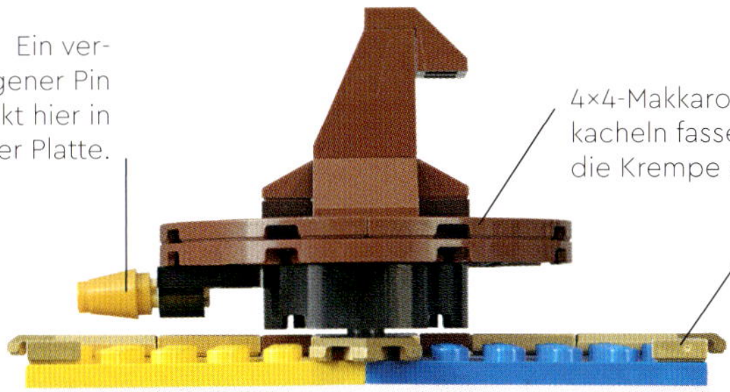

SEITENANSICHT

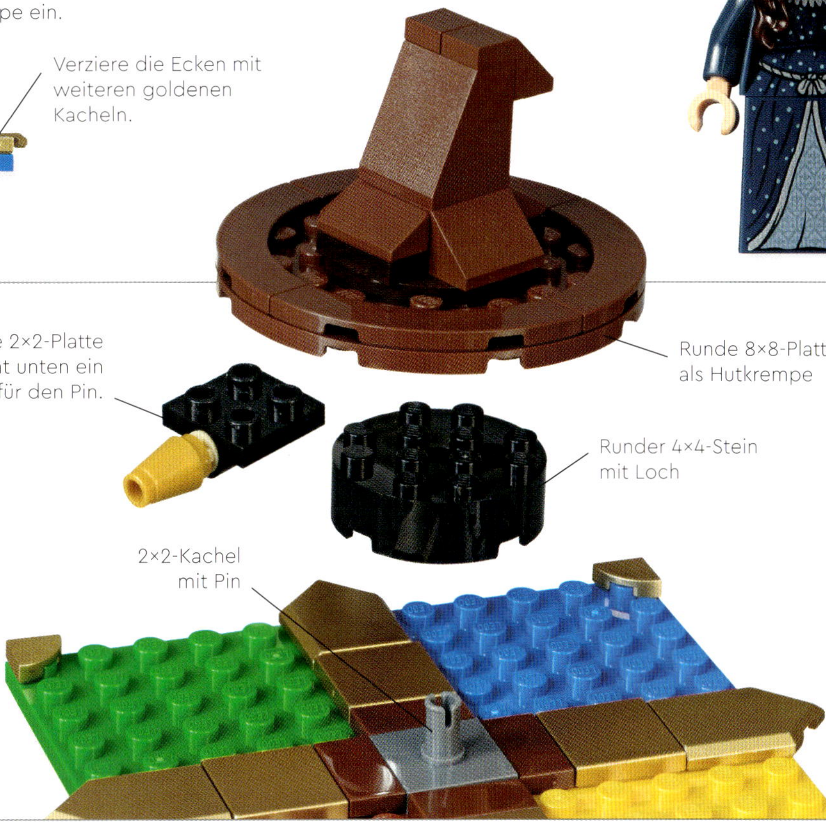

KOMM ZUM PUNKT

Unter der Krempe des Sprechenden Hutes vollzieht sich Zauberei nach LEGO Art. Ein verborgener runder 4×4-Stein dreht sich um einen Pin und nimmt dabei den Hut mit. Der Zeiger passt exakt neben dem runden Stein in die Unterseite der Hutkrempe.

PANTOMIME

Trommle ein paar Freunde zusammen und spiele mit ihnen diese Harry-Potter-Pantomime! Wirble die Drehscheibe im Turm herum und spiele dann wortlos die Rolle der Minifigur, die im Fenster erscheint. Wenn du gut bist, erraten die anderen die Figur. Wenn nicht … Möchtest du vielleicht einer Theatergruppe beitreten und üben?

Die Spielregeln

1. Die Spielenden übernehmen der Reihe nach die Rolle des Pantomimen. Das Fenster muss zu ihm zeigen. Dann dreht er das Karussell. Die Augen sind die ganze Zeit zu, damit er die Figuren nicht zu früh sieht.
2. Wenn die Drehscheibe stoppt, spielt der Pantomime wortlos die Figur, die im Fenster steht. Die anderen dürfen die Minifigur nicht sehen.
3. Erraten die anderen die Figur innerhalb von zwei Minuten, erhält der Pantomime einen Punkt.
4. Wird eine Minifigur erraten, nehmt sie heraus und ersetzt sie durch eine andere. Es gewinnt, wer am Ende des Spiels die meisten Punkte gesammelt hat.

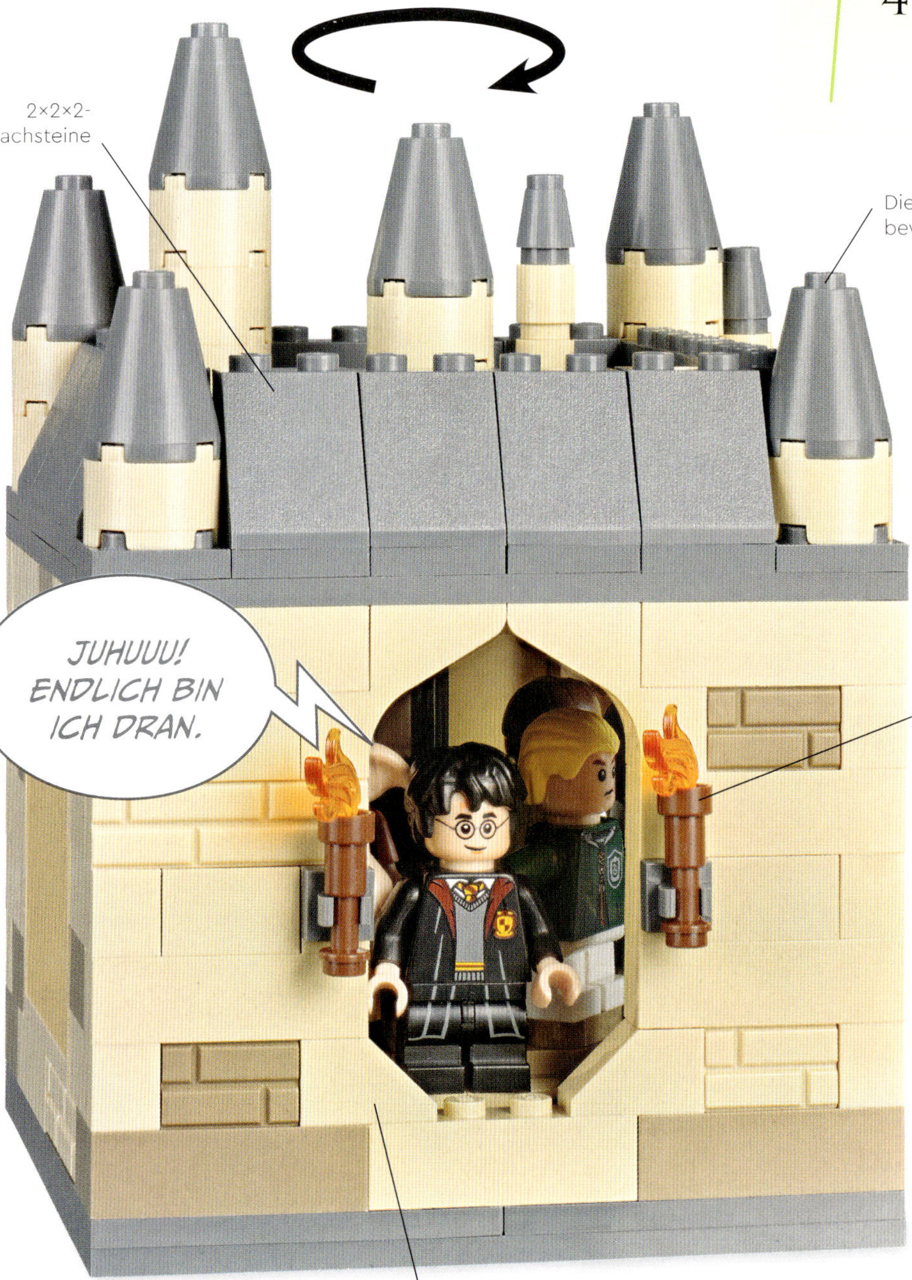

DREHSCHEIBE

Das Turmhaus ist niedrig und breit. Das Fenster auf einer Seite ist genau so groß, dass eine Minifigur darin zu sehen ist. Sieh dir den mittleren Turm genau an: Mit ihm dreht sich das Karussell. Schlau, nicht wahr?

SEITENANSICHT

SPEZIALSTEIN

Die 4×4-Drehscheibe an der Basis ist einfach gestaltet, funktioniert aber raffiniert. Wenn du eine runde Platte mit Loch daraufsetzt, lässt sie sich leicht drehen.

Runde 6×6-Platte spiegelt die Oberseite.

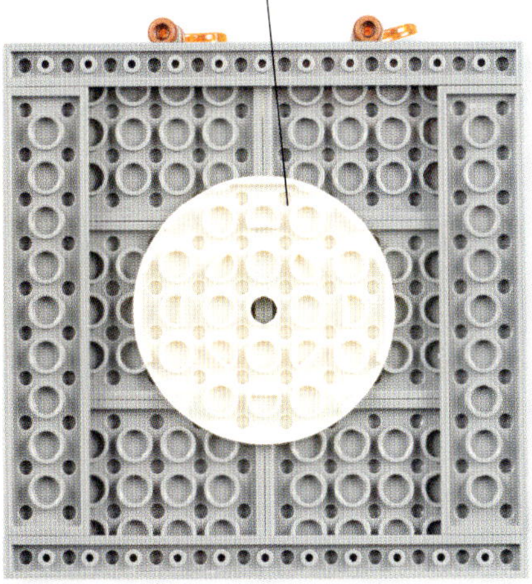

VON UNTEN

Der 2×2×2-Kegel dreht sich.

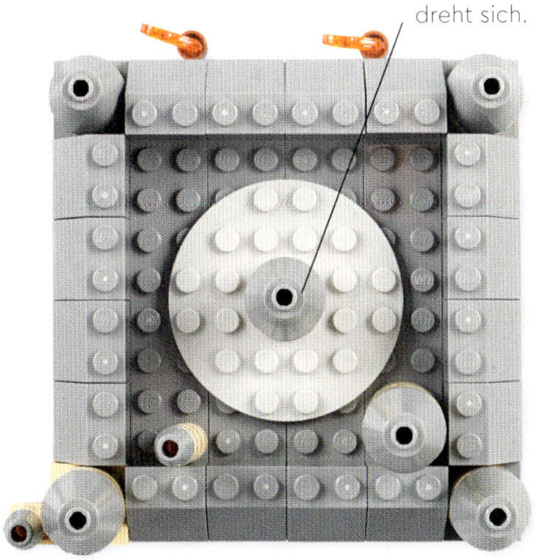

VON OBEN

EINE RUNDE SACHE

Unter dem Karussell der Minifiguren liegt eine verborgene Drehscheibe, die es mit sich dreht. Aus der Drehscheibe reicht eine Achse bis zur Spitze des mittleren Turms, der den Drehmechanismus steuert.

Dachsteine und Türme verbergen die Achse.

Die Achse verläuft durch runde Teile mit Loch.

Lange Achse bis hinauf zum Dach

Minifiguren stehen auf Platten auf der Drehscheibe.

BLOCKFIGUREN

Diese Blockbuster-Aufgabe ist einfach und doch raffiniert. Deine Freunde und du, ihr baut Harry-Potter-Figuren und fordert euch gegenseitig heraus, sie zu erraten. Du denkst, das klingt leicht? Nun, es gibt einen Haken: Ihr dürft nur die einfachsten Steine und Platten verwenden. Also überlegt gut und wählt Figuren mit Erkennungsmerkmalen wie Harry, einen Todesser oder sogar Du-weißt-schon-wen. Könnt ihr auch erraten, wer die hier abgebildeten Figuren sind? Auf der Seite 186–187 findet ihr die Lösungen.

4

9

10

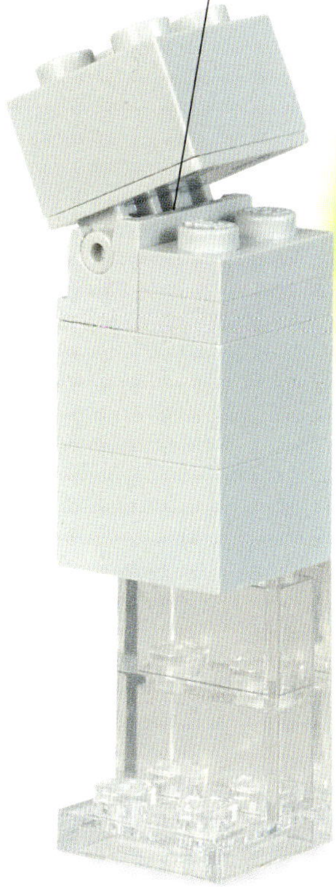

11

BAUTIPP

Stecke transparente Platten und Steine unter schwebende Figuren wie Gespenster oder Dementoren, damit es aussieht, als würden sie durch die Luft gleiten.

BESONDERE MERKMALE

Viele Personen erkennt man an kleinen, aber einzigartigen Merkmalen. Bevor du also anfängst, denke an ein oft getragenes Kleidungsstück, die Frisur oder ein körperliches Merkmal. Auch die Körpergröße ist oft ein wichtiger Hinweis.

14

13

12

BAUE DIR EINEN PATRONUS

Expecto Patronum! Harry und seine Freunde können einen Patronus hervorzaubern, der ihrem Zauberstab entspringt. Du musst dich wahrscheinlich etwas mehr anstrengen und dir einen aus LEGO Steinen bauen! Welches Tier erwählst du zu deinem silbrigen, magischen Beschützer? Überlege dir, welches Tier zu deiner Persönlichkeit passt.

SEITEN-ANSICHT

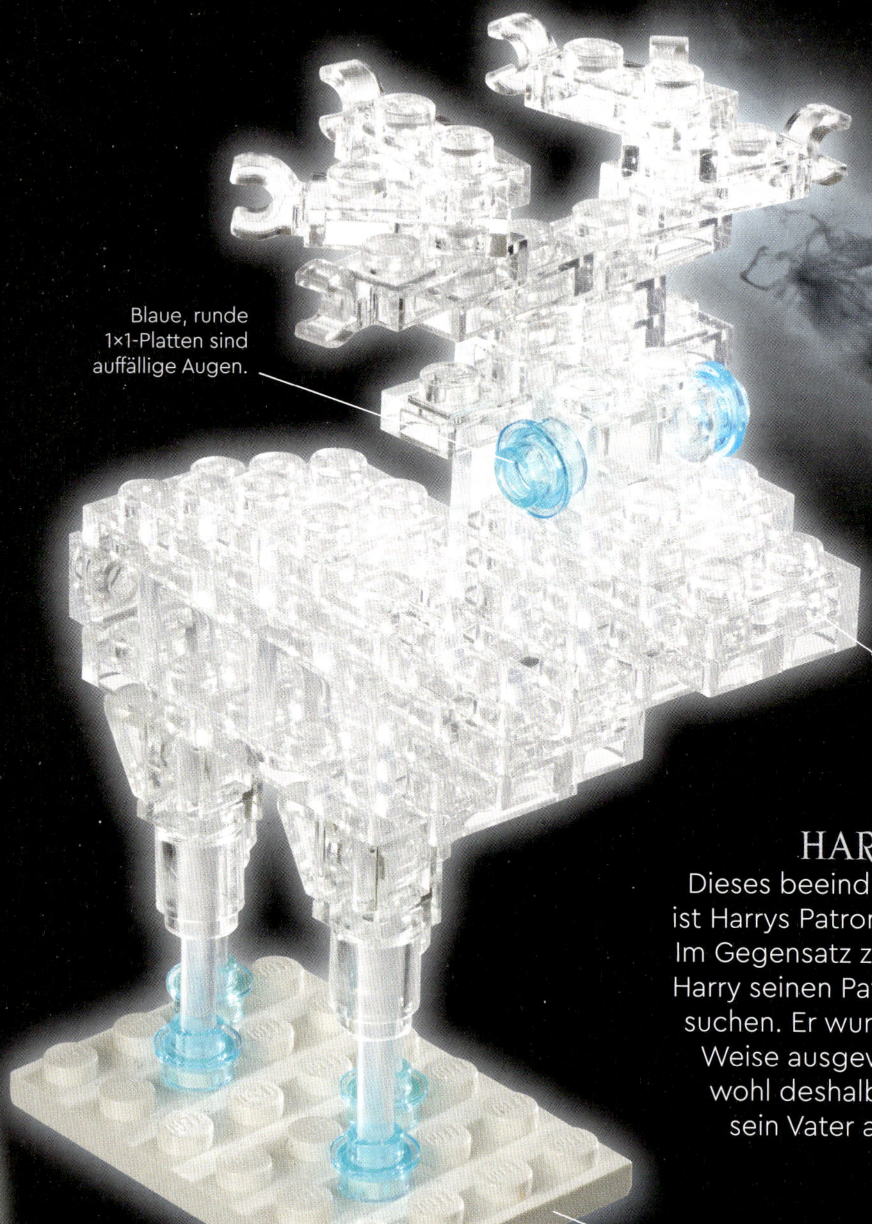

HARRYS HIRSCH

Dieses beeindruckende Modell ist Harrys Patronus ... ein Hirsch. Im Gegensatz zu dir konnte sich Harry seinen Patronus nicht aussuchen. Er wurde auf magische Weise ausgewählt und es war wohl deshalb ein Hirsch, weil sein Vater auch einen hatte.

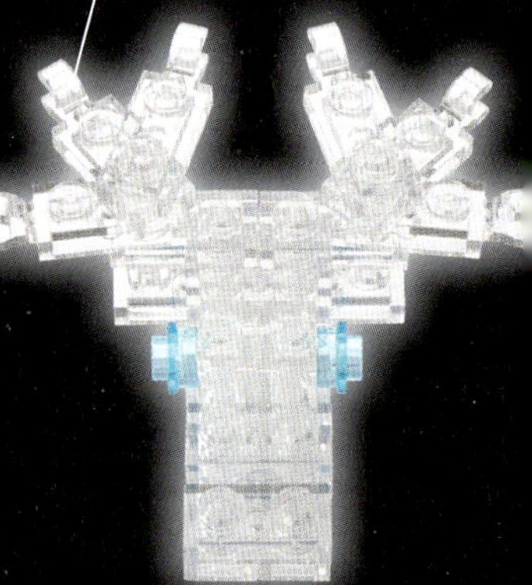

GEWEIH

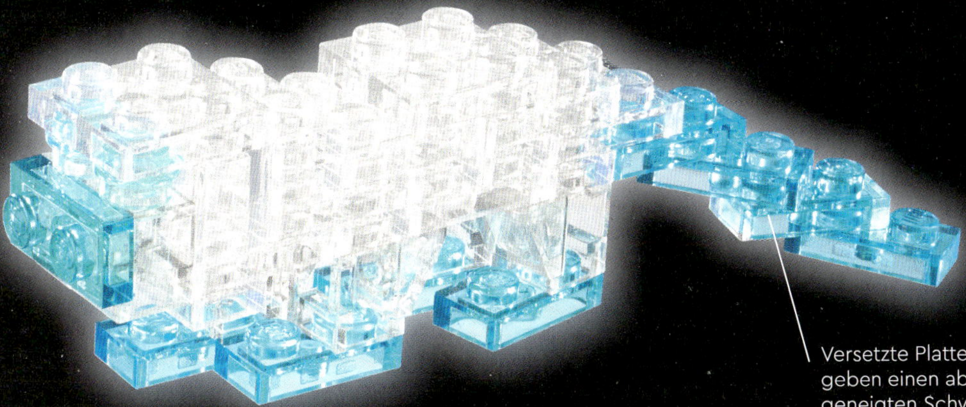

HERMINES OTTER

Dieses Modell mit dem langen, spitz zulaufenden Schwanz und den kurzen, eckigen Beinen kann nur Hermines Otter-Patronus sein.

SEITENANSICHT

LUNAS HASE

Wusstest du, dass der Name Luna „Mond" bedeutet? Und dass in einigen Legenden der Hase mit dem Mond in Verbindung gebracht wird? Der Patronus-Hase sieht jedenfalls aus, als würde er Luna Lovegood jederzeit verteidigen.

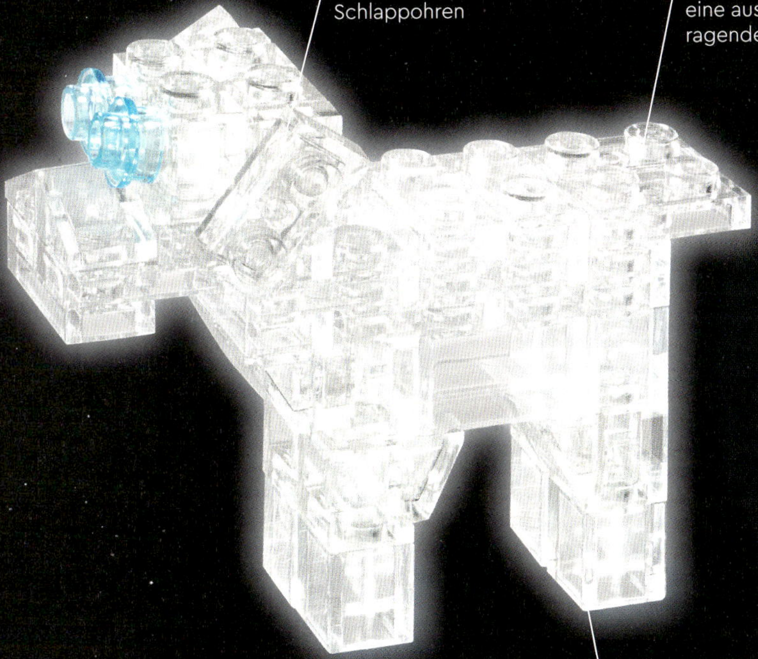

RONS TERRIER

Ein Patronus muss kein wildes Tier sein. Der treue, bodenständige Ron zaubert zum Beispiel einen Jack Russell Terrier zu seinem Schutz herbei. Du kannst also auch dein Haustier oder ein anderes Tier wählen, das gute Erinnerungen weckt.

ZAUBER-SCHNIPP-SCHNAPP

Bei diesem Kartenspiel siehst du doppelt! Es ist das klassische Schnipp-Schnapp, aber mit Harry-Potter-Thema. Auf den LEGO Karten sind lauter Dinge aus Hogwarts abgebildet. Von jeder Karte gibt es zwei Exemplare, aber selbstverständlich kann nur eine Person gewinnen. Schnipp-Schnapp!

2×2-Kachel als Lokführerkabine

1×1-Viertelkachel als Stoßdämpfer

HOGWARTS-EXPRESS

KREATIVE KARTEN

Schon allein die Auswahl der Bilder für die Karten ist ein Riesenspaß! Du kannst magische Fortbewegungsmittel, Zaubertrankzutaten, Tiere oder alles durcheinander bauen und deine Hogwarts-Karten natürlich auch für andere einfache Kartenspiele verwenden.

Jede Karte wird auf eine 6×8-Platte gebaut.

1×4-Kachel als Autodach

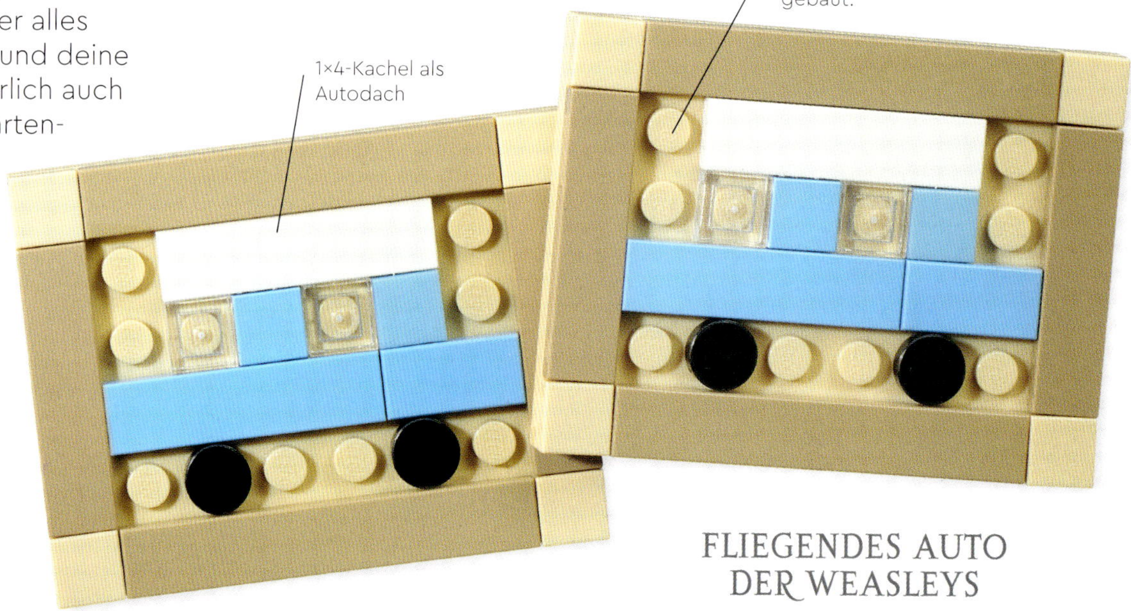

FLIEGENDES AUTO DER WEASLEYS

Baue einen Rand aus Kacheln.

Blaue Viertelkacheln sind unruhige Wellen.

DURMSTRANG-SCHIFF

Die Spielregeln

1 Baue ein Kartenspiel mit lauter Dingen aus Hogwarts. Jede Karte muss es doppelt geben.

2 Drehe die Karten um, mische sie gut durch und teile allen Spielenden gleich viele Karten aus.

3 Nun drehen die Spielenden in jeder Runde je eine Karte um und legen sie mit dem Bild nach oben auf einen Stapel in der Mitte.

4 Wer zwei gleiche Karten entdeckt, ruft sofort: „Schnipp-Schnapp!" Der oder die Erste darf den Kartenstapel nehmen und mit dem Bild nach unten unter die eigenen Karten legen.

5 Wer am Ende alle Karten zu sich geholt hat, gewinnt das Zauberer-Schnipp-Schnapp.

Transparente 1×1-Kachel als Fenster

Runde 2×2-Kacheln als große Wagenräder

BEAUXBATONS-KUTSCHE

Hellbraune Kacheln bilden die Borsten.

Wenn du nicht so viele Kacheln hast, nimm kleine Platten.

NIMBUS 2000

BAUTIPP

Die Grundplatten und die Kacheln am Rand müssen alle gleichfarbig sein, damit die Karten von hinten gleich aussehen. Sonst könnte man sich zu leicht merken, welche Karten zusammengehören.

Lass die Rückseite frei.

RÜCKANSICHT

WELCHER SCHLÜSSEL PASST?

Sieben Türen und sieben fliegende Schlüssel: Harry sucht nach dem Schlüssel zur mittleren Tür, denn hinter ihr liegt ein magischer Preis ... der legendäre Stein der Weisen! Fordere deine Freunde heraus: Welcher Schlüssel passt in welche Tür? Die blauen Elemente über den Türbogen helfen euch ...

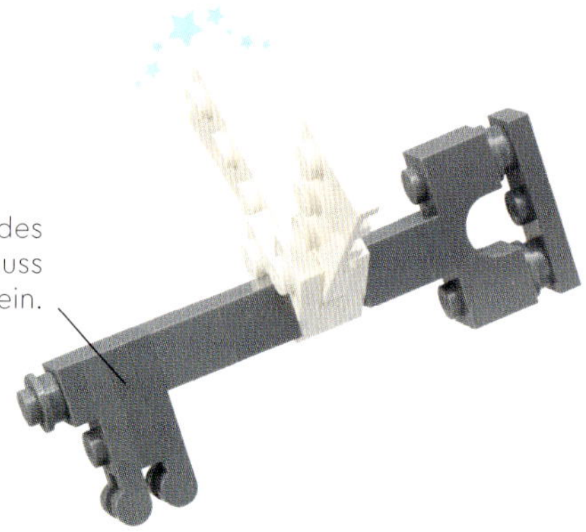

Die Spielregeln

1. Wählt der Reihe nach je einen Schlüssel und seht ihn euch genau an: Sucht ein Teil, das zu einem der Hinweise an den Türen passt.
2. Wenn ihr wisst, in welche Tür euer Schlüssel passt, dann legt ihn vor diese Tür und sucht weiter.
3. Wer von euch zuerst den Schlüssel zur mittleren Tür entdeckt, gewinnt.

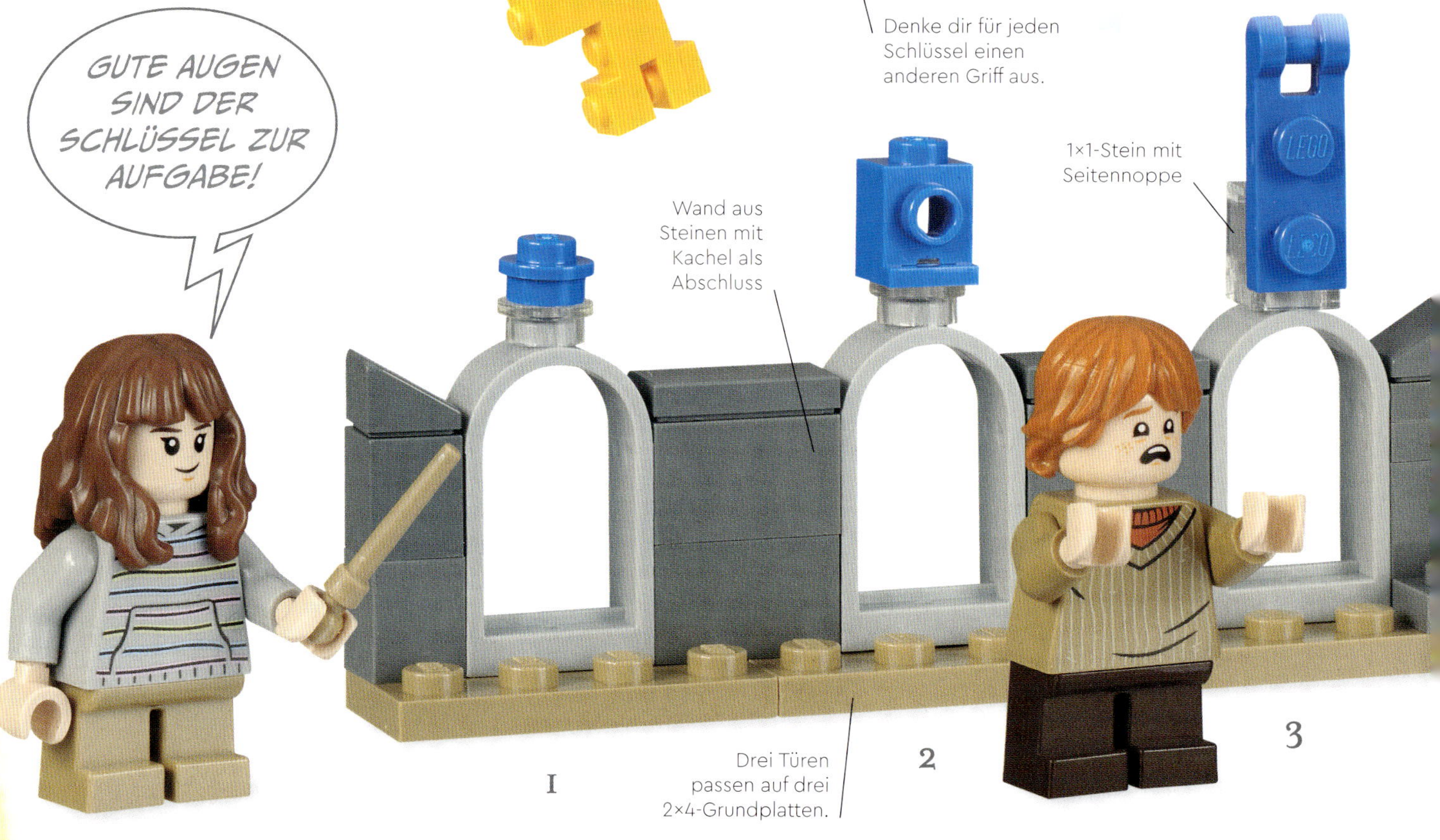

EIN SCHLÜSSEL FÜR JEDE TÜR

Jedes Paar muss einzigartig sein. Baue daher jedes Element nur in einen Schlüssel ein. Und lass es nicht blau sein, denn das würde alles verraten!

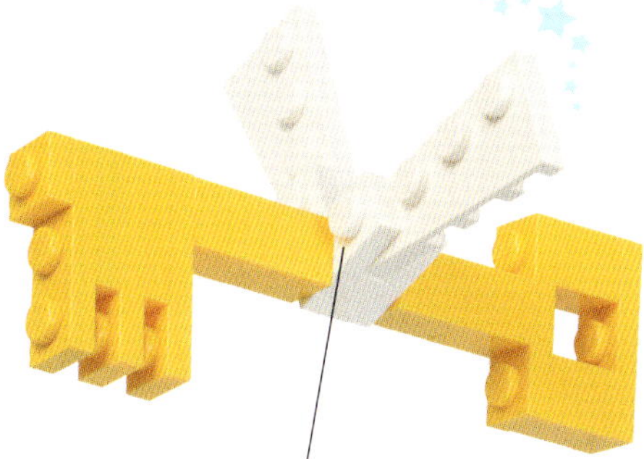

2×2-Eckplatten tragen die Flügel.

BAUTIPP

Damit es aussieht, als würden die Schlüssel fliegen, könntest du aus transparenten Steinen oder Stangen kleine Ständer für sie bauen.

Diese kleinen Platten stecken seitlich an einem 1×1-Lampenstein.

1×1-Steine bilden den eckigen Halm dieses Schlüssels.

DIE TÜRBOGEN

Die sieben Türbogen aus Bogenfenster-Elementen sind hier über Boden und Wände miteinander verbunden. Das muss aber nicht sein. Das Wichtigste ist, dass du über jedem Türbogen einen Hinweis anbringst.

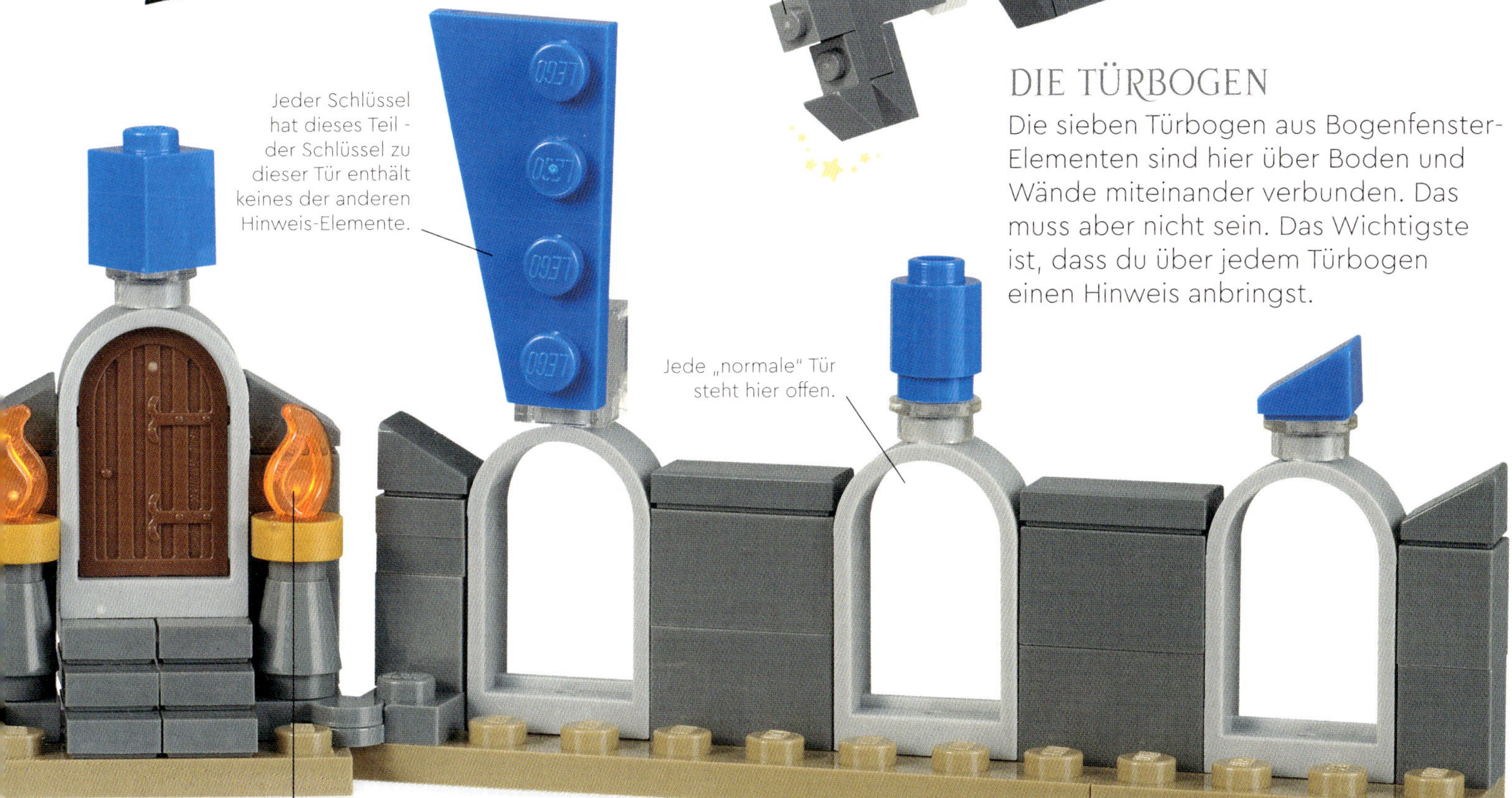

Jeder Schlüssel hat dieses Teil - der Schlüssel zu dieser Tür enthält keines der anderen Hinweis-Elemente.

Jede „normale" Tür steht hier offen.

Lodernde Fackeln sorgen für die Atmosphäre.

4 5 6 7

WOHIN GEHÖRT DER SCHWANZ?

Armer Krätze! Rons altes Haustier hat anscheinend den Schwanz verloren. Bei diesem lustigen Spiel gibst du ihm einen neuen. Gib dein Bestes, damit du die richtige Stelle triffst, du kannst nämlich nicht sehen! Für diese Aufgabe gibt es zahllose Variationen: Du könntest auch Seidenschnabel seinen Schnabel zurückgeben oder dem Basilisken seinen Zahn (wenn du den Mut dazu hast).

SPEZIAL-STEIN

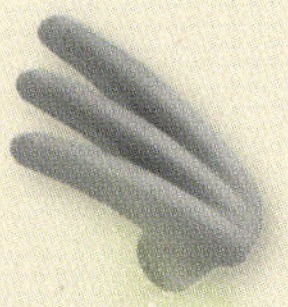

Krätzes drei scharfe Krallen bilden ein Element. Zuerst wurde es als Minifigur-Zubehör für wolfsähnliche Figuren benutzt, aber es hat als normales Element viele Einsatzmöglichkeiten.

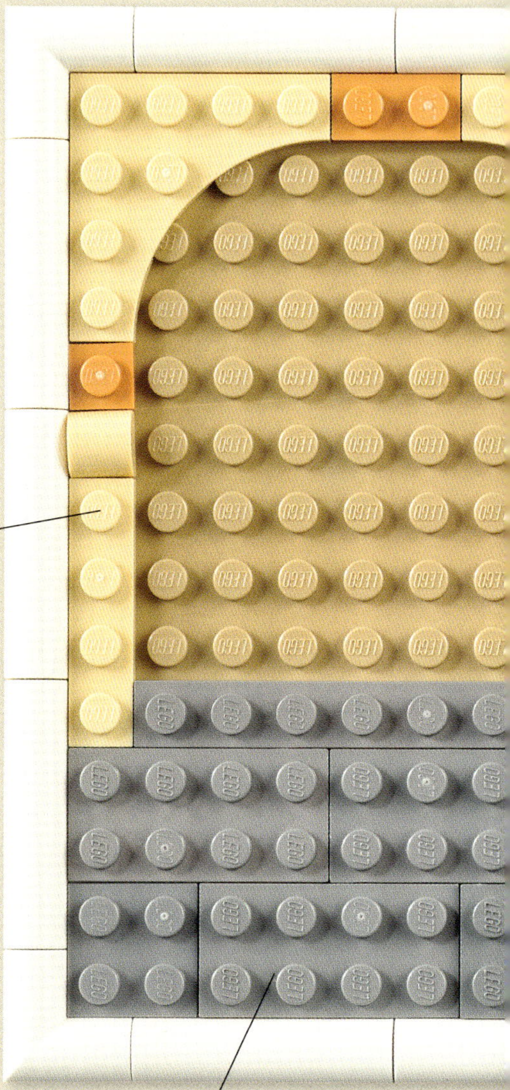

Beigefarbene Platten erinnern an die Gänge von Hogwarts.

Lass den Hintergrund frei, damit die Spielenden sich nicht so leicht zurechtfinden!

DAS GESAMTBILD

Deine Chancen steigen, wenn Krätze groß und der Hintergrund klein ist. Wenn du bereit bist, nimm das Schwanz-Element und tue dein Bestes, um Krätzes Hinterteil zu finden!

DIE SPIELREGELN

1. Baue ein LEGO Bild von Krätze ohne Schwanz. Es sollte hauptsächlich aus Platten oder Steinen mit freien Noppen bestehen.
2. Suche nach einem langen Element für den Schwanz, z. B. eine Minifigur-Peitsche. Wenn du keine Peitsche hast, ist auch jedes andere längliche Teil geeignet.
3. Ihr könnt euch nun abwechselnd die Augen verbinden lassen, euch dreimal drehen und dann versuchen, das Teil an die richtige Stelle zu setzen.
4. Gewonnen hat, wer den Schwanz am nächsten an der richtigen Stelle platziert hat.

Drei Schichten aus Platten und Kacheln ergeben Krätze.

Die Krallen stecken in einer Platte mit Klemme.

Befestige den Peitschengriff an einer 1×1-Kachel mit Klemme.

HÄNGE ES AUF

Versieh das Bild vor dem Spielen mit einem Rahmen und mehreren schlaufenförmigen Teilen am oberen Rand, damit du es später an die Wand hängen kannst.

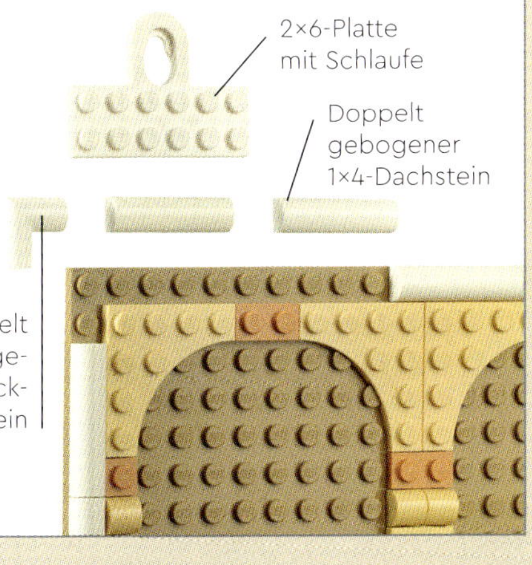

2×6-Platte mit Schlaufe

Doppelt gebogener 1×4-Dachstein

Doppelt gebogener Eckdachstein

ALTERNATIVE IDEE

Ob du es glaubst oder nicht, hier im Bild ist auch Krätze – und zwar nachdem ihn Ron im Verwandlungsunterricht fast, aber nicht ganz, in einen Kelch verwandelt hat. Der verräterische Schwanz hängt noch am Stiel des Kelchs.

Das kleinere Bild wird mit den gleichen Techniken gebaut.

FLUCHT AUS GRINGOTTS

Als Harry, Ron und Hermine in der Gringotts Bank einen gestohlenen Gegenstand aufspüren, stellen sie fest, dass es leichter ist, einzubrechen als auszubrechen. Vor allem, weil der Kobold Griphook sie betrügt! Bei diesem Würfelspiel rennt ihr zu zweit um die Wette zu dem Drachen, der euch hinausbringt, bevor das Gebäude einstürzt.

DIE SPIELREGELN

1. Zwei Spielende würfeln abwechselnd und bewegen ihre LEGO Minifigur vorwärts.
2. Wenn zum ersten Mal jemand auf einem braunen Feld landet, wird das Obergeschoss der Bank aufgeklappt und das Spiel geht weiter.
3. Wenn zum zweiten Mal jemand auf einem braunen Feld landet, wird das nächste Stockwerk aufgeklappt. Das Gebäude stürzt ein und beide Spielenden verlieren.
4. Ihr müsst genau die richtige Zahl würfeln, um auf das letzte Feld mit dem Drachen zu gelangen. Dann springt die Minifigur auf und flieht.

BEWEGLICHER DRACHE

Der Eisenbauch-Drache hat mehrere bewegliche Teile, die mit dem Körper verbunden sind. Die Flügel stecken an Platten mit Stangen und der lange Hals hat zwei Klemme-Scharnier-Verbindungen, an denen er sich auf und ab bewegen kann.

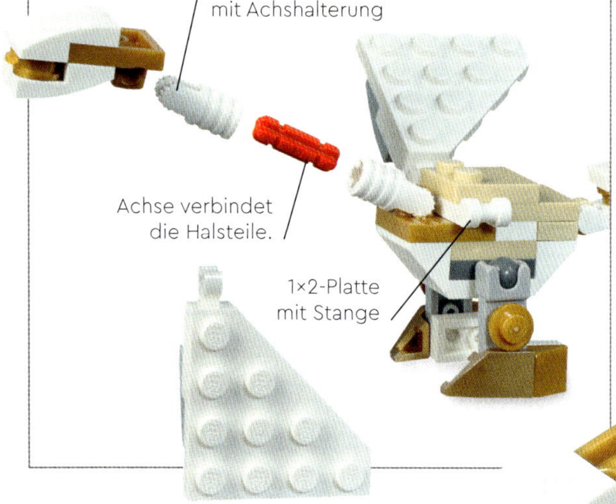

WEITER WEG

Damit das Spiel schwerer wird, könnt ihr den Weg länger machen und mehr braune Felder einbauen. Sorgt dafür, dass der Ukrainische Eisenbauch startbereit ist und genug Platz für eine Minifigur auf dem Rücken hat.

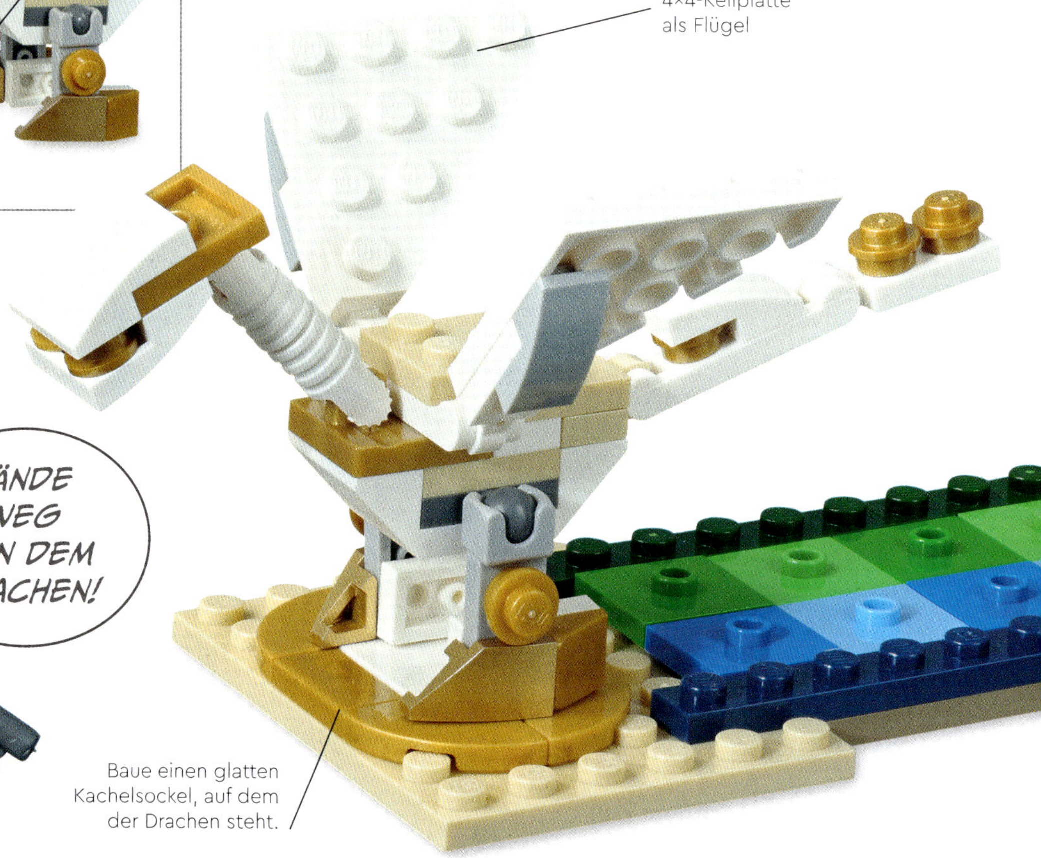

SPEZIAL-STEIN

Die 2×4-Scharnierplatte lässt sich blitzschnell auf- und zuklappen. Du kannst sie auch für Kistendeckel oder schnappende Kiefer benutzen.

VORDERANSICHT (AUFGEBROCHEN)

RÜCKANSICHT

GEHEIME TÜREN

Welche der Geheimtüren öffnet sich auf magische Weise, wenn man dagegen drückt? Das Ratespiel ist einfach, aber lustig. Du kannst auch drei Türen und zwei Stopper bauen, dann wird es schwieriger. Oder denke dir eine andere Aufgabe aus, zum Beispiel eine Reihe offener Türen, bei denen nur hinter einer ein LEGO Element als „Belohnung" versteckt ist.

DIE SPIELREGELN

1. Baut zwei Türen, die sich an Scharnieren nach innen öffnen lassen.
2. Nun sieht einer weg und der oder die andere steckt einen roten Stein als Stopper hinter eine Tür.
3. Der erste Spielende rät, welche Tür er öffnen kann, und versucht es. Ist es die richtige Tür, gibt es einen Punkt.
4. Wer nach zehn Runden die meisten Punkte hat, gewinnt.

UNSICHTBARE TÜREN

Denk daran: Wir sind in Hogwarts. Hier gibt es keine normalen Türen. Bleibe dem Thema treu und verkleide deine Geheimtüren als Nischen in einem alten Gang, in denen auch Möbel stehen.

SPEZIAL-STEIN

Die Scharniersteine, die die Türen öffnen, haben zwei Teile. Der obere Teil steckt im unteren, sodass sich die beiden Steine gemeinsam bewegen.

GEHEIME NOPPEN

In der glatten Wand verstecken sich viele praktische Steine mit Seitennoppen. An der Oberkante der Wand tragen sie Kacheln, die Verzierungen darstellen.

RÜCKSEITE (TÜR ZU)

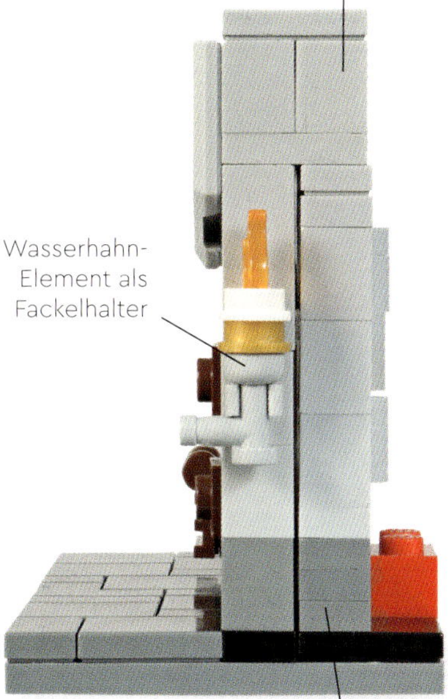

SEITENANSICHT

RÜCKSEITE (TÜR AUF)

VORSICHT, GRIMM!

In Professor Trelawneys Wahrsageunterricht entsteht Unruhe, als die Lehrerin in Harrys Teetasse ein böses Omen entdeckt: den „Grimm". Der gespenstische Hund kündigt angeblich den Tod an. In diesem Spiel baut ihr eure eigene Version des Grimm aus LEGO Teeblättern. Was soll der Preis fürs Bauen sein? Vielleicht eine schöne, heiße Tasse Tee?

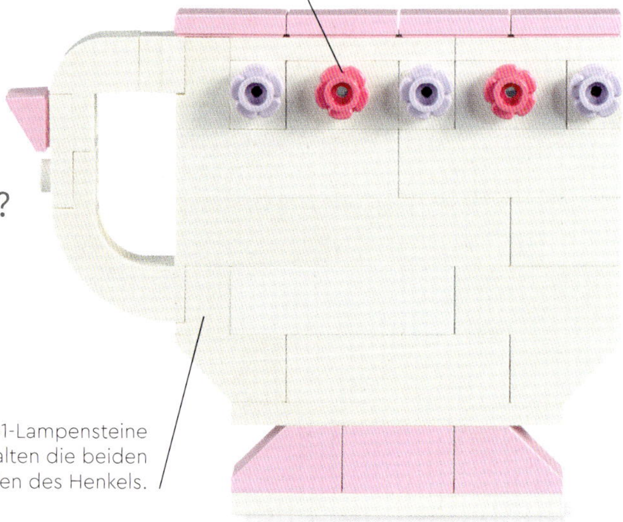

MÖCHTE JEMAND TEE?

Baut 2-D-Teetassen als hübsche Schirme, hinter denen ihr eure Grimm-Bilder während des Bauens verstecken könnt. Oder baut große 3-D-Tassen für die Teeblätter.

DIE SPIELREGELN

1. Gib allen Mitspielenden eine Auswahl kleiner brauner LEGO Elemente als Teeblätter.
2. Stelle einen Timer auf drei Minuten und bitte alle, aus den Teeblättern ein Bild des Grimms, zu legen – entweder das ganze Tier, ein grimmiges Gesicht oder etwas Fantasievolles.
3. Nach drei Minuten zeigen alle ihre Bilder vor.
4. Das Bild, bei dem sich alle einig sind, dass es der unheimlichste Grimm ist, gewinnt.

GRIMM I (KNURRENDER HUND)

BAUTIPP

Weißt du, wie du einen Henkel baust? Bei diesen Teetassen wurden sie aus verschiedenen Elementen geformt, aber alle sind an mindestens einem Stein mit Seitennoppen befestigt.

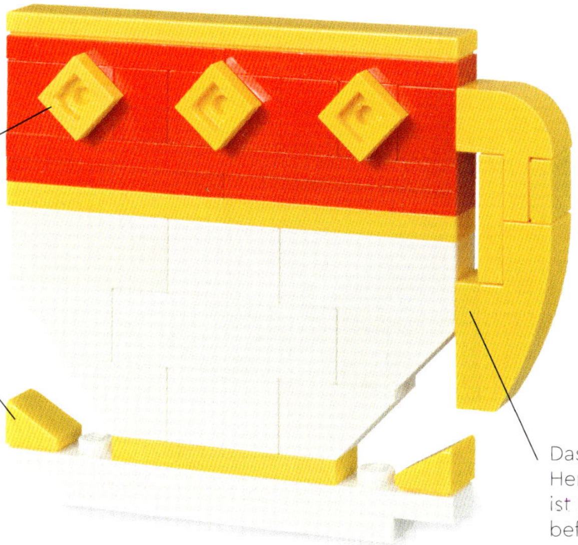

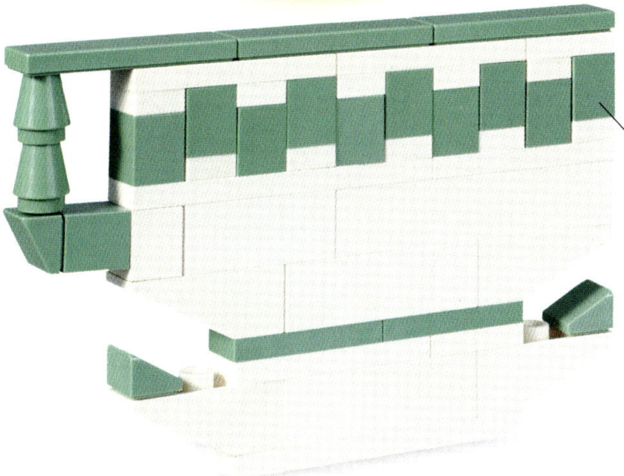

GRIMM 3 (GRIMMIGES GESICHT)

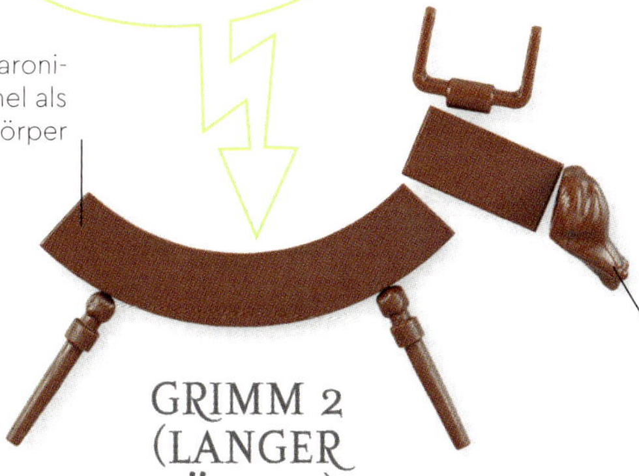

GRIMM 2 (LANGER KÖRPER)

OBLIVIATE!

Dieses LEGO Kartenspiel wirst du nicht so rasch wieder vergessen! Es basiert auf dem Vergessenszauber in den Harry-Potter-Filmen, der Erinnerungen löscht. Hier spielt eine kleine schwarze Obliviate-Karte dem Gedächtnis einen Streich. Vergiss das nicht, während du baust!

Schwarze Kacheln deuten auf einen „Blackout" hin.

OBLIVIATE-KARTE

2×3-Fünfeck-kachel als Pokal

Hast du keine goldenen Kacheln? Dann nimm doch Silbergrau oder eine andere Farbe!

TRIMAGISCHER POKAL

EINE PASST NICHT

Die „magische" Obliviate-Karte unterscheidet sich von den übrigen bunten Kartenpaaren. In diesem Spiel sieht ihr Muster aus wie schwarzer Rauch. Ihre Rückseite muss aber genauso aussehen wie bei allen Karten, sodass sie nicht erkennbar ist.

1×2-Makkaroni-kachel als Flügel

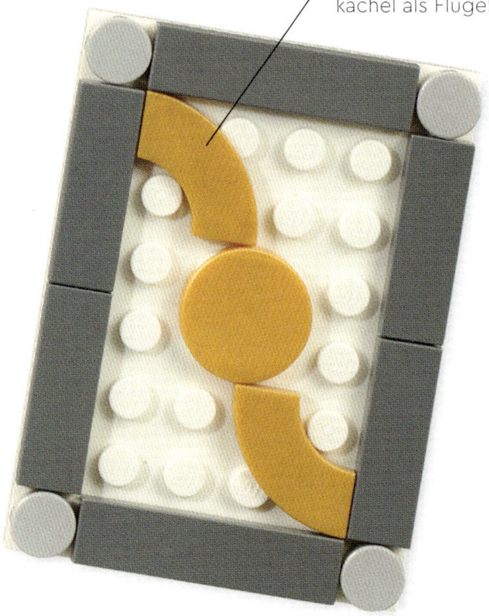

GOLDENER SCHNATZ

Weiße 6×8-Platte

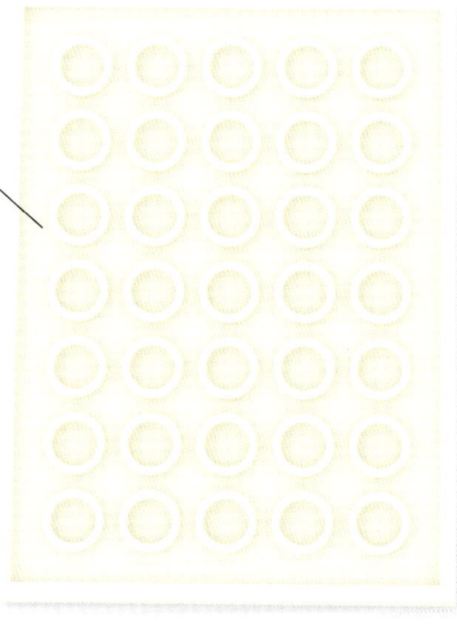

RÜCK-SEITE

Die Spielregeln

1. Baut aus LEGO Steinen ein Kartenspiel im Harry-Potter-Stil. Jede Bildkarte muss doppelt vorhanden sein, aber es gibt nur eine Obliviate-Karte.
2. Dreht die Karten um, mischt sie gut und legt sie nebeneinander auf den Tisch oder den Boden.
3. Nun decken alle der Reihe nach je zwei Karten auf. Wird ein Paar aufgedeckt, darf die betreffende Person die Karten behalten, passen die Karten nicht zusammen, legt sie sie verdeckt wieder hin.
4. Dreht jemand die Obliviate-Karte um, werden alle verbleibenden Karten gemischt und neu geordnet.
5. Das Spiel ist zu Ende, wenn nur noch die Obliviate-Karte übrig ist. Die Person, die die meisten Paare gesammelt hat, gewinnt.

HARRYS NARBE

HOGWARTS-WAPPEN

BAUTIPP

Mit Augen bedruckte Kacheln sind für Tiere und andere Wesen sehr nützlich. Es gibt sie in vielfältiger Ausführung – zwinkernd, streng, lächelnd –, damit deine Wesen einen eigenen Charakter haben.

PROFESSOR MCGONAGALL ALS KATZE

LÖSUNGEN

SEITE 148-149: TRIMAGISCHES LABYRINTH

SEITE 174-175: WELCHER SCHLÜSSEL PASST?

SEITE 168–169: BLOCKFIGUREN

1. HARRY POTTER

2. HERMINE GRANGER

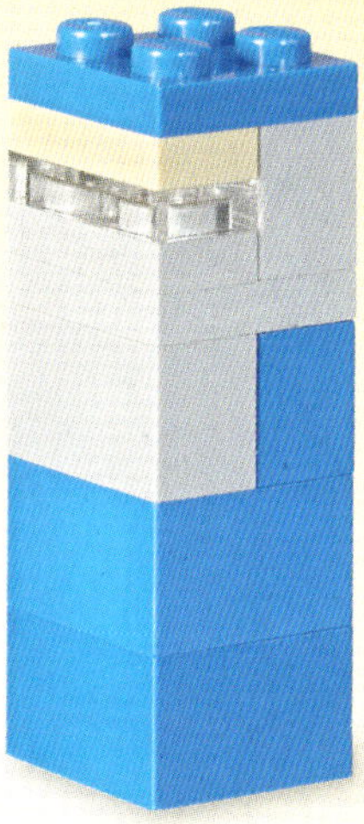

3. PROFESSOR DUMBLEDORE

4. HEDWIG

5. PROFESSOR MCGONAGALL

6. KREACHER

7. DOBBY

8. RON WEASLEY

9. KINGSLEY SHACKLEBOLT

10. RUBEUS HAGRID

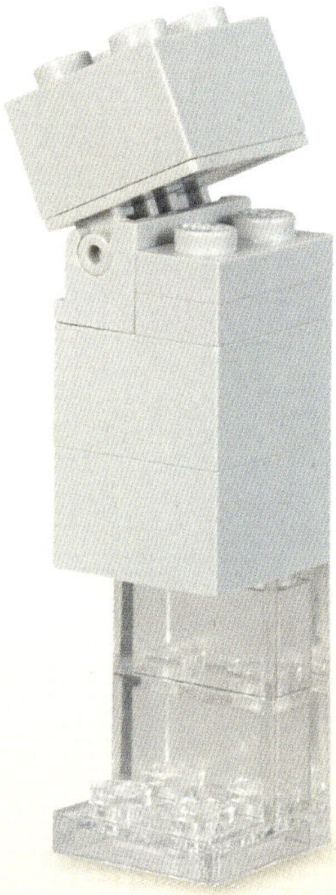

11. FAST KOPFLOSER NICK

12. NAGINI

13. LORD VOLDEMORT

14. DEMENTOR

DAS BAUTEAM

JESSICA FARRELL

WELCHES DEINER MODELLE IN DIESEM BUCH MAGST DU AM LIEBSTEN?

Ich mag vor allem die Teile, die auf Zaubererschreibtischen für Ordnung sorgen (Seite 132–133). Sie zeigen, dass einfache, praktische Dinge nützlich und künstlerisch zugleich sein können. Genau so etwas könnte es in der Zaubererwelt tatsächlich geben.

WIE VIEL HAST DU FÜR DIE HARRY POTTER MODELLE RECHERCHIERT? WAS HAT DICH BESONDERS INSPIRIERT?

Ich habe alle Bücher und Filme mehrmals gelesen und gesehen, also war ich bereits ein Fan! Für dieses Buch habe ich unzählige Filmclips angeschaut und auf die kleinen Einzelheiten geachtet, die in jeder Szene die Atmosphäre und die Stimmung erschaffen.

STECKBRIEF

Wohnt in:
County Kildare, Irland
Beruf:
LEGO Künstlerin
LEGO Spezialgebiete: Architektur, Kunst und organische Formen
Lieblingsfigur bei Harry Potter:
Professor Severus Snape

HAST DU SPEZIELLE TIPPS ZUM BAU VON LEGO® HARRY POTTER™ MODELLEN?

Sieh dir historische Gebäude an und suche auch in Museen nach Anregungen. Natürliche Erdfarbtöne eignen sich hier oft besser als knallige Farben, wenn es darum geht, die richtige Atmosphäre zu schaffen.

WELCHE LEGO ELEMENTE VERWENDEST DU AM HÄUFIGSTEN?

Die Steckerplatte kommt in meinen Modellen am häufigsten zum Einsatz, weil ich damit genaue Details einbauen kann. Aber in letzter Zeit nutze ich den gebogenen 1×2-Dachstein sogar noch öfter. Mit ihm kann ich die natürlichen Kurven von Tieren und Pflanzen sehr gut nachbauen. Er ist neuerdings mein Lieblingsstein!

JESSICAS HOGWARTS-ORDNUNGSHÜTER, SEITE 132

JESSICA FARRELL FORTSETZUNG

JESSICAS MODELLE

Süßes im Zug, Seite 14
Schulwappen, Seite 16
Sprechender Hut, Seite 18
Bewegliche Bilder, Seite 22
Erinnermich und Heuler, Seite 26
Wichtel, Seite 36
Begehrte Schätze, Seite 40
Tom Riddles Tagebuch, Seite 42
Scharfe Spitzen, Seite 44
Zeitreisen, Seite 52
Animagus, Seite 54
Ligusterweg, Seite 66
Harrys Zimmer, Seite 68
Hütte auf dem Felsen, Seite 70
Der Tropfende Kessel, Seite 72
Borgin und Burkes, Seite 74
Bahnsteig 9¾, Seite 76
Hogwarts-Express von innen, Seite 78
Durmstrang-Schiff, Seite 80
Die Große Halle, Seite 82
Die Große Treppe, Seite 84
Gemeinschaftsräume, Seite 86
Schwedischer Kurzschnäuzler, Seite 92
Chinesischer Feuerball, Seite 94
Hochzeit bei den Weasleys, Seite 96
Verbotener Wald, Seite 104
Stammbaum, Seite 120
Zauberstabgestell, Seite 122
Weihnachtsbaumschmuck, Seite 124
Schaukasten für Minifiguren, Seite 130
Ordnungshüter, Seite 132
Strickpullis, Seite 138
Beschilderung, Seite 140
Trimagische Drachenaufgabe, Seite 144
Trimagische Unterwasseraufgabe, Seite 146
Trimagisches Labyrinth, Seite 148
Dementor-Kegeln, Seite 154
Hut-Karussell, Seite 164
Zauberschippschnapp, Seite 172
Wohin gehört der Schwanz?, Seite 176
Flucht aus Gringotts, Seite 178
Obliviate!, Seite 184

WAS GEFÄLLT DIR AM BESTEN BEIM BAUEN VON LEGO HARRY POTTER MODELLEN?

Die Welt der Zauberer steckt voller magischer Geheimnisse und Fantasie. Es hat großen Spaß gemacht, vieles davon in Steinform nachzubauen. Ich konnte mir sogar vorstellen, Teil der Geschichte zu sein!

JESSICAS TATZE, SEITE 55

HAST DU DIE MODELLE FÜR DIESES BUCH NACH PLAN GEBAUT?

Ich recherchiere immer sehr viel, bevor ich ein neues Modell beginne, aber danach plane ich eigentlich nicht mehr. Ich zeichne keine Pläne auf Papier oder am Computer, sondern stelle mir lieber vor, wie das Modell aussehen soll. Dann gestalte ich es im Kopf immer und immer wieder – so oft, dass ich fast das Gefühl habe, es sei schon fertig, bevor ich überhaupt angefangen habe!

HAT EINES DER MODELLE IN DIESEM BUCH NICHT NACH PLAN FUNKTIONIERT ODER WAR SCHWIERIGER ALS ERWARTET?

Ich dachte oft, ich hätte etwas genau richtig hinbekommen, und dann entdeckte ich, dass es ein wichtiges Element nicht in der Farbe gab, die ich gern gehabt hätte. Für mich sind Farben wirklich wichtig. Wenn ich daher kein gutes Ersatzteil auftreiben konnte, habe ich das ganze Modell umgestaltet!

HAST DU EINEN TOP-TIPP FÜR LEGO BAUMEISTER?

Dieser Tipp stammt von einem guten Freund, der LEGO Setdesigner ist: Immer, wenn du ein neues LEGO Element entdeckst, spiele damit herum, finde heraus, wie es sich mit anderen Teilen verbinden lässt, und probiere es in Minimodellen aus. So fällt dir das Element genau in dem Moment ein, wenn du es brauchen kannst.

ALEXANDER BLAIS

WELCHES DEINER MODELLE IM BUCH MAGST DU AM LIEBSTEN?

Am stolzesten bin ich auf die Karte des Rumtreibers (Seite 46–47), weil sie mein größtes und kompliziertestes Modell ist. Ich mag aber auch die Ratte (Seite 117), weil sie einfach und ausdrucksstark ist.

WIE VIEL HAST DU FÜR DIE HARRY POTTER MODELLE RECHERCHIERT? WAS HAT DICH BESONDERS INSPIRIERT?

Ich habe die Bücher und Filme unzählige Male gelesen und gesehen, aber ich wollte mich für dieses Buch noch einmal ganz in die Geschichte vertiefen. Während ich baute, lief im Hintergrund immer entweder einer der Filme oder ein Hörbuch. Auch im Internet entdeckte ich viele Bilder, die ich als Referenz benutzte, um alles genau richtig hinzubekommen.

WAS IST DEIN LIEBSTES LEGO® ELEMENT?

Ich mag die 1×2-Steckerplatte sehr gern. Sie sieht täuschend einfach aus, lässt sich aber auf viele verschiedene Weisen verwenden. Man kann damit Teile versetzen (einen halben Stein höher bauen) und daher realistische Formen erzielen.

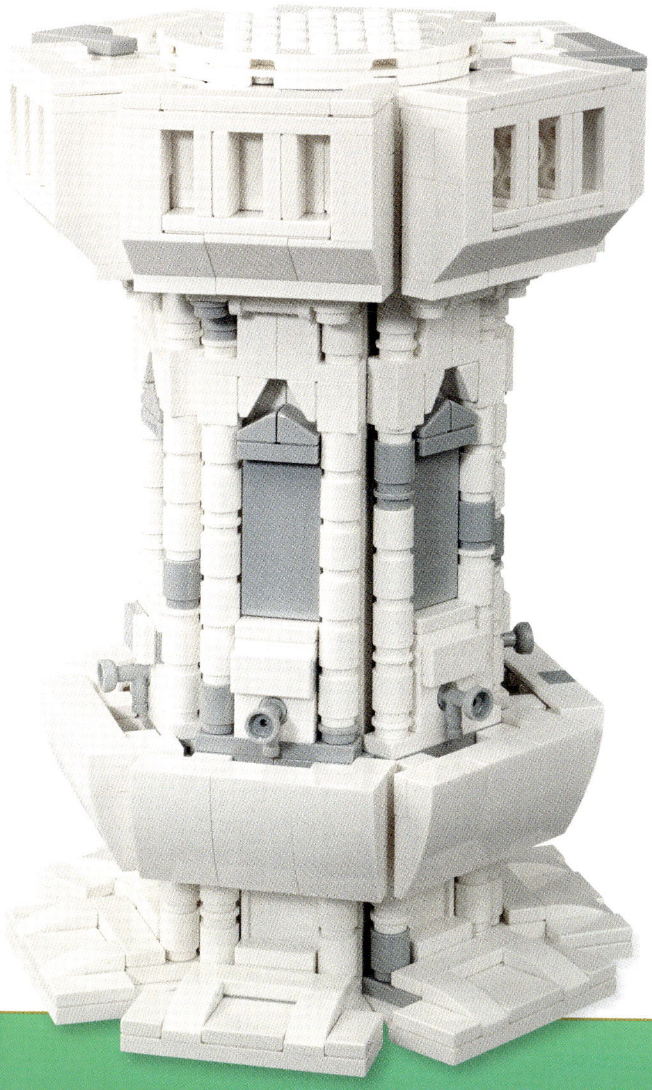

HAST DU DIE MODELLE FÜR DIESES BUCH NACH PLAN GEBAUT?

Ich habe Bilder gesucht und als Grundlage verwendet, manchmal habe ich eine oder zwei Skizzen gezeichnet, um zu verstehen, was ich bauen wollte. Aber meistens habe ich einfach eine Kiste voller Elemente genommen und geschaut, was dabei herauskam. Ich lass mich gern von den Teilen inspirieren, die ich habe.

HAST DU FÜR DIESES BUCH NEUE BAUTECHNIKEN GELERNT?

Für das Waschbecken im geheimnisvollen Mädchenklo (Seite 88–89) musste ich herausfinden, wie ich ein sechseckiges Modell bauen konnte. Das hatte ich noch nie zuvor versucht, aber ich finde, es ist recht gut geworden!

ALEXANDERS WASCHBECKEN, SEITE 88

STECKBRIEF

Wohnt in:
Ebeltoft, Dänemark
Beruf:
Student der Filmwissenschaften
LEGO Spezialgebiete: Kleine Details und Realismus
Lieblingsfigur bei Harry Potter:
Professor Albus Dumbledore

ALEXANDERS MODELLE

Packen für Hogwarts, Seite 12
Kräuterkunde, Seite 32
Karte des Rumtreibers, Seite 46
Turnier-Pokale, Seite 56
Gehemnisvolles Mädchenklo, Seite 88
Zaubererapotheke, Seite 98
Baue dir einen Zauberstab, Seite 114
Dein Freund, das Haustier, Seite 116
Hogwarts-Buchstützen, Seite 126
Baue dein Wappen, Seite 136

ROD GILLIES

WELCHES DEINER MODELLE IN DIESEM BUCH MAGST DU AM LIEBSTEN?

Den Hogwarts-Express in Mikrogröße (Seite 109). Ich war begeistert, dass ich so viele Details in so einem kleinen Modell unterbringen konnte. Auch die Bogen in den Bahnhofswänden gefallen mir sehr gut.

WIE VIEL HAST DU FÜR DIE MODELLE RECHERCHIERT? WAS HAT DICH BESONDERS INSPIRIERT?

Ich habe im Internet viele Bilder gesucht und mir einige der Filme erneut angesehen. Außerdem habe ich die offiziellen LEGO® Harry Potter™ Sets genau geprüft, da ich keines meiner Modelle genauso bauen wollte: Ich wollte, dass meine Modelle neue Inspirationen bieten.

WAS IST DEIN LIEBSTES LEGO ELEMENT?

Ich liebe den 1×1 Lampenstein. Er ist so vielseitig und mit ihm kann ich sehr interessante Formen bauen.

HAST DU DIE MODELLE FÜR DIESES BUCH NACH PLAN GEBAUT?

Ich plane nicht allzu viel, es sei denn, ein Modell soll sehr groß werden. Viel lieber setze ich mich einfach hin und probiere mit den Steinen herum. Es macht mir viel mehr Freude zu sehen, was sich entwickelt, als alles genau vorherzuplanen.

STECKBRIEF

Wohnt in:
Edinburgh, Schottland
Beruf:
Vermarkter und Erfinder
LEGO Spezialgebiete: Mikromodelle
Lieblingsfigur bei Harry Potter:
Professor Severus Snape

RODS MODELLE

Gegenstände der Gründer, Seite 20
Irrwicht-Schrank, Seite 34
Geheimgänge, Seite 102
Hogwarts in Mikrogröße, Seite 106
Szenen in Mikrogröße, Seite 108
Am Zeltplatz, Seite 110
Regal-Deko, Seite 128
Schmücke die Halle, Seite 158
Geheime Türen, Seite 180

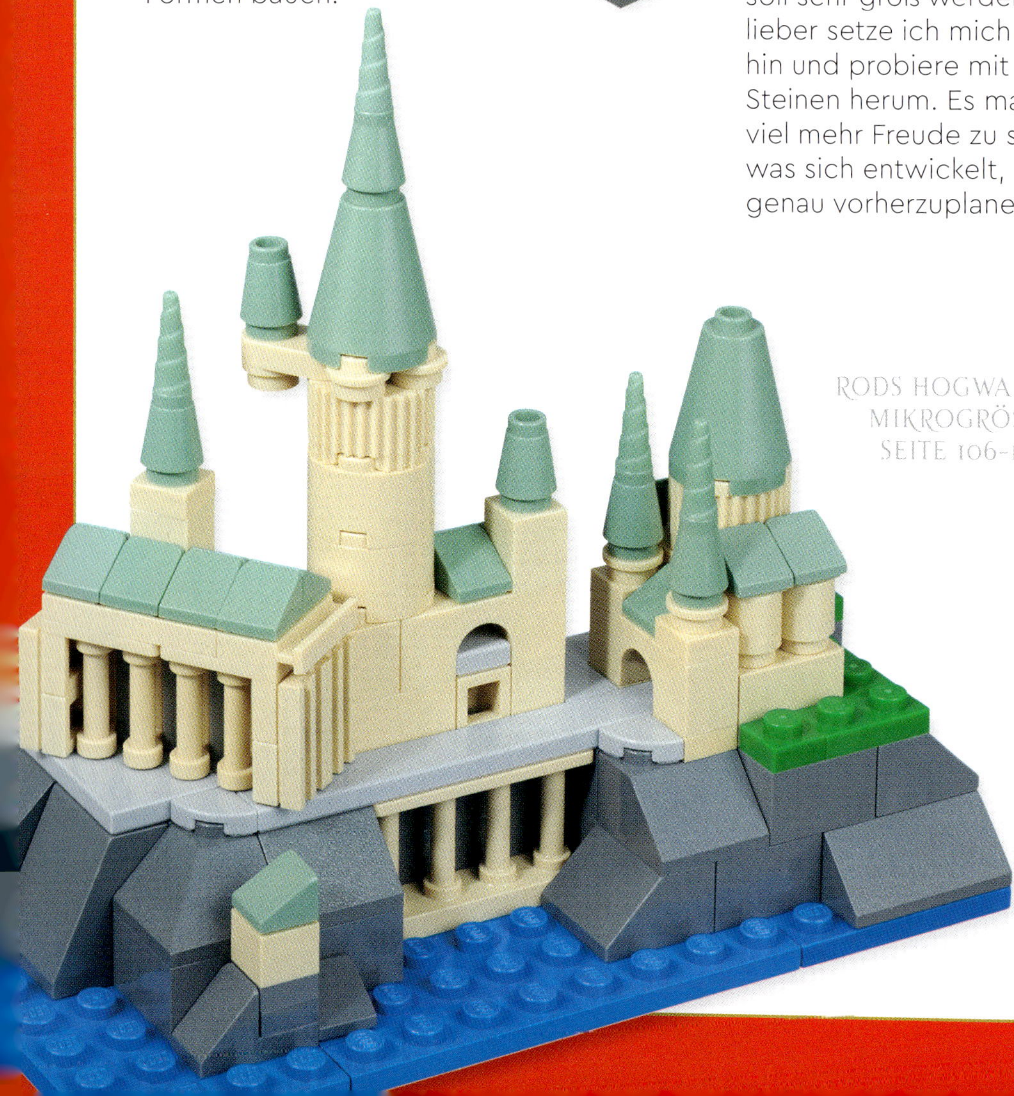

RODS HOGWARTS IN MIKROGRÖSSE, SEITE 106–107

WAR EINES DER MODELLE IN DIESEM BUCH SCHWIERIGER ALS ERWARTET?

Mikromodelle sind immer schwierig. Es steckt viel Arbeit dahinter, obwohl es am Ende einfach aussieht. Ich habe alle diese Modelle wohl viele Dutzend Male gebaut und umgebaut, und jede Version war immer wieder ein wenig kleiner, dichter und genauer auf den Punkt.